▶ 可持续信息披露丛书

ISSB 准则中国应用指南（一）
IFRS S1解读与应用

主 编　殷格非　刘轶芳

中国财经出版传媒集团
经济科学出版社
Economic Science Press
·北京·

图书在版编目（CIP）数据

ISSB 准则中国应用指南．一，IFRS S1 解读与应用 / 殷格非，刘轶芳主编．-- 北京：经济科学出版社，2024.4
（可持续信息披露丛书）
ISBN 978-7-5218-5864-8

Ⅰ．①I… Ⅱ．①殷…②刘… Ⅲ．①国际会计准则 – 指南 Ⅳ．①F233.1-62

中国国家版本馆 CIP 数据核字（2024）第 088804 号

责任编辑：郑诗南
责任校对：隗立娜　郑淑艳
责任印制：范　艳

ISSB 准则中国应用指南（一）
——IFRS S1 解读与应用

ISSB ZHUNZE ZHONGGUO YINGYONG ZHINAN（YI）
——IFRS S1 JIEDU YU YINGYONG

殷格非　刘轶芳　主编

经济科学出版社出版、发行　新华书店经销
社址：北京市海淀区阜成路甲 28 号　邮编：100142
总编部电话：010-88191217　发行部电话：010-88191522
网址：www.esp.com.cn
电子邮箱：esp@esp.com.cn
天猫网店：经济科学出版社旗舰店
网址：http://jjkxcbs.tmall.com
北京季蜂印刷有限公司印装
710×1000　16 开　18.75 印张　252000 字
2024 年 4 月第 1 版　2024 年 4 月第 1 次印刷
ISBN 978-7-5218-5864-8　定价：108.00 元
（图书出现印装问题，本社负责调换。电话：010-88191545）
（版权所有　侵权必究　打击盗版　举报热线：010-88191661
QQ：2242791300　营销中心电话：010-88191537
电子邮箱：dbts@esp.com.cn）

编委会名单

丛书编委会

主 任：殷格非 刘铁芳
副 主 任：肖黎明 孙东升
编委会成员：刘倩 许寅硕 陈伟征 管竹笋
代奕波 邹续林 贾丽
主 编：
殷格非 刘铁芳
副 主 编：
刘倩 贾丽 左玉晨
编写组成员：
陆心媛 王家蒙 许寅硕 朱丽娜
于芷涵 王晓娟 盖泽坤 李霞

主编简介

殷格非：责扬天下（北京）管理顾问有限公司创始人、首席专家。北京一标数字科技有限公司董事长兼 CEO。德国勃兰登堡应用技术大学技术创新与管理理学硕士。ISO 26000 社会责任国际标准起草工作组专家，GB/T 36000 社会责任国家系列标准主要起草专家之一，ISO TC 322 可持续金融国际标准技术委员会专家，SAC/TC 532 全国品牌评价标准化技术委员会委员。财政部首届可持续披露准则咨询专家、中国上市公司协会可持续发展（ESG）委员会委员。华中科技大学兼职教授，清华大学 EMBA/MBA 企业社会责任客座讲师，西北政法大学 ESG 研究院学术委员会主任。

从 2003 年开始一直专注于企业社会责任/ESG 和可持续发展的研究与推广。率先倡导责任竞争力理念，构建责任三层次理论和可持续品牌理论，主导创建了"金蜜蜂"社会责任品牌。出版社会责任与可持续发展专著 20 余部，在国内期刊发表各类文章 100 余篇。对企业社会责任管理和可持续品牌有独到的创新研究和见解。

刘轶芳：中央财经大学可持续准则研究中心主任；经济学院宏观经济学系主任；教授、博士生导师；财政部首届可持续披露准则咨询专家、国家标准委环境社会治理（ESG）标准化项目研究组专家；中国企业管理研究会 ESG 专委会副主任、社会责任与可持续发展专业委员会主任委员；中华环保联合会理事、ESG 专委会委员；中国投入产出学会常务理事；企业社会价值实验室专家委员会委员；苏州工业园区 ESG 联盟专家顾问；《中国环保产业》杂志编委。

序 言 一

可持续发展关系着人类命运和未来，是破解当前全球性问题的"金钥匙"。党中央、国务院高度重视经济、社会和环境的可持续发展，党的十九大报告指出，必须坚定不移贯彻创新、协调、绿色、开放、共享的发展理念；党的二十大报告指出，坚定不移走生产发展、生活富裕、生态良好的文明发展道路。上市公司强化可持续发展信息披露意识，积极践行可持续发展理念，共建可持续发展良好生态是落实党中央、国务院有关部署的有效路径。

中国上市公司协会在中国证监会的领导下，以"服务、自律、规范、提高"为基本职责，积极推动上市公司可持续发展（ESG）相关工作，致力于促进提高上市公司质量。为了满足上市公司对可持续发展工作的需求，协会积极发挥"桥梁、阵地、平台、窗口"作用，依托可持续发展专业委员会开展调查研究、培训沙龙、倡导最佳实践、编写发布年度ESG报告、举办中国上市公司可持续发展大会等工作，以配合证监会相关监管规则制定，推动上市公司可持续发展（ESG）管理和信息披露水平提升。

近年来，上市公司逐步适应监管要求，积极主动参考可持续信息披露国内外标准，关注ESG评级和外部绩效表现，主动披露可持续发展相关信息的意愿日益增强。截至2023年上半年，上市超过半年的A股公司共有5023家，其中近1800家上市公司发布了2022年度ESG相关报告，占比超过35%。最近5年上市公司ESG相关报告披露数量与披露率稳步上升，披露率增长速度近两年有所加快。与此同时，上市公司在可持续发展信息披露方面依旧面临挑战，境内外机构发布的标准和准则繁多且复杂，加大了上市公司的遵循难度。超过60%的上市公司希望有更具体、权威的信息披露规则，以简化过程并提高信息披露质量。

国际可持续准则理事会（ISSB）发布的《国际财务报告准则 S1 号——可持续相关财务信息一般披露要求》（IFRS S1）和《国际财务报告准则 S2 号——气候相关披露》（IFRS S2）两项准则，在助力解决上述挑战方面迈出了重要步伐。ISSB 准则创造了一个全新的通用语言，吸收采纳国际上主流可持续发展和 ESG 信息披露标准，为全球可持续信息披露提供了参考基准。统一的基准可以降低可持续信息披露的难度，节约披露成本，提升报告编制效率。ISSB 准则所倡导的一致性、可比性和可验证性等披露原则，将增强可持续信息的透明度，进一步拉近上市公司与资本市场及投资者的关系，提升整个市场的透明度、专业性和可信度。ISSB 作为可持续发展信息披露的基准新规则，对于全球主要企业基本适用，但具体的披露要求和指标设计，仍需结合我国实际情况进行本土化调整。

2024 年 4 月 12 日，在中国证监会统一部署下，沪深北证券交易所发布上市公司可持续发展报告披露指引（以下简称"指引"），自 2024 年 5 月 1 日起施行。这是对上市公司可持续发展信息披露新的系统性规范，是中国上市公司可持续发展信息披露的里程碑事件。指引反映可持续信息披露全球趋势，并充分尊重中国国情。披露框架方面，指引采用了"治理—战略—影响、风险和机遇管理—指标与目标"的可持续信息披露框架。在议题重要性识别上采纳财务重要性和影响重要性的信息披露理念，要求披露对企业价值产生重大影响的议题，以及会对经济、社会和环境产生重大影响的议题。议题设置方面，一方面反映了全球可持续信息披露内容趋势，比如生物多样性、科技伦理议题信息的披露等；另一方面则反映了中国式现代化建设新要求，比如应对气候变化、污染防治与生态系统保护、能源资源利用与循环经济等议题体现了人与自然和谐相处的美丽中国建设要求，乡村振兴、社会贡献以及平等对待中小企业议题体现了全体人民共同富裕要求，创新驱动的信息披露能够反映上市公司支持国家创新驱动战略的具体情况。指引作为指导中国上市公司开展可持续信息披露的纲领性文件，提供了与全球接轨的可持续信息披

序言一

露框架，为上市公司稳步提升可持续发展信息披露质量提供了权威依据。指引的实施应用，将有助于上市公司更全面、准确、及时地公开其在经济、环境和社会三个维度上的表现，更好地回应监管机构、投资者和社会公众对环境保护、社会责任和公司治理议题的关切。

《ISSB 中国应用指南》是系统解读 ISSB 准则的著作，为企业了解 ISSB 准则提供了重要参考。一是体例设计友好。作者采用条款解读、案例示范和案例点评的方式来编写，每一个条款都展示了相关企业信息披露典型案例，并且辅以专业点评，帮助企业来理解运用 ISSB 准则，对于中国企业更显得通俗易懂。二是本书作为系列丛书，能够持续长期地为中国企业提供最新的 ISSB 准则解读。ISSB 准则现已发布 IFRS S1 和 IFRS S2，未来还会发布 IFRS S3、IFRS S4，作者团队将会持续不断地出版解读本。三是本系列丛书的出版正值沪深北证券交易所指引颁布之际，ISSB 作为全球可持续信息披露规则的基准，对 ISSB 规则的熟悉和掌握，对中国上市公司高水平的理解和落实指引具有现实的指导意义。

宋志平

中国上市公司协会会长

2024 年 5 月

序 言 二

近年来，企业可持续发展的表现受到全社会广泛关注，尤其是成为投资者投资决策的重要考量因素，编一份好的可持续发展（ESG）报告正成为一种时尚。2023年6月，国际可持续准则理事会（ISSB）颁布了首批两份国际财务报告可持续披露准则——《可持续相关财务信息披露一般要求》和《气候相关披露》，标志着全球可持续发展及信息披露进入了历史发展的新阶段。

ISSB准则在制定过程中已较充分地吸收了来自多利益相关方的意见，成为全球公认的高质量可持续披露准则之范本。通过指导企业披露与可持续发展相关的信息，将有助于提高企业透明度，使投资者能够更全面地评估企业的可持续性风险和机遇。

企业要按照ISSB准则披露可持续信息，主要面临四个方面的挑战：一是信息的可靠性，可持续披露信息绝大部分是非货币计量的，也不遵从复式记账这一严格的范式，企业提供的信息是否可靠存在一定挑战；二是风险因素的披露，ISSB要求企业披露短期、中期、长期面临的机遇与风险，这些对企业来说都难以预测和判断；三是发展路线图的描绘，ISSB要求企业披露应对风险和机遇的时间表与路线图，这并非易事，即使企业披露了相关信息，其可信度也难以衡量；四是商业信息的保密性，ISSB要求披露的信息主要涉及企业的非财务信息，对企业商业信息的保密性可能会产生不利影响。

责扬天下（北京）管理顾问有限公司和中央财经大学可持续准则研究中心合作编写的这本书，为企业应对上述挑战提供了及时的知识供给。本书使用通俗易懂的语言对ISSB准则条款进行详细解读，在信息可靠性、风险因素披露、发展线路图描绘、商业信息保密性等重点内容方面，运用文字解读与案例解析相结合的方式，为企业提供披露范本的直观参考，为中国企业应

用 ISSB 准则做好信息披露提供了易于理解与操作的指导工具。

当然，要应对上述挑战，企业一定要行胜于言，在做好可持续信息披露的同时，从以下六个方面切实采取行动，促进企业和全社会的可持续发展。

一是建立适合企业特点的治理体系，从战略高度看待 ESG 和可持续发展工作。建立适合中国企业特色的治理体系，如在董事会层面，考虑将战略委员会改为战略和可持续发展委员会，且建立合理可行的执行机制，而非仅搭建一个"空架子"。

二是坚持高研发投入，在转型升级中实现自身超越式发展。当今时代是科技竞争的时代，近几十年国际竞争也越来越表现为科技竞争。全球经济和股票市场的"王者"越来越为科技强者主导。研发对企业的可持续长期发展非常重要。

三是聚焦环境因素，避免相关风险，抓住相关发展机遇。我国已经作出"2030 年碳达峰、2060 年碳中和"的承诺，但由于我国刚进入中等收入国家行列，还有大量经济建设和改善人民生活的工作要做，并且我国是全球最大的出口国，实现的过程远比任何发达国家都难。对中国企业而言，要努力考虑如何应对风险以及进行积极的产业和生产方经营方式的转型升级。可喜的是，我国企业在某些领域正将风险转变为机遇，形成新质生产力，并引领全球产业发展，比如在光电、风电、特高压、输变电、储能技术、新能源车等方面。

四是聚焦复杂的全球政治经济环境因素，避免商业风险，把握发展机遇。近几年，一些主要发达国家实行贸易保护主义，逆全球化，中国企业需要认识到反倾销、补贴、信息安全、碳关税、环境保护、反腐败、劳工安全等都是应考虑的重要 ESG 与可持续发展议题，但也要为可能面临的贸易保护主义或地缘政治需要产生的"排挤"风险做好筹划与准备，以避免和减少可能带来的相关损失。

五是从行业特点出发，规避可持续相关风险突发带来的恶性影响。不同行业的 ESG 风险点和利益相关方的关注点存在差异。例如，对于 IT 行业，

序言二

数据安全、隐私保护、科技创新至关重要；对于医药行业和食品行业，商业道德、生物多样性、产品质量安全至关重要；对于采矿业，职工健康安全、环境保护、社区关系管理至关重要；对于银行业，系统性风险、气候风险、数据安全至关重要。这些可持续风险突发带来的恶性影响，往往可能会对企业带来无法应对的损失。因此，企业应从所处行业出发，判定ESG与可持续发展的重要议题，采取针对性措施并实现高质量的信息披露。

六是努力平衡各方利益，实现企业价值与环境、社会价值的双赢。近半个世纪以来，全球普遍强调企业价值和股东利益。这有其积极意义，但也导致一系列负面影响，如环境污染、贫富差距、地区发展不平衡等。ESG与可持续发展在某种意义上是一种思想纠偏，其目的是努力平衡各方利益。我国企业应努力平衡各利益相关方的价值诉求，以实现企业价值与环境、社会价值的双赢。

我国企业应从以上六个方面应对ISSB准则在ESG与可持续发展方面带来的挑战和机遇，其精髓可总结为"共识、共创、共益"。"共识"指企业及其利益相关方要对所做的工作有共同认识，洞悉未来要达到何种目的；"共创"指企业要共同创造一种可持续的商业模式，让企业自身和各利益相关方都能充分参与；"共益"指基于共识的目标和共创的路径达到共赢，实现包含企业、环境与社会价值在内的综合价值最大化。

最后，期待本书编委会能够推出更多的可持续信息披露研究成果，支持中国企业不断加深国际可持续披露准则的理解，积极参与兼顾国际先进水平和本国国情的可持续披露准则的制定，提高可持续信息披露质量与效率，助力中国企业和全社会可持续发展迈上新的台阶！

张为国
清华大学和上海财经大学教授
中国证监会前首席会计师
国际会计准则理事会前理事
2024年5月

序言三

气候灾害、环境污染、资源瓶颈、增长乏力等挑战不断增加，推动可持续发展成为各国政府和社会共同的目标和行动，而缺乏统一的评价标准和信息披露体系一度是阻碍可持续发展进程的一个原因。如今，可持续发展标准研制部门正在凝聚共识走向合作，2023 年 6 月发布的 ISSB 准则被认为是全球可持续信息披露标准体系的集大成者。企业是可持续发展相关问题前瞻性治理、创新性解决的重要主体，2024 年 4 月中国证监会指导三大交易所发布了《上市公司可持续发展报告指引》，分类引导上市公司践行可持续发展理念。可见，可持续发展的风潮已至，本书的出版恰逢其时。

腾讯作为一家领先的互联网科技企业，也是可持续发展理念的践行者，从《ISSB 准则中国应用指南——IFRS S1 解读与应用》中我们获得了许多启发和鼓舞。

《ISSB 准则中国应用指南——IFRS S1 解读与应用》认为企业的经营离不开与价值链之间的互动关系，应从财务化和价值链视角全面评价企业可持续经营的风险与机遇，对此我们拥有强烈的共鸣。2021 年 4 月，腾讯将"推动可持续社会价值创新"（SSV）纳入公司核心战略，与"扎根消费互联网""拥抱产业互联网"一起构成公司发展的战略底座，牵引所有业务，践行科技向善的使命与愿景。对应地，公司服务对象也从用户（C）、产业（B），延伸到社会（S），CBS 三位一体，最终指向为社会创造价值。为了推进战略落地，公司专门成立了可持续社会价值事业部，设立了基础科学、教育创新、乡村振兴、碳中和、FEW（食物、能源与水）、公众应急、养老科技和公益数字化等实验室群和产品中心，并启动了共同富裕专项计划，为中国新发展格局和全球可持续发展的重要议题寻找系统化解题方案。

当我们思考可持续社会价值创新的解题方案时，我们考虑到了自身的数字科技和可持续发展能力，这与ISSB准则及其中国应用指南倡导"财务化"和"价值链视角"的理念与方法不谋而合。一方面，社会价值创造只有融入公司核心能力，才能实现规模化、可持续。以社会应急领域为例，2023年腾讯与四川省地震局合作，利用社交平台对海量用户进行高并发消息推送的技术优势，开发了微信地震预警平台，增加公众在天灾发生后的紧急逃生机会。今年，在国家地震局的指导下，全国微信、QQ双平台地震预警已在内测阶段准备上线。此外，将腾讯会议降噪技术应用于长者助听设备，把游戏技术应用于飞行模拟，用腾讯文档收集和传递救援信息生成了河南特大暴雨洪灾中的"救命文档"等，都是发挥自身数字化能力参与社会价值创造的例子。另一方面，公司充分利用可持续发展能力助解人类面对的重大科学问题。针对传统的科研资助体系通常设定了明确的研究任务的特点，2022年腾讯出资100亿元设立了"新基石科学基金会"，定位于发现最优秀的人、鼓励自由探索、聚焦原始创新，特色是"选人不选项目"，计划用10年时间支持200~300位杰出科学家，是目前国内最大的公益性科学基金项目之一，前两期合计奖励了104位杰出科学家，被科学界视为传统科研资助体系的有益补充。

准则及其中国应用指南考虑到各辖区的差异性，将乡村振兴等纳入具有中国特色的披露要求，给了我们乡村振兴探索者很大的鼓舞。在中国工业化、城镇化背景下，乡村青壮年大量外出务工，留守群体处于数字化末梢，如何将乡村振兴的外部资源与村庄的内生条件有效链接，关键在"人"，关键在"制度"。2021年5月腾讯与农业农村部联合启动"耕耘者振兴计划"，面向乡村治理骨干和新型农业经营主体带头人开展培训，同时在农业农村部和各级政府主导下，与乡村治理骨干和村民一起开发了村级服务平台，构建了一套面向乡村治理需求、适应数字时代趋势的制度规则，目前村级服务平台已服务全国超过6万个村庄，连续两年写入农业农村部一号文件。同年，我们还启动了"共富乡村"项目：首先是围绕共富发展由谁组织、开展什么业态、

序言三

利益如何分配，在村集体主导下，一起设计符合村庄资源禀赋的新业务，鼓励农户以房屋、厨艺、技术入股参与经营，联结政府和社会共创力量助力村集体及村民，把经营收益最大化留给农民。其次是围绕共富发展的经营人才从哪里来，在各地政府积极参与支持下，联合中国农业大学等高校及社会组织开展"乡村 CEO 培养计划"。最后是围绕共富发展需要哪些工具支撑，根据共富发展的经营逻辑，联合各方开发了村庄经营数字工具四件套，并将单村经营上升到区域联合经营，同时打造了乡村 CEO 甄选、山海音乐节、乡村文旅地图等系列平台与服务，带动了一批村集体经济收入快速增长。我们探索出一套"机制＋人才＋数字化"的内生型系统化解法，目前已推广到浙江、广东、广西、云南、重庆等省区市的 125 个市县区，为村民的奋斗成果获得更多市场机会，为乡村的生态资源获得更多价值，为乡村社会增添更多发展动力。

经济全球化背景下，各国发展阶段差异、行业间差异、制度差异、社会需求差异等，导致一个兼具统一性和特殊性的标准体系迟迟难以建立，ISSB 准则的形成过程，正是诸多最具国际影响力的标准组织的共识凝聚到协作共创的过程。这个共识指引下的合作过程，为我们解决社会议题提供了重要启发。社会议题往往具有主体多样、利益多元、难点长期积累的特征，仅依靠技术和财务的支持还不够，需要社会各方达成共识，协作共创。在实践过程中，公司逐渐形成了政府主导、社会共创、腾讯助力的方法与定位。

在《ISSB 准则中国应用指南（一）》出版之际，我们期待它为更多秉持长期主义，持续开展社会价值创新的企业提供指引和支持，也期待中国的本土化实践为准则谱写更丰富的内涵，促进国际社会的各界力量为善意创造更多可能。

肖黎明

腾讯可持续社会价值事业部副总裁

2024 年 5 月

自　序

2023年6月26日，国际可持续准则理事会（ISSB）正式发布《国际财务报告准则S1号——可持续相关财务信息披露一般要求》（IFRS S1）和《国际财务报告准则S2号——气候相关披露》（IFRS S2）两项可持续披露准则。

新准则的出台，意味着全球可持续信息披露正在向更好的一致性、可比性和可理解性迈进，帮助利益相关方更清晰地识别企业经济活动的"外部性"，帮助投资者、贷款人和其他债权人更具前瞻性地挖掘出与长期可持续回报目标相契合的投资机遇，更有效地规避可持续相关风险及通过传导效应所产生的财务风险。这将对中国企业可持续信息披露带来七大变化，这些变化也将为中国企业可持续发展带来更多的机遇和挑战。

▶ 变化1：
促进"全球化+本土化"可持续发展/社会责任/ESG信息披露框架构建[①]

IFRS S1是企业可持续信息披露的一般规则，也是未来即将发布的全部其他特定主题的可持续披露准则的"基础底座"；IFRS S2是气候主题的相关披露要求。因此，企业应用IFRS S2进行信息披露时，也应参考IFRS S1的相关披露要求。此外，ISSB将可持续发展会计准则（以下简称"SASB准则"）作为ISSB准则的一部分，考虑不同司法管辖区域法律法规的适用性，经调整，提供68个行业指标作为企业信息披露的重要参考。

ISSB准则一般披露要求、专项议题披露要求以及行业参考披露要求共同

---

① ESG全称是Environmental，Social and Governance，即环境、社会和公司治理。

构成了全球统一的可持续发展/社会责任/ESG信息披露基准框架。这一基准框架处于持续发展阶段,后续还将陆续出台有关生物多样性、人力资本、社会资本等专项议题相关披露准则,以逐步统一各可持续专项议题相关披露框架。

同时,ISSB准则考虑到各辖区情况差异性,允许各辖区在现有全球准则的基础上纳入"本土化"要求。例如,在ISSB准则披露要求基础上,加入具有中国特色的披露要求,包括乡村振兴、"双碳"目标、党组织建设等方面,形成适用于中国企业的可持续发展/社会责任/ESG信息披露要求。

ISSB准则的"全球化+本土化"框架旨在加强可持续发展/社会责任/ESG信息披露的统一性、一致性和可比性,当符合ISSB准则要求的信息披露框架形成后,ESG报告将会更多地呈现以治理、战略、风险管理、指标和目标为基本框架的结构,进一步提升信息披露的质量和价值。

▶ 变化2:

强调基于"治理层+管理层"双重视角进行治理的信息披露

ISSB准则核心内容之一即"治理",其相关披露要求更清晰地强调企业治理信息披露应从"治理层+管理层"双重视角切入。

当前,中国企业治理信息披露通常存在治理层和管理层易混淆,以及治理层和管理层的具体可持续相关职责衔接披露不清晰的问题。治理信息的披露,在治理层方面,不仅要明确具体的监督职责,还应披露如何通过有关政策体现治理层的监督职责、如何保障具备足够的技能和胜任力、通过何种方式对可持续相关风险和机遇实现有效的监督管理,以及如何监督可持续相关目标设定和实现进展,包括建立目标绩效与高管薪酬挂钩机制等;在管理层方面,应披露管理层是否被授权并担任可持续相关风险和机遇管理的角色,以及为有效管理可持续风险和机遇所制定的控制措施和程序。

ISSB准则为中国企业治理方面信息披露提出了新要求和新视角，中国企业应立足于"双重视角"，积极提升治理信息披露水平，以加强信息披露促进管理提升，全面提升治理和管理能力。

▶ 变化3：

强调基于"财务化+价值链"视角进行战略的信息披露

ISSB准则对可持续发展/社会责任/ESG战略的披露要求强调信息之间的关联性，即企业可持续相关财务信息与其通用目的财务报表中的信息关联，以及不同可持续风险和机遇之间的信息关联。其认为，企业经营离不开与价值链之间的活动、互动和关系，产生的可持续相关风险和机遇，将会对自身的战略和决策、业务模式及其所在价值链产生影响，这些影响的时间范围定义通常与战略规划时间范围相关联，进而会对企业当前和短期、中期、长期的财务状况、财务业绩和现金流量产生影响，这些信息的披露，将为现有的和潜在的投资者、贷款人和其他债权人更清晰地评估企业发展前景提供支持。

ISSB准则对于企业战略信息的披露，从"财务化+价值链"视角提出了更多、更高、更新的要求，这也对中国企业可持续发展/社会责任/ESG信息披露带来重要变化，企业应提升对可持续发展/社会责任/ESG信息披露中财务相关性的关注度。

▶ 变化4：

强调基于"闭环管理"视角进行风险和机遇管理的信息披露

ISSB准则针对可持续相关风险和机遇管理的信息披露要求，实质上是对一个完整的闭环管理机制及运行过程的披露。相对于以往国内外有关可持续披露标准或监管规定，ISSB准则提出了更高的披露要求，其要求企业不仅要披露识别、评估、优先考虑、监控和改变可持续相关风险和机遇的流程，以及风险管理政策,还要求披露这些流程是否以及多大程度上被整合至整体的风险管理流程,这些机遇是否纳入了战略和决策考量。

这也意味着,ISSB准则也将推动企业更深层次地考虑风险和机遇管理问题,无论从治理层还是管理层,对于识别的这些风险和机遇,哪些没有得到很好的管理,哪些没有纳入管理计划,以及这些现状将在何时进行改进。

目前,很多中国企业已通过定性描述的方式,在报告中对可持续相关风险和机遇的管理机制和运行过程进行了披露,但多数企业还未采用定量方式进行风险和机遇分析,对于流程整合的管理实践经验有限。这也对中国企业风险和机遇管理提出严峻挑战,未来亟须加强风险和机遇量化管理能力建设,并不断提升可持续相关风险和机遇管理流程与整体风险管理流程的融合度。

▶ 变化5:

为目标和指标的信息披露形式提供"可视化+结构化"权威参照

ISSB准则要求企业披露监控和衡量可持续相关风险和机遇的目标和指标,以及衡量目标实现进展的绩效指标,包括中期、各阶段性目标以及法律法规要求的目标等。实质上,目标和指标管理包括策划(目标和指标设定)、实施(目标和指标进展)、检查(目标和指标监控)、改进(目标和指标调整),ISSB准则要求企业披露目标和指标的闭环管理情况,对于披露形式提出了明确的标准化要求。

不同于以往有关目标和指标的披露要求,ISSB准则为企业提供了"可视化+结构化"的权威参考。例如,对于可持续相关目标和指标设定,企业应披露所参考的指引来源,以及如何结合指引来源和实际情况对目标和指标进行调整,如何设定衡量目标进展的时间范围,通过定量和定性方式进行目标进展和指标绩效披露。

自　序

对于中国企业而言，随着目标和指标披露要求的颗粒度和规范性提升，同时也将帮助企业向投资者等利益相关方更清晰地展示可持续发展管理能力及成效。例如，资源利用效率目标展现了企业生产经营活动中的降本增效能力，客户服务目标展现了企业的产品质量和市场能力；合规管理目标展示了企业稳健发展和风险防控能力。这些变化也将推动中国企业对于目标和指标披露形式更加规范化和标准化。

▶ 变化6：
对于可持续相关财务信息披露的"第三方审验"提出更多的期待

2023年，在金蜜蜂智库评估的2407份企业报告中有217份经过专业机构审验，占比仅为9.02%，该指标近三年持续稳步增长，但仍有超九成企业报告未经专业机构审验，表明当前中国企业报告审验的重视度与市场反应度并不高。

ISSB准则将财务信息披露的成功经验引入可持续披露领域，在强调财务相关性的同时，还强调企业提供的可持续信息应具备相关性、重要性、可比性、可验证性、及时性和可理解性，确保其如同通用目的财务报告，能够实现如实和公允地列报企业的实际情况，让报告使用者充分理解并接受这些信息，这对可持续相关财务信息的收集、汇总、使用和披露都提供了清晰的指导。

ISSB准则强调可持续相关财务信息的一致性、可比性、可验证性，对于这些信息，尤其是定量数据（如温室气体排放量等）的第三方审验要求，加强可持续相关财务信息管理留痕。例如，ISSB准则要求企业详细披露其衡量风险或计算定量指标所采用的输入、假设和方法，这有助于企业通过重新计算等方式验证相关信息的质量。

ISSB准则对于可持续相关财务信息"第三方审验"情况的披露要求，将推动中国企业提升信息披露的规范性和严谨性，同时，对于可持续相关财务信息披露的可审计性、可追溯性提出了更多的期待。

▶ 变化7：
全球可持续相关财务信息披露基线建立将促成"ESG报表"应用

2023年11月16日，中国上市公司协会发布了《中国上市公司ESG价值核算报告（2023年）》，责扬天下（北京）管理顾问有限公司（以下简称"责扬天下"）基于自身长期的ESG价值货币化核算研究成果，为该报告提供全面的技术支持。该报告提出了"ESG报表"这一新概念，阐述了"通过货币化核算的方式，对原本ESG报告绩效表中的指标进行货币化计量，生成更直观、可比的ESG报表，以实现通过各指标的财务化衡量评估企业报告期间真正的ESG管理结果"这一新理念。

以ESG报表的构成要素"ESG净值"为例，ESG净值是对企业环境和社会影响的净价值的核算结果。当企业对环境和社会带来正面的外部性影响大于负面的外部性影响的价值，则对应相关影响的指标ESG净值为正；当企业对环境和社会带来正面的外部性影响小于负面的外部性影响的价值，则对应相关影响的指标ESG净值为负；当企业对环境和社会带来外部性影响的价值正负平衡，则对应相关影响的指标ESG净值为0。通过对企业整体的环境和社会外部性影响进行货币化核算，求出企业总体ESG净值，可以真正反映企业对社会和环境带来的ESG价值。与财务报表类似，企业可持续发展、社会责任以及环境、社会和公司治理方面外部性影响的净价值，均可通过ESG净值来衡量。

《国际财务报告可持续披露准则》正如其名，是针对于可持续相关财务信息的披露标准，强调财务相关性。未来不久，该准则的普遍推广与应用，将建立全球可持续相关财务信息披露基线，进一步促进企业对环境和社会外部性影响的价值核算，帮助投资者等利益相关方更全面地了解企业的综合价值，"ESG 报表"将以一种全新的报告形式和内容，融入报告中，乃至将以一种新的财务视角嵌入财务报告中。

实质上，可持续发展/社会责任/ESG 理念与中国式现代化的本质要求高度契合，本质上也是贯彻落实中国新发展理念的重要抓手，推动中国企业从更关注经济价值，向追求经济、环境、社会和公司治理综合价值最大化转变，这与"中国特色估值体系"内涵也是相契合的。随着 ISSB 准则的正式发布与推广应用，为中国企业可持续发展/社会责任/ESG 信息披露带来了七大变化，可持续发展/社会责任/ESG 信息披露呈现出规范化、标准化、强制化的要求，这背后反映了企业的管理逻辑和真实写照，投资者等利益相关方也愈加关注企业的 ESG 价值，这对于中国企业既是难得的机遇，也是现实的挑战。如何应对这些变化趋势，对于中国企业而言是必答题，而非选择题。

为帮助中国企业更好地适应这些变化趋势，责扬天下（北京）管理顾问有限公司联合中央财经大学可持续准则研究中心，开展可持续信息披露课题系统研究，并以《可持续信息披露丛书》方式发布相应成果。首册推出《ISSB 准则中国应用指南——IFRS S1 解读》，从披露要求出发，围绕背景、基本要求、治理、战略、风险管理、指标和目标、披露建议七大部分，在核心内容披露方面采用"条款解读＋典型案例＋案例点评"形式进行解读，为中国企业应用 ISSB 准则提供直观的借鉴及参考。

第 1 章介绍了 ISSB 准则背景等相关情况，包括 ISSB 成立背景、ISSB 准则整体结构和核心内容框架、ISSB 准则与全球报告倡议组织（Global Reporting Initiative，GRI）标准对比、ISSB 准则与欧洲可持续报告准则（European Sustainability Reporting Standards，ESRS）对比。

第 2 章介绍了应用 ISSB 准则进行可持续相关信息披露的基本要求，包括准则的目标和范围、概念基础、披露一般要求以及判断、不确定性和差错的处理。

第 3 章针对治理层面核心内容，从治理层和管理层展开，围绕负责监督可持续相关风险和机遇管理的治理机构或个人、管理层的角色两个方面披露要求展开解读。

第 4 章针对战略层面核心内容，围绕影响发展前景的可持续相关风险和机遇，以及这些风险和机遇对业务模式和价值链的影响、对战略和决策的影响、对财务的影响、对战略和业务模式的韧性五个方面披露要求展开解读。

第 5 章针对风险管理层面核心内容，围绕可持续相关风险管理流程和相关政策、可持续相关机遇管理流程、这些流程与整体风险管理流程的整合三个方面披露要求展开解读。

第 6 章针对指标和目标层面核心内容，围绕可持续相关指标、可持续相关目标两个方面披露要求展开解读。

第 7 章立足于中国企业视角，介绍了 ISSB 准则生效期、过渡与豁免披露条件，并围绕中国企业如何认知 ISSB 准则披露要求，以及如何切实推进可持续管理及应对披露两大问题提出相关建议。

未来，《可持续信息披露丛书》编委会将立足于课题研究，为中国企业及业界人士贡献更多的可持续信息披露领域的前沿研究成果，在中国式现代化建设和高质量发展的新征程上，帮助中国企业通过与投资者等利益相关方对话的"窗口"，更好地展现可持续发展的价值，彰显贡献社会可持续发展风范。最后，期望中国企业能够先学先得，积极发挥先发优势，充分把握 ISSB 准则应用的重要机遇，砥砺前行、迎难而上，为中国企业可持续信息披露与管理实践分享宝贵经验，为世界可持续发展事业贡献更多中国智慧。

《可持续信息披露丛书》编委会

2024 年 5 月

目　　录

1　ISSB 准则概览　　1

- 1.1　ISSB 前世今生　　1
- 1.2　ISSB 准则内容　　5
- 1.3　可持续信息披露的国际比较　　8

2　ISSB 准则基本要求　　23

- 2.1　目标和范围　　23
- 2.2　概念基础　　26
- 2.3　一般要求　　36
- 2.4　判断、计量不确定性和差错　　45

3　治理　　49

- 3.1　负责监督的治理机构或个人　　51
- 3.2　管理层的角色　　94

4 战略　　108

- 4.1 影响发展前景的风险和机遇　　111
- 4.2 风险和机遇对业务模式和价值链的影响　　119
- 4.3 风险和机遇对战略和决策的影响　　131
- 4.4 风险和机遇对财务的影响　　149
- 4.5 战略和业务模式的韧性　　160

5 风险管理　　167

- 5.1 风险管理流程和相关政策　　168
- 5.2 机遇管理流程　　193
- 5.3 与整体风险管理流程的整合　　201

6 指标和目标　　208

- 6.1 可持续相关指标　　209
- 6.2 可持续相关目标　　221

7 中国企业如何应对   240

- 7.1 ISSB 准则生效期、过渡与豁免披露条件   241
- 7.2 中国企业如何正确认知 ISSB 准则   245
- 7.3 中国企业如何切实推进可持续管理和信息披露   250

附录   258

- 附录一 案例索引   258
- 附录二 术语表   264

后记   267

ISSB准则概览

1.1 ISSB 前世今生

2019年10月,国际财务报告准则基金会(International Financial Reporting Stan-dards Foundation,IFRS)为满足投资者、贷款人和其他债权人等资本市场参与者需求,提高公司可持续发展披露的全球一致性和可比性,开始筹备创建国际可持续准则理事会。

2021年3月,IFRS基金会成立技术准备工作小组(TRWG)工作组,成员包括气候披露准则理事会(Climate Disclosure Standards Board,CDSB)、国际会计准则理事会(International Accounting Standards Board,IASB)、气候相关财务信息披露工作组(Task Force on Climate-Related Financial Disclosures,TCFD)、价值报告基金会(Value Reporting Foundation,VRF)和世界经济论坛(World Economic Forum,WEF)等,以及国际证监会组织(International Organization of Securities Commis-sions,IOSCO)作为观察员。工作组与国际会计准则委员会(International Accounting Standards Board,

IASB）开展紧密合作，在确保国际会计准则与可持续披露准则的连通性和兼容性前提下，合作完成了《国际财务报告准则 S1 号——可持续相关财务信息披露一般要求》（草案）和《国际财务报告准则 S2 号——气候相关披露》（草案）。

2021 年 11 月 3 日，在 26 届联合国气候大会上，国际财务报告准则基金会（IFRS）官宣国际可持续准则理事会（International Sustainability Standards Board，ISSB）正式成立。ISSB 与 IASB 是平行机构，这两家机构的共同主管机构是 IFRS，两个理事会是各自独立的准则制定机构，分别负责国际会计准则和国际财务报告可持续披露准则的制定。除极少数个别国家外，全球各国家都在不同程度上采用了 IFRS 国际财务报告准则，有近 140 个国家通过直接采用的方式，也有一些国家与中国内地的方式一致，采取连续的、实质的趋同来实现国际财务报告准则的应用。国际可持续发展组织及标准的关系如图 1-1 所示。

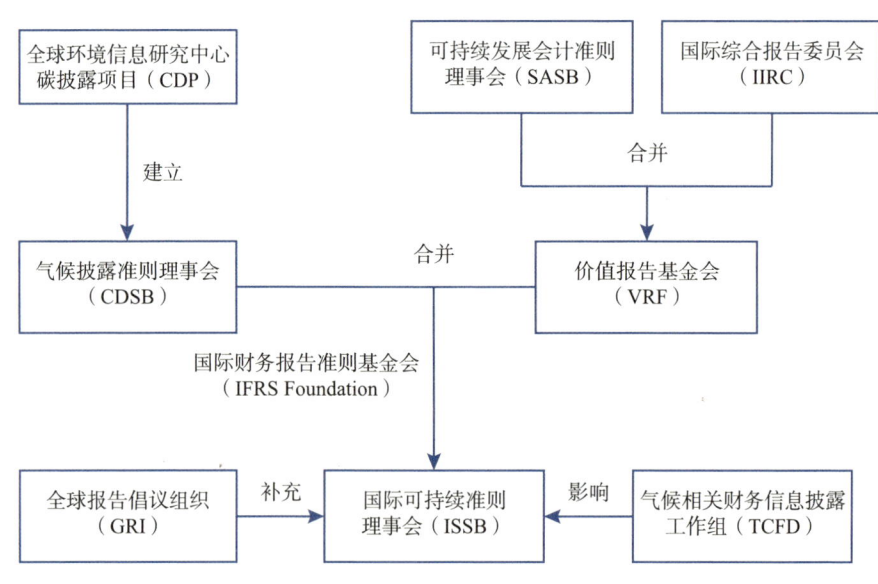

图 1-1　国际可持续发展组织及标准的关系

资料来源：ISSB 官方网站。

ISSB准则概览

2022年3月31日，ISSB发布了《国际财务报告准则S1号——可持续相关财务信息披露一般要求》征求意见稿和《国际财务报告准则S2号——气候相关披露》征求意见稿，向投资者和其他利益相关者广泛征求意见和建议。2022年7月29日截止反馈意见的收集后，在每月会议上对研究和标准制定、战略和治理、分类等内容进行重新审议修订，以建立全球基线的核心标准[①]。

2022年12月29日，IFRS基金会宣布已经与中国财政部达成协议，在北京设立IFRS办公室（ISSB北京办公室），并于2023年6月正式开业。除此，ISSB已在加拿大蒙特利尔设立北美地区总部，在德国法兰克福设立欧洲、中东和非洲地区总部，负责为ISSB运转的核心职能提供支持等；在美国旧金山和英国伦敦设有办公室，负责为ISSB提供技术支持及市场互动平台等。

2023年6月26日，ISSB正式发布《国际财务报告可持续披露准则》IFRS S1与IFRS S2。ISSB主席伊曼纽尔·费伯（Emmanuel Faber）在发布会上表示，ISSB准则旨在帮助公司以稳定、可比较和可验证的方式讲述其可持续的故事。同时，他还强调，更好的可持续相关财务信息披露会带来更好的经济决策，也意味着全球市场范围内的可持续披露标准迈入新纪元。

2023年7月25日，国际证监会组织（IOSCO）宣布认可ISSB准则。IOSCO在过去两年与ISSB开展了密切合作，并于2023年6月26日完成了对ISSB准则的全面独立审查，确定ISSB准则满足了投资者对气候相关财务信息披露的需求，并适合作为更广泛的可持续相关财务信息的全球披露框架，同时ISSB准则构成了制定适用于可持续信息披露鉴证框架的适当基础。

---

① IFRS.通往全球基线的路径：ISSB概述了实现可持续披露全球基线所需的行动 [EB/OL].2022（05）. https://www.ifrs.org/news-and-events/news/2022/05/issb-outlines-actions-required-to-deliver-global-baseline-of-sustainability-disclosures/#:~:text=Implementing%20The%20Global%20Baseline.

鉴于不同国家或地区就 ISSB 准则有不同安排。IOSCO 呼吁其成员考虑在本国家或地区的范围内采用、应用或以其他方式运用 ISSB 准则。IOSCO 鼓励各国家或地区考虑强制实施 ISSB 准则，或在本国家或地区无既定披露框架的前提下，允许各国家或地区的企业自愿使用 ISSB 准则。同时，IOSCO 鼓励各国家或地区考虑其自身现有的可持续相关披露要求如何实现与 ISSB 准则的相互协调，以支持向全球投资者提供一致、可比的信息。此外，IOSCO 表示支持国际财务报告准则基金会，并发布相关采用指南[①]。中国香港证监会于 2023 年 7 月 26 日对 IOSCO 认可 ISSB 准则表示欢迎，并提出将与相关政府部门、其他金融监管机构及香港联合交易所有限公司（联交所）合作，为香港采纳 ISSB 准则制定全面路线图。

目前，从 ESG 披露视角来看，ISSB 准则自发布以来已获得中国香港地区、巴西、加拿大、英国、日本、韩国、新加坡、马来西亚、新西兰、澳大利亚、尼日利亚、南非的支持；除此，也得到了包括二十国集团（G20）、七国集团（G7）、国际证监会组织（IOSCO）、金融稳定理事会（FSB）可持续证券交易所（UN）、世界银行（WB）、国际货币基金组织（IMF）、欧盟（EU）、美国证监会（SEC），以及来自 40 多个司法管辖区的中央银行行长的支持。

ISSB 准则的发布对于投资者、贷款人和其他债权人而言，资源投入决策与企业估值逻辑必然也会随之逐步迭代。对于报告编制者而言，ISSB 准则既是不可多得的机遇，也是必须尽早面对的挑战。中国企业应该及时评估自身实践与 ISSB 准则要求之间存在的缺口，充分利用过渡期及监管部门预留的窗口期，提升自身信息披露水平和可持续管理能力。这不仅是可持续相关财务信息披露的全球基线，更是可持续性管理的全球趋势。

---

① 2024 年 5 月，IOSCO 在其年会上发布了《关于采用或以其他方式使用 ISSB 准则的首份司法管辖区指南》，旨在向市场参与者提供各司法辖区采用或以其他方式使用 ISSB 准则的各种司法方法，包括完全采用、部分采用和使用许可。

1.2 ISSB 准则内容

1.2.1 IFRS S1 整体结构

将 IFRS S1 各章节标题原文[①]及其在本书中对应章节建立映射关系，包括：目标，范围，概念基础，核心内容，一般要求，判断、计量不确定性和差错，附录七个部分。本书整体结构对照如表 1-1 所示。

表 1-1　IFRS S1 整体结构对照

IFRS S1 章节	对应本书章节
目标	2.1.1 目标
范围	2.1.2 范围
概念基础 ▶ 公允列报 ▶ 重要性 ▶ 报告主体 ▶ 关联信息	2.2 概念基础 ▶ 2.2.1　公允列报 ▶ 2.2.2　重要性 ▶ 2.2.3　报告主体 ▶ 2.2.4　关联信息
核心内容 ▶ 治理 ▶ 战略 ▶ 风险管理 ▶ 指标和目标	核心内容 ▶ 第 3 章　治理 ▶ 第 4 章　战略 ▶ 第 5 章　风险管理 ▶ 第 6 章　指标和目标

[①] 本书参考了 IFRS S1 General Requirements for Disclosure of Sustainability-related Financial Information 及其随附文件，链接：https://www.ifrs.org/issued-standards/ifrs-sustainability-standards-navigator/ifrs-s1-general-requirements.html/content/dam/ifrs/publications/html-standards-issb/english/2023/issued/issbs1/。以及由中国会计准则委员会经国际财务报告准则基金会许可出版的简体中文版《国际财务报告准则 S1 号——可持续相关财务信息披露一般要求》及其随附指南，链接：https://www.ifrs.org/issued-standards/ifrs-sustainability-standards-navigator/sustainability-pdf-collection/?language=%2Fcontent%2Fcq%3Atags%2Fifrs%2Flocalisation%2Flanguage%2Fchinese-simplified&issue-type=%2Fcontent%2Fcq%3Atags%2Fifrs%2Fproduction%2Fissue-type%2Fissued&year=2023&layer=%2Fcontent%2Fcq%3Atags%2Fifrs%2Fproduction%2Fstandard-layer%2Fbase。

续表

IFRS S1 章节	对应本书章节
一般要求 ▶ 指引来源 ▶ 披露位置 ▶ 报告时间 ▶ 可比信息 ▶ 合规声明	**2.3 一般要求** ▶ 2.3.1 指引来源 ▶ 2.3.2 披露位置 ▶ 2.3.3 报告时间 ▶ 2.3.4 可比信息 ▶ 2.3.5 合规声明
判断、计量不确定性和差错 ▶ 判断 ▶ 计量不确定性 ▶ 差错	**2.4 判断、计量不确定性和差错** ▶ 2.4.1 判断 ▶ 2.4.2 计量不确定性 ▶ 2.4.3 差错
附录 ▶ 附录一 术语定义 ▶ 附录二 应用指南 ▶ 附录三 指引来源 ▶ 附录四 有用可持续相关财务信息的质量特性 ▶ 附录五 生效日期和过渡性规定	**附录** ▶ 附录二 术语表 ▶ 全文 ▶ 2.3.1 指引来源 ▶ 2.2.1 公允列报 ▶ 7.1 生效期、过渡和豁免披露条件

资料来源：由笔者整理得到。

1.2.2 IFRS S1 核心内容

IFRS S1 是纲领性文件，IFRS S2 是针对气候相关信息的披露要求。两份准则的要点主要包含以下几方面：第一，可持续信息披露对投资者的投资决策起到关键作用；第二，披露可持续信息时要确保具备可比性、一致性和可验证性；第三，披露形式采取气候相关财务信息披露工作组（TCFD）建议，包含治理、战略、风险管理、指标和目标，具体到识别出要管理的可持续相关风险和机遇；第四，基于指标数据来衡量这些可持续相关风险和机遇管理是否达到相应目标[①]。IFRS S1 核心内容框架及披露要求如图 1–2 所示。

---

① 华敬东.中上协·经济观察对话 ISSB：ISSB 准则包含哪些要点，上市公司如何应对？[N].经济观察报，2023-09-24.

ISSB准则概览

核心内容

治理
监督和管理可持续相关风险和机遇所用的治理流程、控制措施和程序

披露要求	对应章节
应披露负责监督可持续相关风险和机遇的治理机构（董事会、委员会或其他同等机构）或个人：[IFRS S1.27（a）] ·可持续相关风险和机遇的监督职责如何反映在该机构或个人适用的职权范围、任务授权、角色描述和其他相关政策中 [S1.27 (a) (i)]·该机构或个人是否具备适当的技能和能力，或是否将培养此类技能和能力，以监督旨在应对可持续相关风险和机遇而制定的战略 [S1.27 (a) (ii)]·该机构或个人如何以及多久一次获知可持续相关风险和机遇 [S1.27 (a) (iii)]·该机构或个人在监督主体战略、重大交易决策以及风险管理流程和相关政策时如何考虑可持续相关风险和机遇，包括该机构或个人是否已评估这些风险和机遇之间的权衡 [S1.27 (a) (iv)]·该机构或个人如何监督可持续相关风险和机遇相关目标的设定，并如何监测实现目标的进展，包括是否将相关业绩指标纳入薪酬政策 [S1.27 (a) (v)]	3.1负责监管的个人或机构 3.1.1机构或个人的职责 3.1.2如何确保技能和相关能力 3.1.3获悉风险和机遇的方式和频率 3.1.4监督时机制 3.1.5如何监督目标的设定及实现
管理层在监督和管理可持续相关风险和机遇的治理流程、控制措施和程序中所扮演的角色，包括 [IFRS S1.27 (b)]：·该角色是否被委派给特定管理层职位或管理层委员会，以及对该职位或委员会的监督情况 [S1.27 (b) (i)]·管理层是否采取控制措施和程序来支持对该角色的行使，如果是，如何将这些控制措施和程序与其他内部职能进行整合 [S1.27 (b) (ii)]	3.2管理层的角色 3.2.1被授权的特定职位或者委员会 3.2.2控制措施和程序的职责及配合

战略
主体管理可持续相关风险和机遇的方法

披露要求	对应章节
可合理预计会影响主体前景的可持续相关风险和机遇[IFRS S1.29,30,31]：·描述可合理预计会影响主体前景的可持续相关风险和机遇 [S1.30 (a)]·针对主体识别的每项可持续相关风险，明确其可合理预计会在短期、中期或长期内产生影响的时间范围 [S1.30 (b)]·阐释主体如何定义"短期""中期"和"长期"的时间范围以及如何与相关可持续相关风险和机遇的规划期限关联 [S1.30 (c)]	4.影响发展前景的要素和风险和机遇 4.1.1风险和机遇的描述 4.1.2风险和机遇影响的时间范围 4.1.3对"短期""中期""长期"的定义以及关联如何
可持续相关风险和机遇对主体业务模式和价值链的影响 [IFRS S1.29 (b)]:·主体当前和预期的业务模式受可持续相关风险和机遇影响的描述 [S1.32 (a)]·主体以之前可持续相关风险和机遇的价值链的当前和预期集中在哪些领域的描述 (例如地理区域、设施和投入) [S1.32 (c)]	4.2风险和机遇对业务模式和价值链的影响 4.2.1对业务模式的影响 4.2.2在价值链受影响领域的描述
可持续相关风险和机遇对主体战略和决策的影响 [IFRS S1.29 (c)]：·主体对可持续相关风险和机遇的应对方式和策略：主体以之前对可持续相关风险和机遇的反应在当前和预期发生的变化 (例如，在应对新业务机会、业务停用中的权衡取舍等) [S1.33 (a)]·披露预期影响可持续相关风险和机遇的计划的资源[S1.33 (b)]·主体如何监测以前期间披露的有关可持续相关风险和机遇的计划的进展 [S1.33 (c)]	4.3风险和机遇对战略和决策的影响 4.3.1应对风险和机遇的方式 4.3.2为应对风险和机遇所投入的资源 4.3.3风险和机遇的计划的进度
可持续相关风险和机遇对当期财务状况、财务业绩和现金流量以及短期、中期和长期内主体财务状况、财务业绩和现金流量的预期影响，包括在定义新业务或财务业绩中采用的假设可持续相关风险和机遇反映在主体财务计划中的方式 [IFRS S1.29 (d), 35, S1.34 (a),(b)]·主体可持续相关风险和机遇可合理预计对主体在短期、中期、长期的财务状况或机遇的风险以及可持续相关风险和机遇如何反映在主体的财务计划中 [IFRS S1.34 (b), 35, S1.41-S1.42 (c)]·可持续相关风险和机遇之间的预期变化，包括考虑主体计划在相关时间范围内的重大业务的计划和资源分配 [IFRS S1.34 (c)]	4.4风险和机遇对财务的影响 4.4.1风险和机遇对财务状况、财务业绩和现金流量的短期、中期和长期的影响 4.4.2风险和机遇相关财务假设和主体反应的互动
主体的战略及其业务模式对其可持续相关风险的韧性 [IFRS S1.29 (e), S1.41]·关于可持续相关风险和机遇的战略和业务模式的定性和定量的评估 (如增加) [IFRS S1.41 (a)]·评估应对这些风险披露主体进行定性分析 [IFRS S1.42]	4.5战略和业务模式 4.5.1定性定量分析 4.5.2其他需要披露的敏感分析

风险管理
主体用于识别、评估、优先处理和监督可持续相关风险和机遇的流程

披露要求	对应章节
主体用于识别、评估、优先处理和监督可持续相关风险所采用的流程和相关政策，包括[IFRS S1.44 (a)]:·主体使用的投入和参数数据来源和使用情况（例如，相关的信息）[S1.44 (a) (i)]·主体是否，以及如何使用情景分析来帮助识别可持续相关风险[S1.44 (a) (ii)]·主体如何评估可持续相关风险的可能性和影响的性质和规模（例如，定性因素、定量因素）[S1.44 (a) (iii)]·相对于其他类型的风险，主体如何优先处理可持续相关风险 [S1.44 (a) (iv)]	5.1风险识别和参数数据 5.1.1输入和参数 5.1.2情景分析方法和使用 5.1.4风险的优先级 5.1.5风险的规模 5.1.6风险改变说明
主体用于识别、评估、优先处理和监督可持续相关机遇所采用的流程 [IFRS S1.44 (b)]	5.2机遇通用流程
主体用于识别、评估、优先处理和监督可持续相关风险和机遇的流程是否以及如何整合到整体风险管理流程中 [IFRS S1.44 (c)]	5.3与整体风险管理流程的整合

指标和目标
主体在可持续相关风险和机遇方面的业绩，包括其设定的任何战略性目标和法律要求其实现的目标的进度

披露要求	对应章节
每项可持续相关风险和机遇相关的主体使用的指标[IFRS S1.46-50, 52, S1.53]·适用的国际财务报告准则可持续披露准则要求的指标 [IFRS S1.46 (a)]·主体使用用于计量和监测主体可持续相关风险和机遇或其实现的战略相关实际的指标 [IFRS S1.46 (b) (i)]	6.1 可持续相关指标 6.1.1适用IFRS可持续披露准则要求的指标 6.1.2主体披露要求的实践中的指标
主体设定其为应对或应理可持续相关风险和机遇而设定的目标，以及主体为实现法律或监管要求主体实现的目标取得的进度的定量的目标 [IFRS S1.46 (b), S1.46, S1.53]·主体设定其为应对或管理可持续相关风险和机遇而设定的目标，以及主体为实现法律或监管要求主体实现的目标取得的进度 [IFRS S1.46 (c), S1.51, S1.53]	6.2 可持续相关目标 6.2.1可持续相关项目 6.2.2法律法规要求的目标

图1-2 IFRS S1 核心内容框架及披露要求

资料来源：由笔者整理得到。

1.3 可持续信息披露的国际比较

在目前众多利益相关者对国际财务报告可持续披露准则（ISSB 准则）反馈中显示，来自不同司法管辖区的编制者担心他们需要同时遵守多个可持续披露标准，这将很可能导致重复披露和增加披露成本。对报告编制者来说，一个重要的问题是如何对待多种可持续披露准则，包括 ISSB 准则、可持续发展报告指南（Global Reporting Initiative，GRI，以下简称"GRI 标准"）、欧洲可持续发展报告标准（European Sustainability Reporting Standards，ESRS，以下简称"ESRS 准则"）并且以最大限度地减少报告的负担和复杂程度。

1.3.1 ISSB 与 GRI 披露标准对比

GRI 标准是中国企业参考数量最多的国际标准之一。金蜜蜂 2022 年数据显示，在沪深 300 指数中的上市公司企业社会责任报告中，GRI 标准的参考比例达到了 75.4%。全球报告倡议组织（GRI）于 1997 年在美国波士顿成立，迄今已有 26 年的发展历史，其目的是建立一个问责机制，以确保公司遵守负责任的环境行为原则，然后将其范围扩大到社会、经济和治理方面。最初的 GRI 标准版本（G1）于 2000 年发布，为可持续报告提供了全球首个框架。2002 年，发布了首个指南更新版（G2）。随着主体对 GRI 报告的需求不断增长，指南不断扩展和改进，先后推出了 G3（2006）和 G4（2013）。2016 年，GRI 从提供指南过渡到为可持续报告制定全球标准。2021 年更新的 GRI 通用标准和相关行业标准，是一个由相互关联的标准组成的模块系统，支持主体以结构化的方式公开报告其活动的影响，如图 1-3 所示。

1. GRI 通用标准

GRI 通用标准适用于所有主体，包括以下内容：

ISSB准则概览 1

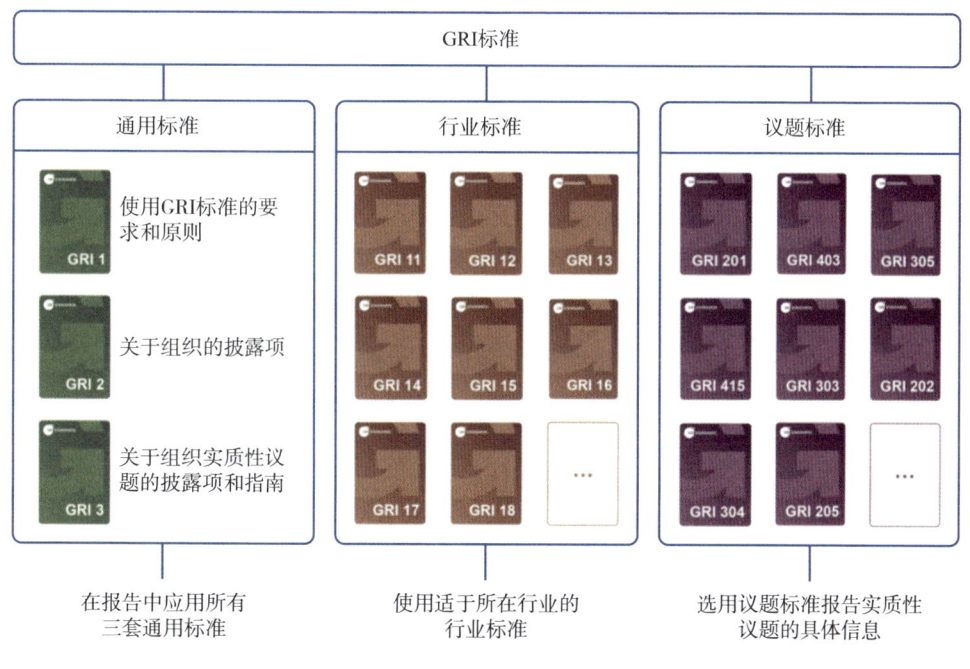

图1-3 GRI标准结构

资料来源：GRI官网信息，https://www.globalreporting.org/standards/.

GRI 1：基础2021（Foundation 2021）介绍了GRI标准的宗旨和体系，解释了可持续发展报告的关键概念，并说明主体必须遵守的要求和报告原则，以符合GRI标准编制报告。例如，基于GRI 101要求，主体应根据"利益相关方包容性""可持续发展背景""实质性""完整性"四大原则界定报告应披露的内容；应根据"准确性""平衡性""清晰性""可比性""可靠性""时效性"六大原则界定报告应有的质量。

GRI 2：一般披露2021（General Disclosures 2021）包含一系列披露项，用于主体说明报告实践和其他主体详情（例如活动、管治和政策），从而描述主体的概况和规模，并为理解主体的影响提供背景信息。例如，GRI 102涉及主体概况、战略、道德和诚信、治理、利益相关方沟通以及报告流程六大板块的信息，为利益相关者理解主体的整体可持续发展情况提供了总体背景。

GRI 3：实质性主题 2021（Material Topics 2021）就如何确定实质性议题提供了分步指导。GRI 3 还包含一系列披露项，用于主体说明其确定实质性议题的过程、实质性议题清单以及每个议题的管理方法。例如，GRI 103 主要引导主体说明其实质性议题的选择、影响范围、选择的原因以及管理方法。其中管理方法涉及政策、承诺、目标、资源等一系列主体针对特定议题采取的管理措施，对于不在 GRI 的 34 份专项标准覆盖范围内的议题，也可按照该指引对于具体议题的管理方法进行披露，帮助利益相关方了解主体的可持续发展实践。

若组织想要声明报告是符合 GRI 2021 标准，应遵循 GRI 1 中所列的 9 条要求：（1）运用报告原则；（2）报告 GRI 2 一般披露项中的所有披露项；（3）确定实质性议题；（4）报告 GRI 3 实质性议题中的所有披露项；（5）针对每一个实质性议题，按照相关议题专项标准进行报告；（6）对未进行报告的披露项和要求说明原因；（7）编制 GRI 内容索引；（8）作出与使用 GRI 标准相关的声明；（9）通知 GRI。

2. GRI 行业标准

全球报告倡议组织（GRI）为 40 个行业的报告主体制定了标准，旨在提高各主体报告的质量、完整性和一致性。每部 GRI 行业标准的初始部分均概述了该行业的特点，包括可以支撑其影响的活动和商业关系；其主要部分列出了该行业可能涉及的重要议题，并描述了与行业相关的重要影响，同时明确指出了主体需要披露的相关内容。除此，GRI 行业标准列出了 GRI 议题标准中不涉及的披露内容，如 GRI 议题标准并不涉及主体与该议题之间的影响关系，这些主要基于特定行业的证据、国际文书和行业专家的建议予以确定。因此，GRI 行业标准反映了广泛的利益相关者对该行业影响管理的期望。

3. GRI 议题标准

GRI 议题标准包含提供主题信息的披露，如有关废物、职业健康和安全以及税收议题的标准都包含了议题概述和披露方法，主体应选择与它所确定的重大议题相对应的议题标准，并使用这些标准进行报告。

GRI 议题标准涵盖了经济环境、社会三大议题类指标（Topic Standards），结合通用标准（Universal Standards）和可挑选的多维度指标（Sector Standards）发布了综合性的细致指标，并多次进行行业分类相关的补充，以适用于各类企业可进行的 GRI 议题标准选择和组合使用。

1.3.1.1 ISSB与GRI的异同

ISSB 与 GRI 特征与要素对比如表 1-2 所示，主要存在以下四方面区别：

其一，ISSB 与 GRI 服务对象不同。利益相关方和其他信息使用者可使用 GRI 标准，以了解主体应报告的内容。GRI 报告的使用者是广泛的，投资者只是其中之一。而 ISSB 的观点是该信息有助于通用目的财务报告主要使用者评估企业价值和作出是否向主体提供资源的相关决策，更多是让投资者和分析师根据报告信息评估企业价值。

其二，两者披露事项的核心要素不一样。ISSB 从治理、战略、风险管理、指标和目标进行披露；GRI 分为一般标准和议题标准，前者包括基础、一般披露及管理方针，后者包括经济、环境和社会。

其三，治理的披露要求不同。ISSB 对治理的披露要求是关于负责监督可持续相关风险和机遇的治理机构（可包括董事会、委员会或其他同等治理机构）的信息，以及关于管理层在这些流程中的角色的信息。GRI 的披露要求为披露管治架构及其组成；最高管治机构在制定主体的宗旨、价值观和战略方面的作用；最高管治机构的能力和绩效评价；最高管治机构在风险管理方面的作用；最高管治机构在可持续报告方面的作用；最高管治机构在评估经济、环境和社会绩效方面的作用；报酬和奖励等。

其四,风险管理要求不同。GRI 文本未提及但实质关注企业对风险的管理,ISSB 意识到可持续相关议题既是风险也是机遇,要求企业披露风险和机遇对主体的影响,且要求公司识别可持续相关议题对其业务模式、战略和现金流量等的短期、中期、长期影响,并鼓励量化该影响。

表 1-2 ISSB 与 GRI 的特征和要素比较

项目		ISSB	GRI
目标		IFRS S1、IFRS S2 的目标是:要求主体披露所有可合理预期会影响其发展前景的可持续相关风险和机遇,并指导主体如何充分地披露这些信息,以帮助通用目的财务报告使用者作出向主体提供资源的相关决策	GRI 的目的:就主体如何促进或希望促进可持续发展提供透明度。GRI 标准使主体能够公开披露其对经济、环境和人最重大的影响,包括对人权的影响,以及主体如何管理这些影响
适用范围		依据国际财务报告会计准则或其他一般公认会计准则编制相关财务报表的主体,可以采用国际财务报告可持续披露准则	可供任何规模、类型、地理位置或报告经验的主体来报告对经济、环境和人的影响,包括对人权的影响。报告的信息可供主体在决策中使用,例如设定目的和具体目标,或评估和实施政策及做法
行业标准		ISSB 纳入了可持续核算准则理事会(SASB)标准中的行业特定披露要求,根据企业的业务类型、资源强度、可持续影响和可持续创新潜力等,将企业划分为 68 个二级行业,并针对每个行业提出了一系列可能对该行业企业产生重大财务影响的可持续发展因素	目前已发布的行业标准包括:GRI11(石油和天然气行业 2021),GRI12(煤炭行业 2022),GRI13(农业、水产养殖和渔业 2022)。GRI 行业标准为主体提供信息,以确定可能的实质性议题。主体采用适用于所在行业的行业标准确定实质性议题,并确定披露实质性议题的哪些信息
议题标准		没有独立的议题标准,与经济、环境、社会议题相关的披露要求被包含在核心内容和 68 个行业标准中	GRI 议题标准包含一系列披露项,用于主体报告与特定议题有关影响的信息。主体使用 GRI3 确定实质性议题清单,并据此采用议题标准。议题专项标准分为 200 系列(经济议题)、300 系列(环境议题)和 400 系列(社会议题)
标准维度	治理	ISSB 的披露要求是关于负责监督可持续相关风险和机遇的治理机构(可包括董事会、委员会或其他同等治理机构)的信息,以及关于管理层在这些流程中的角色的信息。董事会对气候风险和机遇的监督。管理层在评估和管理气候相关风险和机遇方面的职责	GRI 的披露要求为主体需要报告最高治理机构是否负责审核和批准报告信息,包括主体的实质性议题;最高治理机构在主体的宗旨、价值观和战略方面的作用;最高治理机构的能力和绩效评价;最高治理机构在风险管理方面的作用;最高治理机构在可持续报告方面的作用;最高治理机构在评估经济、环境和社会绩效方面的作用;报酬和奖励

续表

项目		ISSB	GRI
标准维度	战略	主体应当披露能够帮助通用目的财务报告使用者，了解主体为管理可持续和气候相关风险和机遇所制定的战略的信息	主体应提供主体的最高治理机构或最高管理层关于可持续发展与主体的相关性及其促进可持续发展之战略的声明
标准维度	风险管理	主体应当披露能够使通用目的财务报告使用者，了解主体如何识别、评估、优先考虑和监控可持续相关风险和机遇，并且以上流程是否以及如何被整合并影响现有的风险管理流程的信息。同时，此类信息有助于通用目的财务报告使用者，评估主体的整体风险状况和整体风险管理流程	GRI 标准未提及但实质关注企业对风险的管理。例如：（1）在 GRI1-5.2（提高可持续发展报告的可信度）中规定主体宜建立内部控制，还可建立和维持内审计职能，纳入风险管理过程，以进一步提高可持续发展报告的可信度。（2）在 GRI3 确定实质性议题的相关内容中规定，评估实质性议题影响的重大程度可纳入更广泛的企业风险管理系统
标准维度	指标	主体应披露对可合理预期影响主体前景的每个可持续相关风险和机遇的指标	GRI 在实质性议题管理中要求企业披露用于评估进展的目的、具体目标和指标
重要性		如果漏报、错报或掩盖的信息，可能合理的预期会影响通用目的的财务报告使用者根据这些报告作出的决策，包括财务报表和与可持续相关的财务披露，该信息就是重要的	重要性（实质性）议题应当体现主体对经济、环境和社会的最重大影响

资料来源：由中央财经大学可持续准则研究中心研究编制。

1.3.1.2 协调与互动

ISSB 已经整合了若干披露框架，但因为与 GRI 存在以上诸多不同，且其差异所带来的特有价值，可以预见两者未来可能会长时间并存并相互参考借鉴不断发展，为未来企业 ESG 报告的披露带来一定复杂度，也带来更多可能性。其协调与互动主要体现在以下四个方面：

（1）重要性概念。影响重要性（Impact Materiality）：GRI 标准强调主体活动和商业关系对经济、环境和人（包括对人权的影响）的显著影响。这些影响对可持续发展和主体的利益相关者（如投资者、工人、客户或当地社区）很重要。

财务重要性（Financial Materiality）：ISSB 准则关注的是对主体的现金流、发展、绩效、地位、资本成本或短期、中期和长期的融资能力产生或可能产生重大影响的风险或机会。

双方认同了在欧盟框架下这两者的同等重要性，并认为在之后应继续加强建设，约定做一个Q&A，以回答关于GRI和IFRS标准之间的关键问题。这些问题涉及信息用户、投资者角色、可持续信息披露的重要性等方面，旨在帮助主体更好地理解如何同时遵守这两组标准。

（2）标准的补充性。GRI标准和ISSB准则提供的视角各自相关并且相互补充。GRI标准提供了关于主体的可持续相关影响的信息，而ISSB准则关注的是这些影响如何转化为财务风险和机会。

（3）报告的独立性与互补性。GRI标准会独立地考虑主体与可持续相关风险和机遇之间的影响关系，而ISSB准则要求披露具备财务重要性的可持续相关风险和机遇的信息，因此，即便不具备财务重要性，但对利益相关方和环境具有影响重要性，这在GRI框架下往往也会被认为是重要的披露信息。

（4）报告的全面性。组织通过使用GRI标准和ISSB准则进行信息披露，能够为利益相关方提供更加全面的可持续性相关影响、风险和机遇的信息。

ISSB与GRI作为可持续披露领域两个最有影响力的可持续披露准则制定主体，都充分意识到了主体在编写可持续报告时会遇到同时参考多个标准的难题。因此，双方都在积极推进两个准则之间的互操作性，以帮助主体更明确地参考披露准则，为投资者和利益相关者创造便利。

1.3.2 ISSB与ESRS披露标准对比

2023年7月31日，欧盟委员会正式通过欧洲可持续发展报告标准（European Sustainability Reporting Standards，ESRS）授权法案，首批ESRS准则共包含12份文件，包括2份跨领域交叉准则与10份主题准则。该准则将于2024年1月1日生效。欧盟企业可持续发展报告指令（Corporate Sustainability Reporting Directive，CSRD）要求企业在2026年10月1日前对其发布的ESG报告提供有限保证的鉴证，在2029年10月1日前过渡到提供合理保证的鉴证。作为 CSRD 的配套准则，ESRS 的发布是欧盟在 ESG 领域长期实践的阶段性成果；也是继 ISSB 准则发布后，全球 ESG 准则发展的又一里程碑。ESRS 与 GRI 理念趋同，两者长期深度合作以提高准则一致性。

通过将 ESRS 与 ISSB 准则作对比，可以发现跨领域交叉准则（ESRS 1、ESRS 2）的作用类似于 ISSB 准则的 S1，明确定义了企业 ESG 报告披露的基本架构、一般报告原则和跨行业披露要求，具有普遍适用性。ESRS 主题准则类似 ISSB 的主题性准则（目前仅发布 S2 气候披露准则），具体包括环境领域的 ESRS E1（气候变化）、ESRS E2（污染）、ESRS E3（水和海洋资源）、ESRS E4（生物多样性和生态环境）、ESRS E5（资源利用与循环经济）；社会领域的 ESRS S1（自有劳动力）、ESRS S2（价值链中的员工）、ESRS S3（受影响的社区）、ESRS S4（消费者和终端用户）；以及治理领域的 ESRS G1（商业操守），如图 1-4 所示。

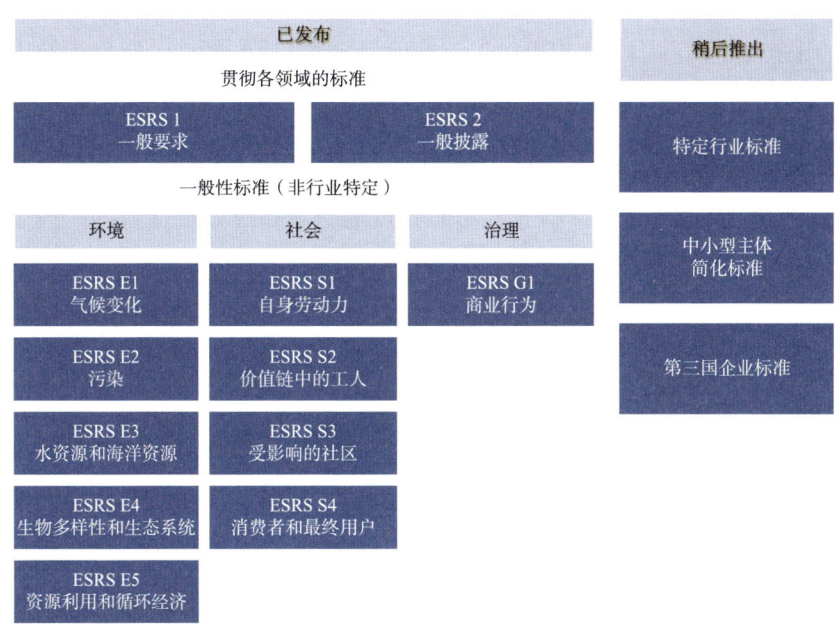

图 1-4　ESRS 结构

资料来源：EFRAG 官网信息，https://www.efrag.org/。

ESRS 的发布影响深远，大量欧盟境内外企业将被首次纳入强制披露可持续发展报告的范畴。ESRS 的覆盖范围包括：（1）欧盟监管范围内的所有大型企业（满足其中 2 项即需要披露）：①员工人数超过 250 名；②年营业额超过 4 千万欧元；③总资产超过 2 千万欧元。（2）在欧盟境内上市的企业；（3）在欧盟地区年营业额超过 1.5 亿欧元且在欧盟设有年营业收入超过 4000 万欧元的分支机构或设有大型子公司或上市公司的境外企业。

ESRS 对于欧盟境外企业将影响到部分中国企业，包括：（1）在欧盟境内有业务运营的中国企业：在欧盟地区年营业额超过 1.5 亿欧元且在欧盟设有年营业收入超过 4000 万欧元分支机构的中国企业需要按照 ESRS 要求披露报告；（2）在欧盟设有大型子公司或在欧盟上市（包括有意上市）的中国企业：如果中国企业在欧盟地区设有大型子公司或在欧盟境内上市（有意上市），也需按照 ESRS 要求披露报告；（3）欧盟企业控股的中国子公司：欧盟企业控股的中国子公司需要向母公司提供 ESRS 要求披露的信息；（4）欧盟企业的中国供应商：由于 ESRS 对于价值链披露的要求，欧盟企业的中国供应商将被要求开展可持续性 /ESG 管理，披露 ESG 相关信息。

具体到 ESRS 1，其目标在于帮助使用者了解 ESRS 的体系结构、起草惯例、基础概念以及按《会计指令》和 CSRD 编报可持续发展信息的一般要求。

ESRS 1 规定，ESRS 2 的通用性披露要求以及主题准则和行业特定准则的披露要求均按治理、战略、投资者关系（Investor Relations Officer，IRO）管理、指标与目标四个报告领域进行组织。在治理领域，企业应披露治理程序以及用于监控、管理和监督 IRO 的控制措施和流程。在战略领域，企业应披露其战略和业务模式与重要 IRO 的相互作用情况，包括企业如何应对这些 IRO。在 IRO 管理领域，企业应披露识别 IRO 并评估其重要性的流程以及通过政策和行动管理重要的可持续发展问题的流程。在指标和目标领域，企业应披露其管理 IRO 的进展情况，包括制订的目标以及目标的实现进度。此外，ESRS 2 还特别针对管理重要可持续发展问题的政策和行动，以及与重要

1 ISSB准则概览

可持续发展问题相关的指标和目标提出最低披露要求（Minimum Disclosure Requirement，MDR），无论重要性评估的结果如何，企业都必须按 MDR 对政策、行动、指标和目标进行披露[①]。

1.3.2.1 ISSB与ESRS的异同

欧盟财务报告咨询小组（EFRAG）也提出 ESRS 和 ISSB 此前发布的两项正式准则（IFRS S1、IFRS S2）是并行制定的，欧盟委员会、EFRAG 和 ISSB 之间进行了深入且富有建设性的讨论，确保了两套标准重叠之处的高度一致。此外欧盟委员会也提及 ESRS 的气候变化披露将提供投资者之外的视角，例如，商业伙伴、工会、社会合作伙伴和学术界。其要素和特征对比如表 1-3 所示。

表 1-3 ISSB 与 ESRS 的特征和要素比较

标准	ISSB	ESRS
报告形式	多种形式，可以通过交叉引用至主体发布的其他报告的形式	管理层报告（包含在年报内）
过渡期	一年	三年
鉴证	无相关要求	强制要求
议题范围	依赖于企业开展的重要性分析，仅要求对重要性议题进行披露。准则豁免企业披露法律法规禁止披露的信息及具有商业敏感性的可持续相关机遇相关的信息	制定了一系列的议题披露指引，要求企业在重要性议题之外完成对强制披露议题清单中的议题信息披露。允许根据欧盟商业秘密定义省略机密信息
影响的时间维度定义	企业自行定义	定义了短期、中期、长期的时间范围： 短期：财务报表当期 中期：第2~5年 长期：5年以上

[①] 黄世忠，叶丰滢. 欧洲可持续发展报告准则解读：《一般要求》准则[J]. 财会月刊，2023，44（21）：3-12.

续表

标准	ISSB	ESRS
气候相关指标和目标	无强制要求与巴黎协定保持一致，但需要企业披露最新气候变化国际协议如何帮助目标设定，接受使用碳信用和碳抵消来实现净排放目标。在企业设定净排放目标的情况下，需要额外披露相关的总排放目标	需与巴黎协定目标保持一致，除特定净零目标外，不接受使用碳信用和碳抵消来实现减排目标
适用范围	依据《国际财务报告会计准则》或其他一般公认会计准则编制相关财务报表的主体，可以采用《国际财务报告可持续披露准则》	（1）大型欧盟公司，定义为满足三个标准中的至少两个：①员工超过250名；②净收入超过4000万欧元；③总资产超过2000万欧元。 （2）欧盟上市公司，包括上市中小企业（微型企业除外）。 （3）非欧盟母公司，但其证券在欧盟监管市场上市，且集团在欧盟的合并营业额超过1.5亿欧元
报告对象	投资者	所有利益相关者
重要性	单重重要性	双重重要性
核心内容	包括治理、战略、风险管理、指标和目标四个方面（基于TCFD所推荐的四大支柱）	包括2个跨领域交叉准则及10个环境、社会和治理主题准则，涵盖全方位的可持续发展问题

资料来源：由中央财经大学可持续准则研究中心研究编制。

具体到ESRS 1和IFRS S1：

对于有关重要性的规定，ESRS 1和IFRS S1都认为重要性是企业主体层面的相关性，需要判断确定，主要差异包括：

（1）ESRS 1从双重重要性原则出发，主张ESRS准则的制定应面向广泛的利益相关者的信息需求，而IFRS S1则主张ISSB准则的制定应面向财务报告主要使用者的信息需求。

（2）在重要性评估方面，ESRS 1要求的双重重要性评估涵盖了IFRS S1要求的财务重要性评估。

（3）无论重要性评估结果如何，ESRS相关准则规定了一系列强制要求披露的数据点，但 ISSB 准则并不要求企业披露不重要的信息。

（4）在重要信息披露豁免方面，根据 CSRD 欧盟成员国可以省略有偏见的信息，但这种情况下需要根据 ESRS 2 的要求进行特定披露。此外，ESRS 还允许省略基于欧盟商业秘密定义的机密信息，而根据 ISSB 准则的规定，企业所在司法管辖区法律法规禁止披露相关信息时，企业可以省略这些信息。

对于有关价值链的规定，ESRS 1 总体上与 ISSB 准则保持一致。ISSB 准则同样要求将可持续发展信息披露延伸至合并会计主体之外的价值链。差别在于，ESRS 1 要求同时将具有影响重要性和财务重要性的价值链信息包括在可持续发展说明书中，而 ISSB 准则主要关注价值链的财务影响信息。此外，ESRS 1 鼓励企业在未能直接获取价值链信息的情况下利用行业平均数和替代变量进行估计，IFRS S1 未见相关提法。

对于有关时间范围的规定，ESRS 1 要求：（1）企业可持续发展说明书的报告期间必须与财务报表的报告期间保持一致。（2）企业的可持续发展说明书应在回顾性信息与前瞻性信息之间建立适当的联结，便于使用者清楚地了解历史性信息如何与未来导向信息相互关联。（3）除非相关报告要求已经明确规定如何报告进展情况，否则企业报告某一目标的进展情况时，应披露当期报告的数额与基年的比较信息。企业也可提供基年与报告期之间已实现的里程碑目标的历史信息，只要该信息是相关的。（4）编制可持续发展说明书时，企业应采用以下时间间隔：①短期：企业采用的财务报表报告期间；②中期：短期结束后至 5 年；③长期：5 年以上。如果影响或行动预期超过 5 年，企业应对长期时间范围进行进一步分解，以便为可持续发展说明书的使用者提供相关的信息。

如果因为行业特殊性，如现金流量和业务周期、资本投资期限导致上述对中期和长期的定义不符合企业的实际情况而无法提供相关的信息，企业也可以采用不同的中期和长期定义并进行必要的说明。相比之下，IFRS S1 虽也要求可持续相关财务信息披露的报告期间与财务报表报告期间保持一致，但没有对短期、中期和长期的时间范围进行统一界定，而是要求企业自行定义并披露。IFRS S1 认为短期、中期和长期的时间范围完全可能因企业而异，这取决于多种因素，包括特定行业的特征，如现金流量、投资和业务周期、所处行业常用的战略决策、资本配置的规划时长，以及使用者对该行业企业进行评估的时间范围等，因此不做统一界定。

对于有关可持续发展说明书的内容和结构的规定，ESRS 1 对可持续发展说明书的位置和结构提出明确要求，而 IFRS S1 只规定可持续发展相关财务信息披露应作为财务报告的一部分，并未对其披露的位置和结构提出要求，企业可将其放在管理层评论或类似地方披露，只要能单独辨认即满足规定要求。

对于有关关联信息及与财务报表的关联性的规定，IFRS S1 与 ESRS 1 一样强调关联性并将关联信息分为两种类型：类型一是与特定可持续发展相关风险或机遇有关的各类信息之间的关联性，包括治理、战略和风险管理相关披露之间的关联性，以及定性信息与定量信息（如相关指标和目标以及财务报表信息）之间的关联性；类型二是不同于可持续发展相关风险和机遇之间的关联性。比如，若企业对可持续发展相关风险和机遇实施一体化管理，则其应将相关治理整合披露，而非单独披露每一种可持续发展相关风险或机遇的治理。在此分类的基础上，IFRS S1 并未像 ESRS 1 那样特别强调可持续发展信息与财务报表信息之间不同的关联情形并对其做详细阐释。

对于有关过渡条款的规定，ESRS 1 设定的过渡条款迎合了 IFRS S1 的相称性（proportionality）原则，即企业披露信息应以无须付出过度的努力和成本为基本前提，并充分考虑其技能、能力和资源。对比来看，IFRS S1 的过渡条款主要集中在可持续发展相关财务信息披露的第一年，在披露时间点（允许企业在第一年的二季报或半年报中进行披露）和披露内容（允许企业在第一年只披露气候相关风险与机遇信息）上提供救济，这与 ESRS 1 的过渡条款主要集中在可持续发展说明书披露的前三年，针对上下游价值链信息获取和具体披露条款提供不同程度的救济思路不同。

1.3.2.2 协调与互动

ESRS 1 四大报告领域及各领域披露内容的设计借鉴了气候相关财务披露工作组（TCFD）的四支柱框架，与 ISSB 准则一致，旨在提高互操作性（interoperability）。只是因为遵循双重重要性原则，四大报告领域及其披露内容明确增加了有关影响的披露要求。但 ESRS 专门针对应对 IRO 的政策、行动、指标和目标设计，MDR 则主要是为了不偏离欧盟法规的规定，以及与 ISSB 准则和全球报告倡议组织（GRI）准则的关键要求保持一致。

无论是 ESRS 1 还是 IFRS S1，其提出的基础性信息质量特征和提升性信息质量特征均是参考财务报告概念框架，但置于可持续发展报告的意境下加以阐述的。ISSB 准则将可持续发展相关财务信息披露定位为财务报告的组成部分，照搬财务报告概念框架的信息质量特征可以理解，但 ESRS 将可持续发展报告定位为独立于财务报告的单独报告，照搬财务报告概念框架的质量特征就令人费解了。事实上，EFRAG 在起草 ESRS 1 征求意见稿时曾提出另外四个质量特征：战略聚焦性（strategic focus）、未来导向性（future orientation）、利益相关者包容性（stakeholder inclusiveness）和信息关联性（information connectivity）。这四个信息质量特征出自国际整合报告理事会（IIRC）提出的整合报告编制指导原则，也契合可持续发展信息的特点，适用于可持续发展报告的编制。遗憾的是，正式发布的 ESRS 1 为了保持与 IFRS S1 的互操作性，没有保留这四个信息质量特征。

EFRAG 在 2023 年 7 月 31 日的新闻稿中重点提及了与 ISSB 的合作，宣布将发布指南，提高与 ISSB 准则的互操作性。同时欧盟委员会也提出 ESRS 和 ISSB 此前发布的两项正式准则（IFRS S1、IFRS S2）是并行制定的，欧盟委员会、EFRAG 和 ISSB 之间进行了深入且富有建设性的讨论，确保了两套标准重叠之处的高度一致。此外欧盟委员会也提及 ESRS 的气候变化披露将提供投资者之外的视角，如商业伙伴、工会、社会合作伙伴和学术界。

针对 EFRAG 的声明，ISSB 回应称，为了帮助同时应用 ESRS 和 ISSB 准则的披露实体，ISSB 将与欧盟委员会一起制定互操作指导材料，帮助企业在标准之间进行选择。同时 ISSB 提出了提升互操作性的建议要点，包括提高各自气候相关披露要求在重叠气候披露标准中的互操作性，以及重点关注披露数据的一致性。值得注意的是，ISSB 在文件中对双方合作有所保留，提出 ESRS 和 ISSB 准则是在各自的职责范围内制定的，在影响重要性方面存在一些差异，ESRS 超出了投资者的视角。

ISSB准则基本要求

2.1 目标和范围

2.1.1 目标

ISSB 准则目标是要求主体披露其关于可持续相关风险和机遇的信息，该信息有助于通用目的财务报告主要使用者作出与向主体提供资源相关的决策。

1. 披露影响报告主体发展前景的可持续相关风险和机遇的信息（IFRS S1.1，3，4）

ISSB 准则要求主体披露所有可能影响短期、中期或长期的现金流量、融资渠道和资本成本的可持续相关风险和机遇的信息。这些风险和机遇被统称为"可以合理预期会影响主体发展前景的可持续相关风险和机遇"。除此，还规定了报告主体如何准备和披露可持续相关财务信息，包括准则中的核心内容和一般要求部分，以便这些可持续相关风险和机遇的信息有助于通用目的财务报告使用者进行资源投入决策。

2. 该信息有助于通用目的财务报告使用者作出提供资源的决策（IFRS S1.1，2）

报告主体发展前景反映了其财务状况、财务业绩和未来现金流量短期、中期和长期的金额、时间和不确定性，以及结合主体风险和机遇确定的现金流量价值的预期、融资渠道和资本成本。可持续相关风险和机遇的信息对于通用目的财务报告使用者而言是有用的，因为一个主体在短期、中期和长期产生现金流量的能力，与主体及其利益相关者、社会、经济和自然环境在整个价值链的相互影响是密不可分的。总之，主体与整个价值链中的资源和关系共同构成了一个相互依赖的系统，而主体在这个系统中持续运行。因此，主体对这些资源和关系的依赖和影响，为主体带来可持续相关风险和机遇。

2.1.2 范围

主体应在根据 IFRS 可持续披露准则编制和报告可持续相关财务信息披露时采用本准则（IFRS S1.5），其他 IFRS 可持续披露准则规定了主体应披露的有关特定可持续相关风险和机遇的信息。例如 IFRS 可持续披露准则已发布 S1 和 S2 两项可持续披露准则，其中 S2 为《国际财务报告准则 S2 号——气候相关披露》，主体根据 S2 编制在报告气候相关风险和机遇的信息时也要同时遵守 S1。

1. 不可合理预期会影响主体发展前景的可持续相关风险和机遇不在本准则范围内（IFRS S1.6）

根据准则规定，在主体面对的所有可持续相关风险和机遇中，只需披露预期会对主体的发展前景产生影响的这些可持续相关风险和机遇。这相当于在主体所有的可持续相关风险和机遇中划定了一个更具体的范围，即主体应通过全面评估可持续相关风险和机遇，在这些风险与机遇中，将预期会对主体的财务状况、财务业绩和未来现金流量产生影响的纳入本准则的披露要求范围内。如果主体预期一项风险或机遇，对自身未来的财务状况、财务业务、现金流量均不会产生影响，则不需要披露。

2. 无论报告主体是否根据国际财务报告会计准则编制都适用 ISSB 准则（IFRS S1.8）

1937 年美国会计程序委员会（CAP）发表第一号会计研究公告，开创了由政府机关或行业组织颁布"一般通用会计"（即一般公认会计原则）的先河。一般公认会计原则是指适用于各个不同行业的报告主体，包括从会计的基本概念、基本假设等基本原理到具体会计计量和编制财务报表的程序及方法的规定[①]。通常一个国家的会计体系就是指一般公认会计原则。无论主体的相关通用目的财务报表（"财务报表"）是否根据国际财务报告会计准则，或是其他公认会计原则或实务（"公认会计原则"）编制，ISSB 准则适用于任何报告主体，即按照 ISSB 准则披露的可持续相关财务信息与财务报表信息都可以结合起来，帮助通用目的财务报告主要使用者对报告主体发展前景进行评估。

3. 非营利组织可能需要对特定信息项目描述进行修订（IFRS S1.9）

非营利组织（NPO：non-profit organization）是一类不以市场化的营利目的为自己宗旨的组织，如最早在 1942 年出现的牛津饥荒救济委员会（Oxfam，中文译为"乐施会"）。不同于以营利为目的的主体，非营利组织的收入来源渠道更多，包括社会各界的捐赠收入、向会员收取的会费收入、政府部门的补助收入、对外投资取得的投资收益、销售商品和提供服务形成的收入等。ISSB 准则术语适用于营利主体，非营利组织在应用 ISSB 准则时可能需要对特定信息项目的描述进行修订。如价值链是指与主体的业务模式及

---

① 张铁铸，周红．对一般公认会计原则与国际财务报告准则趋同的研究［J］．南京审计学院学报，2012，9（02）：43-51．

其所处的外部环境相关的所有活动、资源和关系，包括主体将产品和服务从概念转化到交付、消费和报废所使用和依赖的活动、资源和关系，非营利组织还涉及其他活动，如慈善公益捐赠等①，包括物资募捐、收集、输送和分配等。

▶ 2.2 概念基础

IFRS S1 规定，有用的可持续相关财务信息需要具有相关性，且如实反映其旨在反映的内容。为了使可持续相关财务信息有用，信息披露应符合相关性、重要性、如实反映的基本质量特征，以及可比性、可验证性、及时性、可理解性等提升性质量特征（见图 2-1）。IFRS S1 设定的一般要求和基本原则贯穿于所有 IFRS 可持续披露准则，如 IFRS S2 在遵守 IFRS S1 设定的一般要求和基本原则前提下，提供了气候相关信息披露的操作细则。

2.2.1 公允列报

公允列报要求披露所有可预期影响主体发展前景的可持续相关风险和机遇的相关信息，并根据本准则中规定的原则公允地反映。一套完整的可持续相关财务信息应公平反映可以合理预期可能影响主体发展前景的所有可持续相关风险和机遇。首先，主体应对可持续相关的风险和机遇的相关信息进行如实陈述，即提供完整、中立和准确的描述。其次，主体应披露可比、可验证、及时、可理解的关于现金流，融资渠道，短期、中期和长期资本成本的信息。最后，如果按照 ISSB 准则披露后，仍无法满足公允列报要求，则需披露额外信息以满足该要求（IFRS S1.11-16，B1-B12）。

---

① 田园，徐家良. 第三次分配视角下非营利组织应对重要突发公共事件筹款策略——基于公众捐赠偏好的实验研究［J］. 公共行政评论，2022，15（02）：154-171，199-200.

ISSB准则基本要求 2

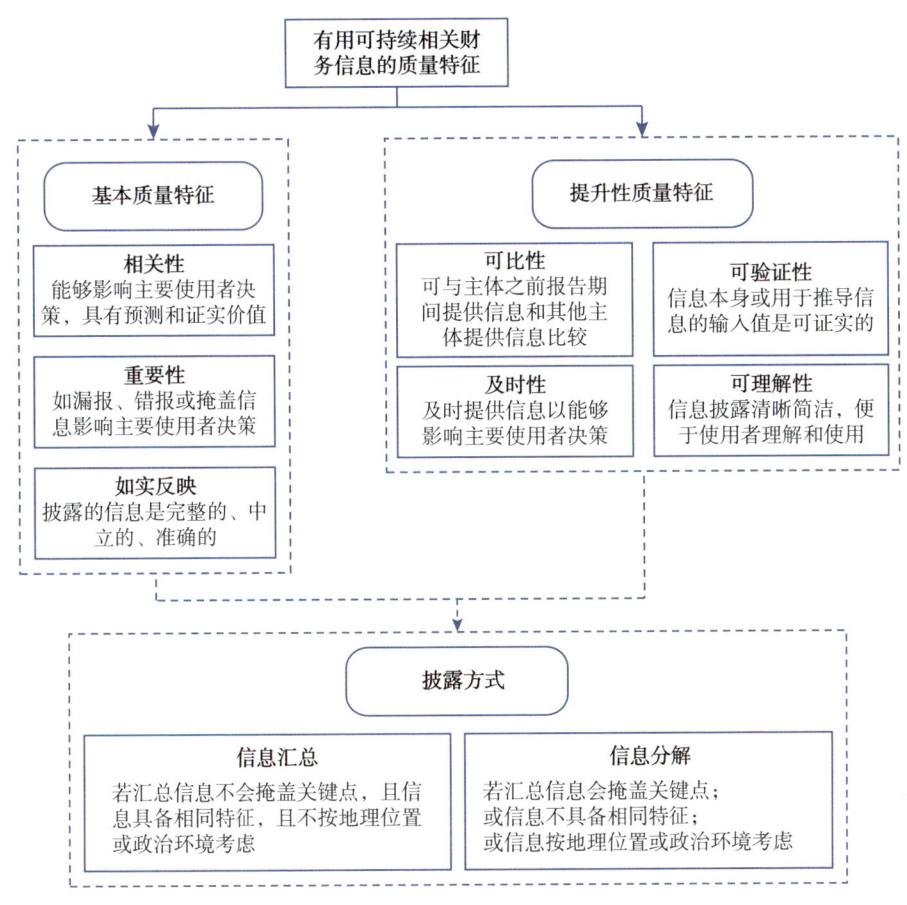

图 2-1 有用可持续相关财务信息的质量特征

资料来源：由笔者绘制。

1. 信息披露应符合公允列报原则及其质量特征要求（IFRS S1.11-13）

为满足通用目的财务报告使用者的需要，公允列报要求主体提供的信息具备相关性、重要性、如实反映、可比性、可验证性、及时性和可理解性。确保披露信息满足以下要求：（1）回应通用目的财务报告使用者的决策需求，如可持续相关风险和机遇对财务状况、财务业绩和未来现金流量的影响；（2）公允列报主体可持续相关风险和机遇及其信息关联，如切合实际；（3）保持态度中立，如完整客观公正披露，避免断章取义和倾向性。

2. 信息披露应不影响通用目的财务报告使用者决策（IFRS S1.14-16，B29）

重要性是就特定主体而言的相关性的一个方面，其取决于与信息相关的项目的性质和/或规模。当信息汇总后可能会掩盖重要的信息点，则应将信息分解披露，如分解按性别划分的员工数量；当信息汇总并不影响投资者、贷款人和其他债权人决策需求，则可将信息汇总披露，如汇总治理披露信息。若符合准则披露要求，但仍无法使得通用目的报告使用者评估可持续相关风险和机遇对主体价值的影响，应额外补充披露信息以满足使用需求。

Q&A 常见问题与解答

Q1： 主体在什么情况下应分解或汇总可持续相关财务信息？

A1： 以下情况应分解信息进行披露：

（1）若汇总信息会掩盖关键信息点，如碳排放披露总量，但未按照范畴一、范畴二、范畴三（如有）进行披露；

（2）若信息不具有相同特征，如披露废弃物总量，但未按照有害废弃物和无害废弃物进行分类披露；

（3）若按照地理位置或考虑地缘政治环境，如披露主体生产和经营活动使用的来自水源丰富和水源匮乏地区的水资源等。

如果汇总信息不会掩盖关键信息点，披露的信息不具有相同特征，不需要按照地理位置或地缘政治环境考虑进行分别披露；以上情况均可满足，考虑披露成本和效率以及信息传递和接受的便捷性等方面，主体应汇总信息进行披露（IFRS S1.B29）。

Q2： 如何理解可持续相关财务信息披露的公允列报要求？

A2： "公允列报"这一概念最早出现在会计领域，如 1989 年 7 月国际会计准则委员会（IASC）正式发布的《编报财务报表的框架》中使用"真实和公允观点/公允表达"措辞，1997 年 8 月 IASC 公布的《国际会计准则第 1 号——财务报表的列报》

> （IAS1）使用了"公允列报/公允表述"的措辞。国际会计准则理事会（IASB）和美国财务会计准则委员会（FAFB）将财务信息质量特征归纳为基本的质量特征和增进的质量特征，前者包括相关性和表述的真实性，后者包括可比性、可验证性、及时性、可理解性，同时满足以上要求即为公允列报。可持续相关财务信息披露与财务报表信息结合使用以评估主体发展前景，两者公允列报本质要求是相通的，但可持续相关财务信息范围更广，这也将对信息披露质量提出更高要求和挑战。

2.2.2 重要性

主体应披露合理预期下会影响自身发展前景的可持续相关风险和机遇的重要信息。如果遗漏、歪曲或掩盖这些信息，会影响通用财务报告主要使用者（投资者、贷款人和其他债权人）作出合理的资源投入决策，包括：（1）买卖或持有股权和债务；（2）提供或出售贷款等其他形式信贷；（3）行使对主体管理层影响经济资源使用行为的投票权等（IFRS S1.17-19）。

1. 重要信息的理解（IFRS S1.18，B13-B18）

投资者、贷款人和其他债权人资源投入决策取决于其对主体发展前景的合理预期，如股息、本金和利息支付、市场价格上涨等。这些预期来源于他们对主体未来净现金流入数量、时间和不确定性的评估，以及对主体治理机构或个人、管理层对经济资源管理情况的评估。投资者、贷款人和其他债权人完成这些评估，需要依据主体披露的重要可持续相关财务信息，以了解、认真审查和分析主体业务模式和价值链，从而实现对主体未来现金流及其预期回报的评估。

因此，如果遗漏、歪曲或掩盖这些信息，会影响通用财务报告主要使用者（投资者、贷款人和其他债权人）作出合理的资源投入决策，这样的可持续相关财务信息就是重要的。

2. 重要信息的识别（IFRS S1.B19-B24，B29，B30）

ISSB准则并未对重要性设定某一阈值，也没有预先确定在某一特定情况下什么样的信息是符合重要性的。主体识别和确定可持续相关风险和机遇的信息，应以ISSB准则披露要求为起点，若仍无法满足适用需求，应参考《可持续发展会计准则》（SASB准则）、《环境与气候变化披露框架》（CDSB框架）或其他相关准则和指南披露要求。

主体识别重要信息应考虑以下两点：

（1）未来可能发生的事件的潜在影响数量、时间和不确定性，以及短期、中期和长期现金流，即可能发生的结果；

（2）可能发生的结果范围以及发生这种结果的可能性。

如果对主体现金流入潜在的影响很显著，并且有可能发生，那么关于未来可能发生的这一事件相关信息就可能被判断为是重要的（material）。主体应考虑以下两种情形：

（1）潜在影响很显著、发生概率很低的事件及结果的信息，能否单独判定为重要信息；

（2）如果将其与其他低概率和高影响的事件及结果的信息结合考虑，能否判定为重要信息。

例如，某个主体可能面临多种可持续相关风险和机遇，每种风险都可能导致相同类型的损失，可能单从个别风险来源来看，损失也许不太可能发生，但如果将全部同类风险进行汇总，从总体风险来源来看，无论从结果还是概率考虑，汇总后的信息对于投资者、贷款人和其他债权人而言也许就是非常重要的。

3. 重要信息的披露（IFRS S1.B25-B30）

主体在披露重要信息时，应注意以下四点：

（1）按照ISSB准则要求，如果信息不重要，即便准则其他条款有所要

ISSB 准则基本要求

求也无须披露。

（2）如果按照 ISSB 准则披露仍无法满足投资者、贷款人和其他债权人的信息需求，应披露额外信息，以帮助他们合理预期可持续相关风险和机遇对主体现金流、融资渠道和短期、中期、长期资本成本的影响。

（3）信息披露必须满足相关性、重要性、如实反映这些基本质量特征，并按 ISSB 准则要求满足提升性质量特征，包括可比性、可验证性、及时性、可理解性，以提升信息有用性。

（4）主体在披露重要信息时，避免任何使重要信息变得模糊的方式，即不得存在隐瞒或者省略、错误陈述或有意引导等方式，具体情形包括以下六种。

①重要信息与非重要的附加信息没有明显区别；例如，省略或隐瞒关键信息，使得披露的重要信息与非重要补充、辅助类信息没有实质性差异。

②重要信息包含在可持续相关财务信息中，但是语言表达模糊或不清晰；例如，通过省略或模糊陈述等方式，从而降低信息的可理解性。

③可持续相关风险和机遇的重要信息披露分散在整个报告中；例如，描述可持续相关风险和机遇的重要信息过于碎片化，使得投资者、贷款人和其他债权人难以基于整体视角综合考量主体发展前景。

④不同的信息项不适当聚合；例如，将不同的重要信息不适当汇总，通过混淆等方式掩盖信息关键点，引导投资者、贷款人和其他债权人忽略或错误评估。

⑤类似的信息不适当分类；例如，将同一类别重要信息不适当分解，通过分散等方式掩盖信息关键点，引导投资者、贷款人和其他债权人忽略或错误评估。

⑥重要的信息被隐藏在非重要信息中，无法反映什么信息是重要的，降低信息的可理解性。例如，通过将重要信息隐藏在非重要信息中，使得投资者、贷款人和其他债权人难以获取关键信息点。

4. 重要信息的闭环管理

主体按照 ISSB 准则要求进行重要信息识别和披露管理，实际上遵循了 PDCA 闭环管理机制。

在策划（P）方面，主体首先明确要披露什么样的信息，即主体如果遗漏、歪曲或掩盖，会影响投资者、贷款人和其他债权人资源投入决策的信息；然后明确披露这些重要信息所遵循的原则，即主体提供的信息应符合公允列报要求，包括相关性、重要性、如实反映、可比性、可验证性、及时性和可理解性。

在实施（D）方面，主体按照 ISSB 准则要求实施，识别和披露主体的可持续相关风险和机遇的重要信息。

在检查（C）方面，主体应审查是否存在隐瞒或者省略、错误陈述或有意引导等方式，影响重要信息公允列报；在每个报告期考虑内外部环境等方面变化，重新评估已披露和未披露的可持续相关风险和机遇的信息重要性。

在处理（A）方面，如存在不符合公允列报要求的情况，纠正重要信息识别和披露过程及结果；如已披露和未披露信息的重要性发生变化，则在相应报告期间进行更新披露。

2.2.3 报告主体

以往投资者或贷款人评估主体发展前景主要参考通用目的财务报表，这可能会导致无法完全评估主体在可持续相关风险和机遇的影响下，未来的现金流量将会发生如何变化。IFRS S1 提议主体将可持续相关财务信息披露和通用目的财务报表结合，以满足投资者的决策需求。因此，两者的主体应是相同的（见图 2–2）。

1. 财务报表和可持续相关财务信息披露为同一主体（IFRS S1.20）

可持续相关财务信息披露与财务报表应为同一主体。投资者、贷款人和其他债权人在评估主体价值时，以包含财务报表和可持续相关财务信息的通用目的财务报告为依据。以货币作为计量单位，主体应使用编制财务报表所使用的列报货币。

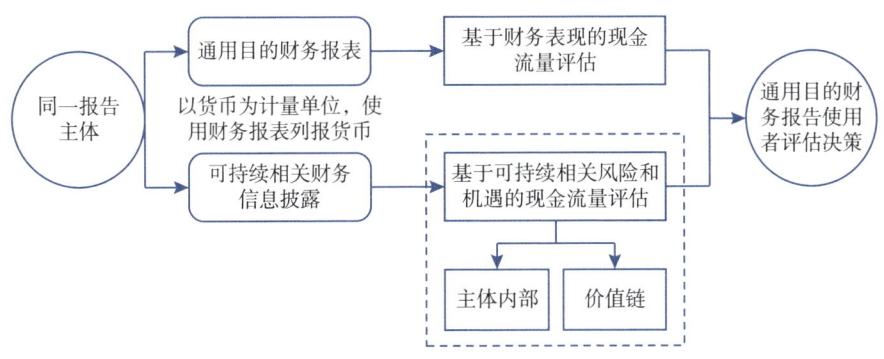

图2-2　财务报表与可持续相关财务信息披露关联

资料来源：由笔者绘制。

2. 可持续相关财务信息披露和财务报表的区别和联系（IFRS S1.20，B38）

可持续相关财务信息要比财务报表中的信息范围更加广泛。在财务报表信息方面，除现金流量表按照收付实现编制外，其他报表信息均以权责发生制原则进行编制。在可持续相关财务信息方面，主体应披露可持续相关并影响主体发展前景的重要可持续相关风险和机遇，包括主体内部、价值链活动、互动和关系。

3. 可持续相关财务信息披露范围包括主体及其价值链（IFRS S1.20，B38）

主体披露范围包括活动、互动和关系，包括主体在经营活动中，与利益相关方的相互联系、作用和影响及达成的状态。价值链范围包括主体将产品和服务从概念转化到交付、消费和报废所使用和依赖的活动、资源和关系。

其中,价值链上游相关方包括材料供应商、服务提供商等,价值链下游相关方包括分销商、代理商和客户等;价值链涵盖主体外部环境,包括主体所在融资、地理、政治和监管环境等。

Q&A 常见问题与解答

Q1: 如果主体是一个集团,合并报表范围包括什么?

A1: 包括母公司及其子公司,包括控股子公司和非控股子公司(IFRS S1.B38)。

Q2: 主体活动、互动和关系的含义是指什么?

A2: 从表义上,活动是由共同目的联合起来并完成一定社会职能的动作总和;互动是彼此联系、相互作用的过程;关系是相互作用、相互影响的状态①。在 ISSB 准则中,活动包括主体经营活动,如生产、销售和运输等。互动是指主体与利益相关方相互联系、作用、影响的过程,如向供应商付款购买服务满足需求等。关系是指主体与利益相关方通过相互作用和影响达到的状态,如主体与产品购买者达成的交易状态。

2.2.4　关联信息

主体应清晰地描述不同可持续相关财务信息之间,以及其与通用目的财务报表中信息之间存在的关联,以说明可持续相关风险和机遇对其短期、中期、长期的现金流量的综合影响。主体应确保通用目的财务报告使用者通过以上信息关联,以有效评估主体发展前景(见图 2-3)。

1. 各类别信息之间的关联的理解(IFRS S1.21)

主体应使通用目的财务报告使用者能够了解以下信息联系:

---

① 罗竹风主编,中国汉语大词典编辑委员会、汉语大词典编纂处.汉语大词典(第二版)[M].上海:上海辞书出版社,2019.

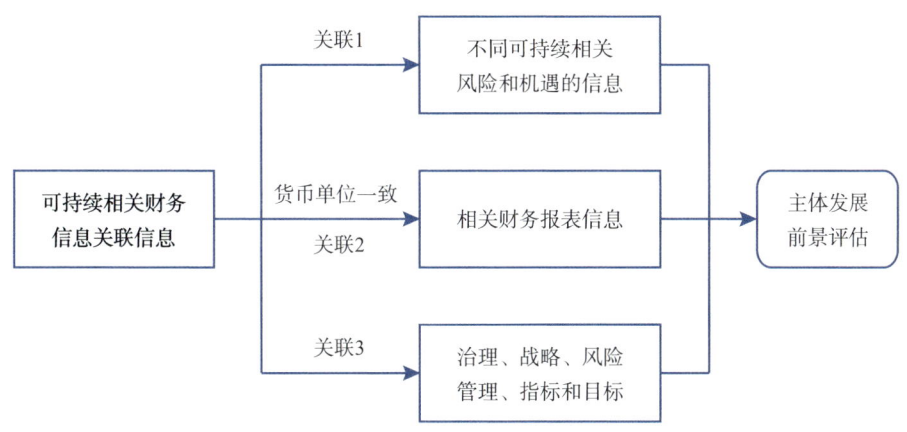

图 2-3 信息关联及其影响评估

资料来源：由笔者绘制。

（1）相关信息项之间的联系，如各种可持续相关风险和机遇之间的联系，可以合理预期主体发展前景；

（2）信息披露之间的联系，如治理、战略、风险管理、指标和目标披露之间联系；

（3）可持续相关财务信息与其他通用目的财务报告之间的联系，包括可持续相关财务信息与财务报表信息之间的联系，如绿色产品研发投入和收入带来的现金流流量。

2. 各类别信息之间关联的披露（IFRS S1.22-24）

主体应确定可持续相关财务信息有关的财务报表，披露可持续相关财务信息时使用的数据和假设应根据 IFRS 会计准则或其他适用 GAAP 的要求，与编制相关财务报表使用的数据和假设保持一致。在可持续相关财务信息披露指定货币为计量单位时，应保持与相关财务报表的列报货币一致。

Q&A 常见问题与解答

Q1： 如何理解信息之间的关联？

A1： 关联是指事物相互之间产生的影响和牵连①，这里包括不同于可持续相关风险和机遇信息之间的影响和牵连，不同于可持续相关风险和机遇信息与财务报表信息之间的影响和牵连，这些影响和牵连可能是既有正面的也有负面的。例如，生产方式转变对应对气候变化具有积极影响，但对技术研发投入可能会产生额外的支出。

Q2： 主体如何描述不同可持续相关风险和机遇的关联性？

A2： 不同可持续相关风险和机遇之间往往存在一定关联，主体可以给出单一估计或一系列可能发生的结果，并描述可持续相关风险和机遇对财务报表以及短期、中期、长期的预期财务业绩的影响。例如，主体解释环境风险如何影响主体声誉和经营能力，研发新产品应对这些风险如何影响劳动力构成和财务业绩等。

▶ 2.3 一般要求

一般要求规定了主体披露可持续相关财务信息列报的一般要求，主要包括信息披露参考的指引来源、披露位置、报告时间、可比信息、合规声明。在财务信息披露中，列报一般指交易和事项在报表中的列示和在附注中的披露。

2.3.1 指引来源

主体在披露可持续相关财务信息时，如果ISSB准则披露要求不适用，

---

① 罗竹风主编，中国汉语大词典编辑委员会、汉语大词典编纂处.汉语大词典（第二版）[M].上海：上海辞书出版社，2019.

ISSB准则基本要求 2

可以参考 SASB 准则、CDSB 框架应用指南、其他标准制定机构最新声明和地理区域运营主体披露实践。主体应说明可持续相关财务信息披露所使用的参考指引来源，以及在参考指引要求披露的主题和指标基础上进行适当调整的情况（IFRS S1.54-59）如图 2-4 所示。

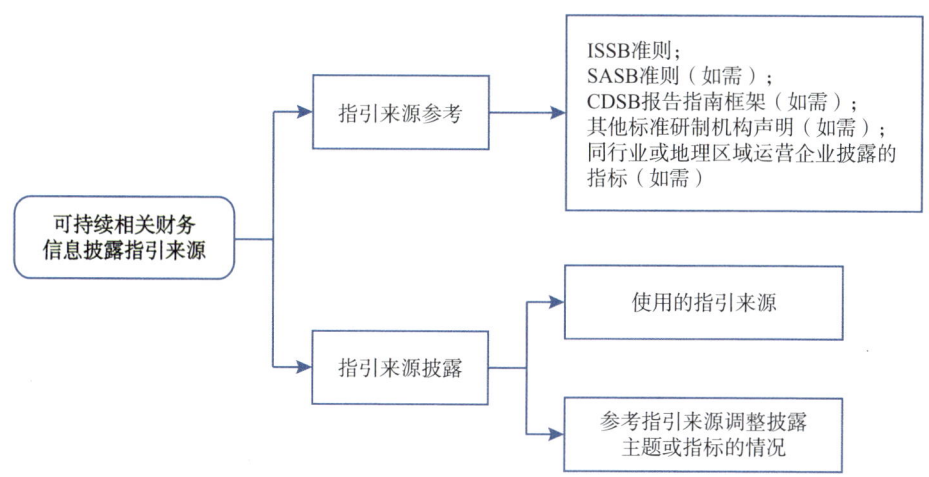

图 2-4　可持续相关财务信息披露指引来源

1. 识别可持续相关风险和机遇（IFRS S1.54，55）

主体在识别可能合理预期会影响主体发展前景的可持续相关风险和机遇时，应采用 ISSB 准则。同时，需要参考 SASB 准则中的披露主题考虑适用性，对适用的指标进行披露，对不适用的指标进行说明。如果 SASB 准则不适用，可参考 CDSB 框架应用指南、其他标准制定机构的最新声明、同行业或地理区域运营主体披露的指标。

2. 识别适用的披露要求（IFRS S1.56-58）

在确定合理预期会影响主体发展前景的可持续相关风险和机遇的适用披露要求时，主体应使用专门适用于该可持续相关风险和机遇的 IFRS 可持续披露准则。

在缺少针对特定可持续相关风险或机遇的 IFRS 可持续披露准则时，主体应判断符合以下条件的其他指引中的适用信息：（1）这些指标与投资者、贷款人和其他债权人决策相关；（2）这些指标能够公允列报可持续相关风险和机遇。

主体应参考并考虑与 SASB 准则中所包含的披露主题相关的指标的适用性。参考其他标准时，只要这些标准能够帮助主体满足 ISSB 准则披露要求，且这些标准之间相互不冲突，则可用于参考。

3. 披露指引来源的信息（IFRS S1.59）

主体应披露在准备可持续相关财务信息披露时，应用的具体准则、文告、行业实务和其他指引来源，包括 ISSB 准则、SASB 准则或其他标准的披露要求中适用于主体自身的可持续相关风险和机遇有关披露主题（如适用）和识别适用的指标，以及关联的特定行业、行业的确定可能来源于 IFRS 可持续披露准则、SASB 准则或其他指引。

2.3.2 披露位置

主体应将 IFRS 可持续披露准则所要求披露的信息作为其通用目的财务报告的一部分。可持续相关财务信息披露位置主要取决于法规或其他要求，可将其纳入管理层评论等位置（见图 2-5）。当可持续相关财务信息通过交叉引用方式进行披露，应保持信息符合公允反映相关要求，并说明引用信息的精确位置和获取方法等，避免引用的信息出现不必要重复（IFRS S1.60-63）。

1. 根据法规或其他要求置于管理层评论或类似报告中（IFRS S1.61）

可持续相关财务信息可在通用目的财务报告的不同位置进行披露，取决于适用于主体所在司法管辖区域的法规或满足合规条件下的其他要求。可持续相关财务信息可以在管理评论或类似报告中披露，与财务报表信息共同构成通用目的财务报告。

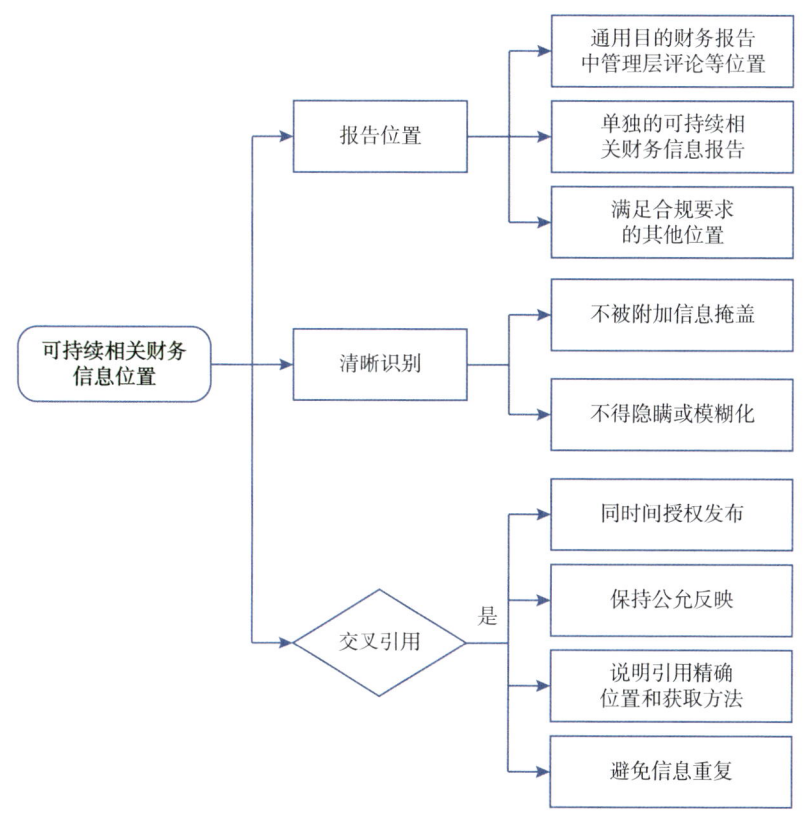

图 2-5　可持续相关财务信息披露位置

资料来源：由笔者绘制。

2. 与其他要求要求披露的信息置于同一报告中（IFRS S1.62）

主体可将 IFRS 可持续信息与其他监管要求所需要的信息放在同一报告中进行披露。在披露时应确保可持续相关财务信息可清晰识别，且不会被该附加信息所掩盖。主体不得隐瞒或模糊化重要信息，避免以某种方式进行省略或错误陈述信息以影响通用目的财务报告主要使用者基于这些信息进行决策的情况。

3. 以交叉引用至主体发布的其他报告的形式披露（IFRS S1.63，B45-B47）

主体可通过交叉引用方式将可持续相关财务信息纳入主体发布的其他报告，但必须在同一时间提供给通用目的财务报告使用者，不应降低整体信息的可理解性。交叉引用的信息应具备相关性、如实反映性、可比性、可验证性、及时性和可理解性，并说明引用信息的精确位置和获取方法，同时避免信息披露出现不必要的重复项。

Q&A 常见问题与解答

Q1： 通用目的财务报告中管理层评论具体包括什么？

A1： 管理层评论是对主体财务报表的补充，提供了管理层对影响主体财务业绩和财务状况的因素，以及可能影响主体创造价值和产生现金流量能力的因素的见解。如"管理层讨论与分析""业务回顾和财务回顾""整合报告""战略报告"等不同名称报告都可以理解成管理层评论或包含管理层评论。

2.3.3 报告时间

如图 2-6 所示，主体应在发布相关财务报表的同时披露可持续相关财务信息，其涵盖的报告期间应与相关财务报表相同。若在报告期末至可持续相关财务信息披露授权公布期间，发生可持续相关事项，不披露会影响使用需求，则应进行披露。对于要求发布中期报告的，应披露无须过度成本或努力即可获得的所有合理且有依据的信息，且披露的信息可少于年度报告（IFRS S1.64-69）。

1. 披露时间和频率要求（IFRS S1.64-66）

主体应将年度可持续相关财务信息披露与年度财务报表同时披露，并与相关财务报表的涵盖区间相同。主体通常应编制一年期的可持续相关财务信息披露，但由于现实原因，有些主体选择编制如 52 周的期间报告，本准则不禁止该做法。当主体改变报告期截止日，并在长于或短于一年的期间列报可持续相关财务信息，应披露可持续相关财务信息涵盖的期间、使用更长或更短期间的原因，并说明列报数值不完全可比的事实。

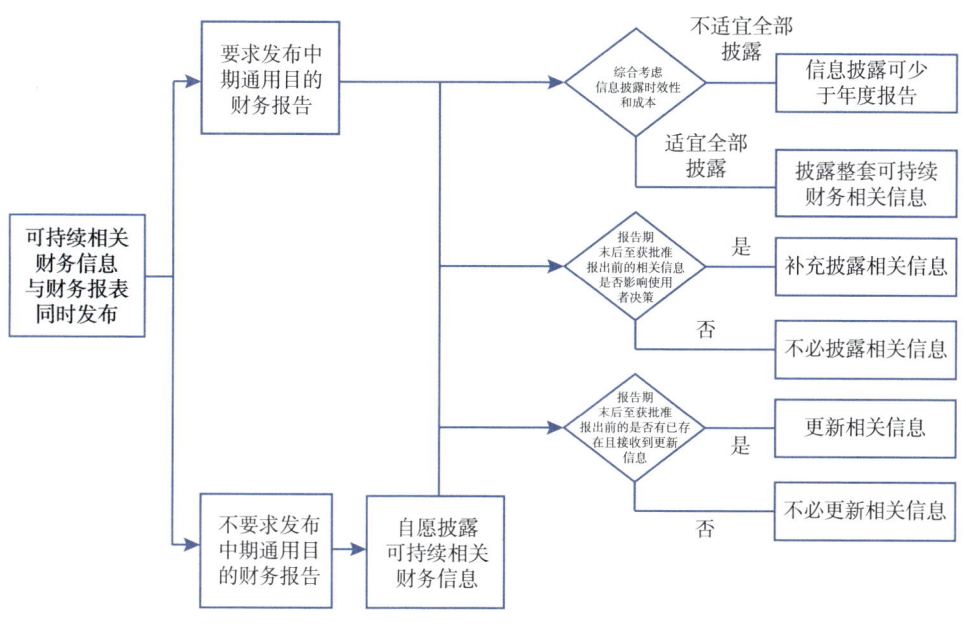

图 2-6 报告时间要求

资料来源：由笔者绘制。

2. 报告期末后至获批准报出日前的补充披露（IFRS S1.67-68）

在报告期末后至可持续相关财务信息披露获批准报出日之前，接收到于报告期末已存在的信息有更新，主体应进行更新披露；如果这期间存在有关交易、其他事项和情况的信息，可以合理地预期如果这些信息不披露会影响通用目的财务报告主要使用者的决策，则应对这些信息进行披露。

3. 报告期末后至获批准报出日前的补充披露（IFRS S1.69，B48）

主体在披露可持续相关财务信息时，应避免与先前报告信息重复。当监管机构要求主体发布中期通用目的财务报告，主体披露的可持续相关财务信息可少于年度披露的信息，但并不禁止发布整套的可持续相关财务信息披露。

Q&A 常见问题与解答

Q1：中期可持续相关财务信息披露应考虑哪些注意事项？

A1：中期报告披露应综合考虑成本和时效性，其目的是在最近一期年度可持续相关财务信息披露报告基础上，披露更新信息，并且应与以往报告中的信息无重复。

2.3.4 可比信息

如图 2-7 所示，除非其他 IFRS 可持续披露准则另行允许或要求，主体在披露当期的可持续相关财务指标的同时，应当提供上一期间的可比信息，如需还应提供描述性和说明性信息，以使得通用目的财务报告使用者更好地评估决策。当披露的可比信息在上一期信息的基础上进行修订时，应说明修订的数值和原因，帮助使用者了解和掌握修订的情况（IFRS S1.70，71）。

1. 上一报告期间可比信息的提供（IFRS S1.70，B49-B59）

主体针对当期披露的可持续相关财务指标，应提供上一报告期间的可比信息，如需还应披露叙述性和描述性信息，如上一年度和本年度的指标数据和说明；并使其适用于上一报告期披露的估计数，而非上一报告期间披露的前瞻性估计数。为实现与当期的可比性而调整一个或多个前期的可比信息有时是不可行的，主体应直接披露该事实，即无法实现调整的具体原因和解释。

2 ISSB准则基本要求

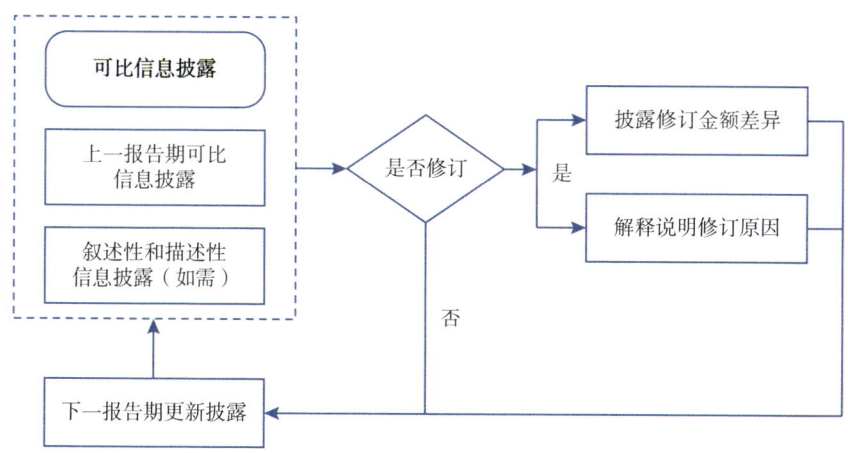

图 2-7 可比信息披露和修订要求

资料来源：由笔者编制。

2. 可比信息数值的相关性及修订（IFRS S1.71）

主体可持续相关财务信息披露中报告的数值可能与指标和目标有关，或与可持续相关风险和机遇的当前和预期影响有关。

另外，主体应解释以区分主体需要修订可比信息的三种情况：（1）反映更新的估计；（2）反映重新定义或替换的指标或目标；（3）纠正错误。主体应披露上一期间报告的数值与修订后的比较数值之间的差额，以及对数值作出修订的具体原因，如上一年度报告某一指标经修订后的数值差值，并举例和解释如何提供经修订的比较信息以反映最新估计数。

Q&A 常见问题与解答

Q1: 在何种情况下调整一个或多个前期的可比信息是不可行的?

A1: 前期的数据收集方式无法追溯应用指标或目标的新定义，如收集固定废弃物数据时，未考虑有害废弃物和无害废弃物划分，且无法追溯该指标实际上应定义为有害废弃物还是无害废弃物。或追溯重述以更正先前期间的错误,并且也无法重新获得信息,如范围 3 温室气体排放数据未收集全面,但供应商未保留并无法支持和提供,因而无法获得更准确的信息等。以上情况下调整可比信息可能是不可行的。

2.3.5 合规声明

如图 2-8 所示,主体在满足 ISSB 准则全部披露要求时,才能够声明其可持续相关财务信息披露符合 ISSB 准则要求。即便 ISSB 准则要求主体披露某些信息,如果涉及商业敏感,在 ISSB 准则要求的情形下允许不披露可持续相关机遇的信息,但禁止豁免披露可持续相关风险,或以商业敏感为非正当理由广泛不披露可持续相关财务信息。对于法律或法规禁止披露的信息,主体可以不进行披露(IFRS S1.72,73)。

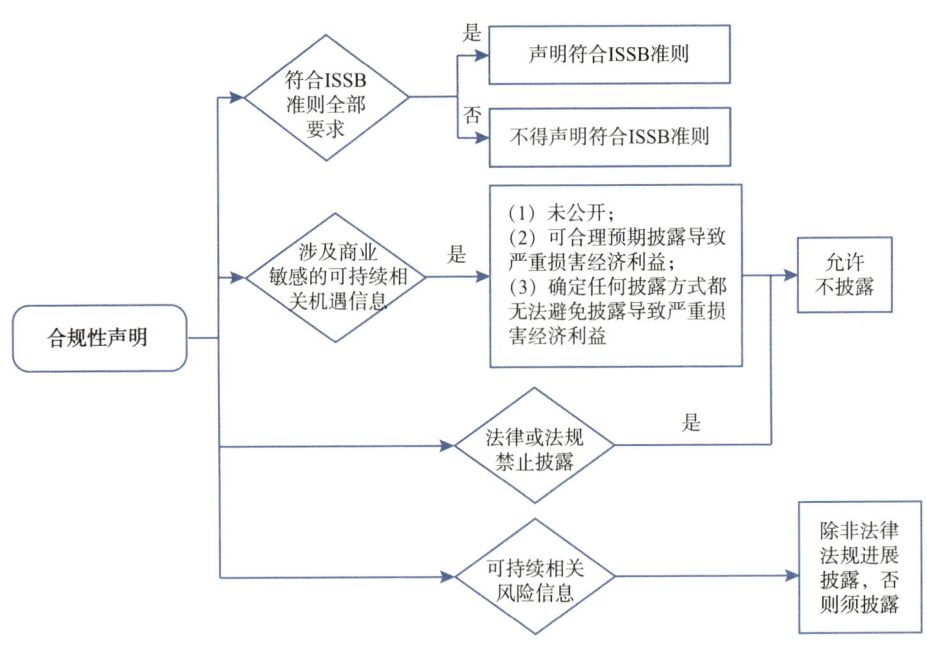

图 2-8 可持续相关财务信息披露合规性声明

资料来源:由笔者绘制。

1. 必须符合 ISSB 准则的全部披露要求（IFRS S1.72）

可持续相关财务信息披露应作出明确且无保留的合规声明。任何主体必须在满足 ISSB 准则全部披露要求的前提下，方可声明可持续相关财务信息披露符合 ISSB 准则。如果主体仅满足 ISSB 准则一部分披露要求，不得声明其可持续相关财务披露符合 ISSB 准则要求。

2. 豁免披露符合准则豁免条款的信息（IFRS S1.73，B33-B37）

如果 ISSB 准则相关条款要求披露某些信息，但法律或法规禁止披露，则豁免主体披露这些信息。如果 ISSB 准则要求披露的可持续相关机遇的信息具有商业敏感性，即便信息是重要的也可以豁免披露。当且仅当以下情形允许主体不披露这些机遇信息：（1）这些可持续相关机遇的信息未公开过；（2）可以合理预期如果披露这些信息会严重损害主体在寻求该机遇时原本能够实现的经济利益；（3）已确定不可能通过任何方式披露这些信息，而不会严重损害主体能够实现的经济利益。

另外，如果 ISSB 准则豁免主体披露某些可持续相关财务信息，主体应披露使用豁免权的事实，并在每个报告期重新评估这些信息是否符合豁免条件。然而，ISSB 准则禁止任何主体豁免披露可持续相关风险，或作为广泛不披露可持续相关财务信息的基础，除非法律或法规禁止披露这些信息。

2.4 判断、计量不确定性和差错

在判断方面，主体应说明对可持续相关财务信息披露涉及估计的判断，以及在信息披露过程中作出的对所披露信息具有最重大影响的判断。在计量不确定性方面，主体应说明对无法直接计量数值的计量不确定性，包括计量不确定性来源类型和对方法、假设和估计敏感性，以及计量不确定性的解决情况。在差错方面，主体对于前期差错和估计变化，应分别采用适用的方法予以更正和变更，并披露更正和变更情况。

2.4.1 判断

如图2-9所示，主体应披露信息，帮助通用目的财务报告使用者了解主体在编制可持续相关财务信息披露过程中作出的对所披露信息具有最重大影响的判断（涉及数值估计的判断）（IFRS S1.74-76）。

这些判断具体包括：

（1）确定可合理预期会影响主体发展前景的可持续相关风险和机遇；

（2）适用于可持续相关财务信息披露的指引来源（IFRS S1.54-58）；

（3）确定应纳入可持续相关财务信息披露的重要信息；

（4）评估某一事件或环境变化是否重大，重新评估整个主体价值链中所有受影响的可持续相关风险和机遇范围（IFRS S1.B11）。

除此，还包括其他 IFRS 可持续披露准则可能要求主体披露的信息（IFRS S1.76）。

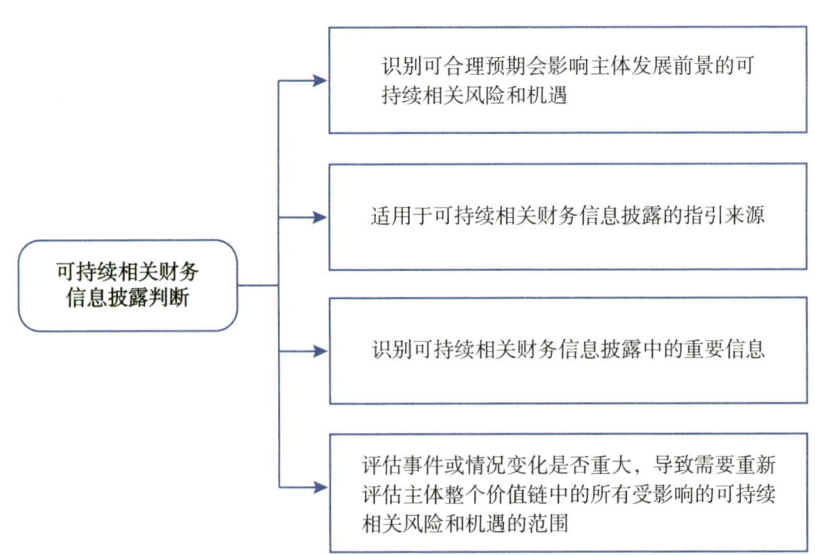

图2-9 可持续相关财务信息披露判断

资料来源：由笔者绘制。

2.4.2 计量不确定性

如图 2-10 所示,当可持续相关财务信息披露涉及数值无法直接计量而只能估计时,就会出现计量不确定性。估计涉及未来可能发生的不确定事件假设,使用合理估计数是编制可持续相关财务信息披露的重要构成之一,如果估计数能够准确予以描述和解释,则不会破坏信息的有用性。即便计量存在高度不确定性,如果合理披露,也不一定会破坏已有这些信息的有用性。

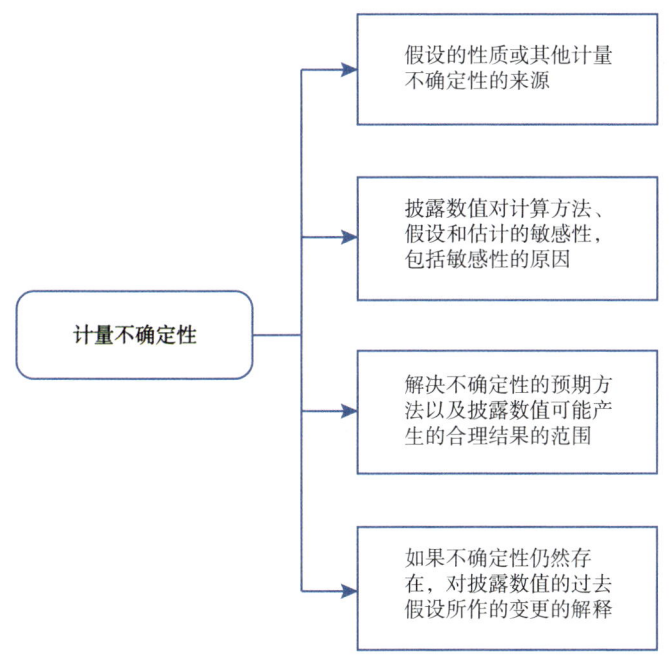

图 2-10　数值计量不确定性处理

资料来源:由笔者绘制。

主体应披露信息,帮助通用目的财务报告使用者了解影响可持续相关财务信息披露中报告数值的最重大不确定性(IFRS S1.77-82),包括:(1)应确定已披露但计量具有高度不确定性的数值,披露计量不确定性的来源,如数值依赖于未来事件的结果、计量技术或主体价值链的数据可用性和质量;

（2）应确定主体在计量数值时作出的假设、估计和判断。

因此，主体应披露：（1）假设或计量不确定性的来源类型；（2）披露数值对方法、假设和计算基础上估计的敏感性及其原因；（3）披露数值不确定性的预期解决方案和合理的可能结果范围；（4）如果不确定性仍未解决，对过去披露数值的假设变化作出的解释。

2.4.3 差错

前期差错是指主体一个或多个前期可持续相关财务信息披露的遗漏和错误报告，这是由于滥用或错误使用授权发布期间的可持续相关财务信息，以及在准备披露过程中可以合理预期获得和考虑的这些信息。主体应在可行的前提下通过重述前期可比数值来更正重大前期差错，这些差错包括计算错误影响、指标或目标定义应用错误、忽视或曲解事实和舞弊。

当无法确定某项差错对所有列报往期的影响时，主体应重述可比数值并从可行的最早日期开始更正。同时，应披露前期差错的性质、在切实可行范围内往期披露内容进行的更正情况；若更正不可行，则应描述不可行的原因和差错已从何时如何更正等情况（IFRS S1.83-86），如图2-11所示。

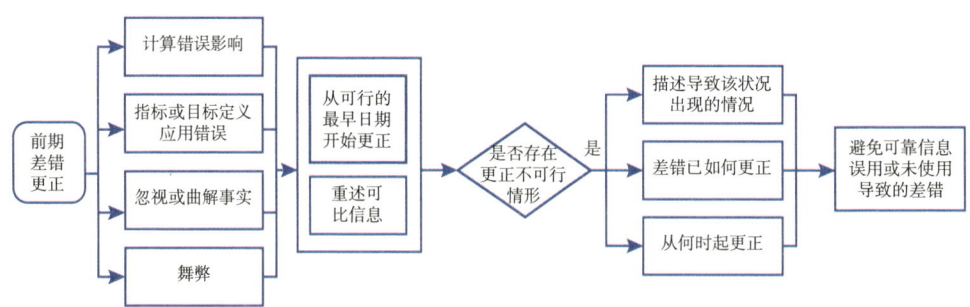

图2-11 前期差错更正

资料来源：由笔者绘制。

3 治 理

在治理方面，可持续相关财务信息披露的目标是使通用目的财务报告使用者了解主体监控、管理和监督可持续相关风险和机遇时所用的治理流程、控制措施和程序，因此主体应披露其用于监控和管理可持续相关风险和机遇的治理流程、控制措施和程序［IFRS S1.25（a），26］，具体包括：（1）负责监督的治理机构或个人；（2）管理层的角色。

ISSB准则明确规定了披露内容，包括谁来负责和如何负责可持续风险与机遇的监督管理、治理层是否具备相应的履职能力、是否存在激励机制用以保障战略目标的实现等。对标ISSB准则要求，中国企业在治理架构、治理层及管理层职责等方面已经具有一定的基础，治理层履职能力评估、管理层策略制定和高管绩效措施方面的管理仍需进一步完善。本章内容结构与准则要求对应关系如表3-1所示。

表 3-1 本章结构与准则要求对应关系

节号	节标题	准则要求	目号	目标题	准则要求
3.1	负责监督的治理机构或个人 [IFRS S1.27 (a)]	应披露负责监督可持续相关风险和机遇的治理机构（董事会、委员会或其他同等的治理机构）或个人 [IFRS S1.27 (a)]	3.1.1	机构或个人监督风险和机遇的责任 [S1.27 (a)(i)]	可持续相关风险和机遇的责任如何反映在适用于该机构或个人的职权范围、任务、角色描述和其他相关政策中 [S1.27(a)(i)]
			3.1.2	如何确保技能和胜任能力 [S1.27 (a)(ii)]	该机构或个人如何确定是否具备或将后续培养适当的技能和胜任能力，以监督为应对可持续相关风险和机遇的战略 [S1.27(a)(ii)]
			3.1.3	获悉风险和机遇的方式和频率 [S1.27 (a)(iii)]	该机构或个人获悉可持续相关风险和机遇的方式和频率 [S1.27 (a)(iii)]
			3.1.4	在监督时如何考虑风险和机遇 [S1.27 (a)(iv)]	该机构或个人在监督主体的战略、重大交易决策、风险管理流程和相关政策时如何考虑可持续相关风险和机遇，包括该机构或个人是否考虑这些风险和机遇之间的权衡 [S1.27 (a)(iv)]
			3.1.5	如何监控目标设定和实现 [S1.27 (a)(v)]	该机构或个人如何监督可持续相关风险和机遇的目标的设定，并监控此目标的实现进展，包括是否以及如何将相关业绩指标纳入薪酬政策 [S1.27 (a)(v)]
3.2	管理层的角色 [IFRS S1.27 (b)]	管理层在监控、管理和监督可持续相关风险和机遇时所用的治理流程、控制措施和程序中的角色 [IFRS S1.27 (b)]	3.2.1	管理层人员或委员会角色的授权及监督 [IFRS S1.27 (b)(i)]	该角色是否被授权给特定的管理人员或管理层委员会，以及如何对该人员或委员会进行监督 [IFRS S1.27 (b)(i)]
			3.2.2	控制措施和程序的使用及整合 [IFRS S1.27 (b)(ii)]	管理层是否使用控制措施和程序监督可持续相关风险和机遇。如果是，如何将这些控制措施和程序与其他内部职能进行整合 [IFRS S1.27 (b)(ii)]

注：表中"可持续相关风险和机遇"简称为"风险和机遇"，简称后术语指代含义不变。

3.1 负责监督的治理机构或个人

负责监督可持续相关风险和机遇管理的治理层机构或个人,包括董事会、下设委员会或其他同等级治理机构或机构成员。本节主要从监督风险和机遇的责任、如何确保技能和胜任能力、获悉风险和机遇的方式和频率、在监督时如何考虑风险和机遇、如何监控目标设定和进展五个方面展开解读。

3.1.1 机构或个人监督风险和机遇的责任

主体主要通过职权范围设置、董事会授权、担任角色描述和其他相关政策规定等方式,体现治理层对于可持续相关风险和机遇管理的监督责任。职权范围设置包括制定机构或个人职权政策等;董事会授权包括签发授权委托书、董事会公开声明授权等;角色描述包括在职责政策中描述承担的责任和岗位职责等;其他相关政策规定包括公司治理指引、可持续相关政策规定等。另外,治理层负责监督管理可持续相关风险和机遇的个人是指董事会、下设委员会或其他同等级治理机构成员。但不同类型主体治理机构的设置要求不同,如股东人数较少或者规模较小的有限责任公司通常由董事监督可持续相关风险和机遇管理。

因此,主体应披露如何通过职权范围设置、董事会授权、担任角色描述和其他相关政策规定等方式,体现机构或个人监督可持续相关风险和机遇管理的责任。

案例 3-1　编号：IFRS S1.27（a）(i)-001

华润三九医药股份有限公司

▶ **案例主题：**

披露董事会是可持续相关事项的监督治理机构

▶ **披露内容**[①]：

华润三九医药股份有限公司（以下简称华润三九）董事会对可持续发展及ESG相关事务负总体责任，由公司管理层负责可持续发展管理战略的领导与决策，负责评估公司可持续发展相关风险和机遇；下设可持续发展工作小组，负责执行与跟进上级部署的工作任务；另设公共事务中心负责可持续发展日常管理与协调工作；各中心、部门与下属公司负责在业务一线推进和落实可持续发展实施工作。

华润三九董事会持续加强对可持续发展及ESG事务的监督，持续推动完善公司可持续发展治理体系，将ESG融入公司重大决策与业务实践。董事会在现有内控和风险管理制度框架下，评估公司环境、社会及管治相关风险及机遇，推动将可持续发展相关风险评估纳入，并监督检查公司ESG治理活动相关事宜的识别、重要性评估、气候变化等重要议题的管理，推动可持续发展战略有效落实。

---

① 以下中文案例披露内容均由编制组根据该企业相关披露文件原文整理而来。

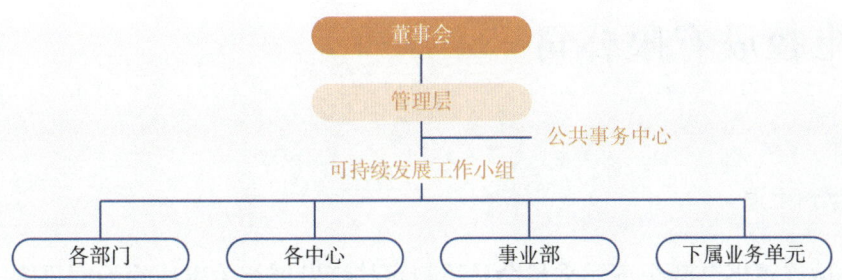

▶ 案例点评：

华润三九在其可持续发展报告中，明确披露董事会是监督可持续发展相关事宜的治理机构，并对可持续发展及ESG相关事务负总体监督职责，包括推动公司管理层将ESG融入公司决策与业务实践、评估ESG风险及机遇、监督ESG识别、重要性评估气候变化等重要议题管理等。对标ISSB准则要求，华润三九符合ISSB准则披露负责监督可持续相关事项的治理机构或个人的要求。华润三九可以进一步对治理层担任角色、任务和职权范围描述进行细化展开，将会以更加符合体现机构或个人对可持续相关风险和机遇的管理的监督的披露要求。

▶ 案例来源：

《华润三九2022年可持续发展报告》P14-15，https：//www.999.com.cn/responsibilityReport/2023-11-09/94950b19-aeae-484a-9967-ded2286666c4.pdf。

案例 3-2　编号：IFRS S1.27（a）(i)-002

中电控股有限公司

▶ **案例主题：**

披露董事会两个下属委员会是监督可持续发展相关事项的治理机构

▶ **披露内容**[①]：

可持续发展已充分融入中电控股有限公司（以下简称中电控股）的业务策略，中电控股董事会全面负责中电控股的环境、社会及管治（ESG）报告和可持续发展工作。从董事会层面的委员会到管理层层面的集团职能部门和业务单位，可持续发展治理已被纳入整个集团的公司治理结构。

董事会的两个委员会，即可持续发展委员会和审计与风险委员会，在可持续发展管理方面发挥着独立且互补的作用。这两个委员会由可持续发展执行委员会提供支持，并由集团可持续发展部负责协调。

可持续发展委员会的主要职责是监督集团可持续发展问题的管理。审计与风险委员会除了负责通过确保建立并遵循适当的制度，对中电控股的财务控制、风险管理和内部控制流程进行监督，还负责确保可持续发展报告中的环境、社会和治理数据的保证是适当的。中电控股的独立审计师也负责确保主要的环境、社会和管治数据准确无误，并通过审计与审核委员会向高级管理层和董事会提交审计结果和意见。

---

① 以下案例披露内容均由编制组根据英文案例原文进行翻译整理而来。

治理 ◀ 3

▶ **案例点评：**

中电控股在报告中明确披露其治理架构，并说明董事会为其最高治理机构，全面负责ESG报告和可持续发展工作；董事会下设审计与风险委员会及可持续发展委员会两个专业委员会，是负责监督可持续发展相关事宜的治理机构。

其中，可持续风险委员会负责监督集团可持续发展相关事项的管理，审计与风险委员会负责监督ESG报告数据准确性和适当性。中电控股通过设立两个董事会下属委员会共同承担监督可持续发展相关工作，在治理层面实现了同时具备独立和互补的监督机构。

对标ISSB准则要求，中电控股披露了负责监督可持续相关事项的治理机构，及其下设专业委员会的职责范围。满足ISSB准则披露负责监督可持续相关风险和机遇管理的治理层机构或个人以及该机构或个人的具体信息，以体现其可持续相关风险和机遇监督责任方面的要求。

▶ 案例来源：

《中电控股 2022 年可持续发展报告》P17-18，https：//www.clpgroup.com/content/dam/clp-group/channels/sustainability/document/sustainability-report/2022/CLP_Sustainability_Report_2022_en.pdf.coredownload.pdf。

案例 3-3　编号：IFRS S1.27（a）（i）-003

梅赛德斯 – 奔驰集团股份公司

▶ 案例主题：

披露监督可持续相关事项的治理机构和关键成员

▶ 披露内容[①]：

梅赛德斯 – 奔驰集团股份公司（以下简称奔驰集团）可持续发展委员会是负责所有可持续发展主题的中央管理机构，并向管理委员会报告。集团可持续发展委员会由负责诚信和法律事务的管理委员会成员和负责开发

---

① 以下案例披露内容均由编制组对英文案例原文进行翻译整理而来。

和采购的管理委员会成员兼首席技术官共同担任主席。奔驰集团可持续发展委员会成员包括管理委员会主席、所有其他管理委员会成员，以及所有相关职能和部门（如财务、投资者关系、对外事务、营销与沟通和人力资源等部门）经理。该治理结构涵盖了可持续发展相关的跨部门和职能管理流程，以便定期审查和改进奔驰集团的绩效。

奔驰集团可持续发展委员对可持续相关问题进行决策，并将任务分配给相关责任部门。并定期向管理委员会提交有关奔驰集团可持续经营战略行动的进展报告和决策建议。监事会对管理委员会提出的转型目标（包括非财务和可持续发展相关目标）进行监督并提供建议。

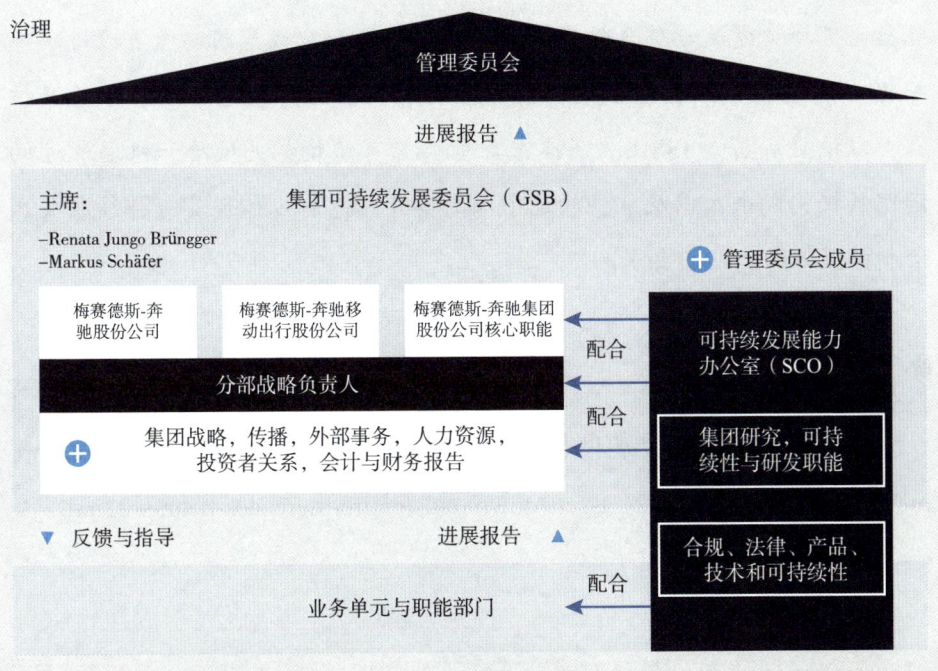

▶ 案例点评：

奔驰集团股份公司在其报告中，披露集团可持续发展委员会是负责所有可持续发展事项的中央管理架构。奔驰集团可持续发展委员会的职责包括：进行可持续相关问题决策、分配可持续相关任务，以及提交有关奔驰集团可持续经营战略行动的进展报告和决策建议。

奔驰集团在其披露中既明确了负责监督可持续发展相关事项的治理机构，又明确了该机构的关键成员。对标ISSB准则要求，虽然奔驰集团明确了负责监督可持续相关事项的治理机构和该机构的关键成员，但对于奔驰集团可持续发展委员会作为治理机构的任务和职权范围仍然可以进一步细化，关键成员在监督可持续相关事项所担任的角色也可进一步展开披露，以便更加符合ISSB准则披露负责监督可持续相关风险和机遇管理的治理层机构或个人以及该机构或个人的具体信息，以体现其可持续相关风险和机遇方面责任的要求。

▶ 案例来源：

《梅赛德斯可持续发展报告2022》P24-25，https：//sustainabilityre-port.mercedes-benz.com/2022/_assets/downloads/entire-mercedes-benz-sr22.pdf。

案例 3-4　编号：IFRS S1.27（a）(i)-004

吉利汽车控股有限公司

▶ 案例主题：

披露在《可持续发展委员会职权范围》中明确监督治理机构的可持续相关事项的责任

▶ 披露内容：

委员会的角色及权限：

➢ 委员会负责协助董事会监察本集团公司及其附属公司环境、社会及管治（ESG）方面的发展及指导相关措施的实施，以推动本集团的可持续发展。

➢ 委员会由董事局授权，以调查其职权范围内的任何活动，及获授权向任何雇员取得任何相关资料，而所有雇员须就委员会提出在其职权范围内的任何要求合作。

➢ 为确保委员会的运作能发挥最大成效，委员会可建议对其权限及职能认为合适的变动以供董事会批准。

➢ 委员会应提供充足资源以履行其职责，在委员会履行职责时如有需要，应寻求独立专业意见，费用由公司支付。

委员会的职能：

（1）检讨集团可持续发展的愿景、目标、策略及重要政策，并向董事会提出建议以供批准；

（2）检讨集团在可持续发展方面的风险及机遇评估，向董事会提出建议以供批准；

（3）监督可持续发展策略的实施，协调内外部资源以推进相关工作；

（4）定期评估可持续发展方面的目标进度和工作绩效，以及检讨相关的改进措施是否有效及合适；

（5）检讨与可持续发展相关的政策（包括但不限于行为准则、反腐败制度）；

（6）就可持续发展表现向董事会汇报及提供改善建议；

（7）审阅年度ESG报告，并向董事会提出建议以供批准；

（8）检讨及批准本集团就支持可持续发展倡议的相关事宜；

（9）不定期向董事会汇报其他可持续发展相关的重要事宜。

▶ **案例点评：**

吉利汽车控股有限公司（以下简称吉利汽车）董事会将监督可持续相关风险和机遇的职责授权给可持续发展委员会，并编制《可持续发展委员会职权范围》，进一步明确可持续发展委员会承担的监察集团ESG方面的发展及指导相关措施的实施的角色，其职权范围和任务包括检讨可持续发展的战略、政策、风险与机遇及重大事宜并向董事会提供建议、监督可持续发展战略的执行及协调所需资源、评估可持续发展工作的进展及表现等。

对标ISSB准则要求，吉利汽车明确了负责监督可持续相关事项的可持续发展委员会作为监督治理机构所承担的角色，并详细描述了其任务和职权范围，符合ISSB准则通过角色、任务和职权范围描述披露，负责监督可持续相关事项的治理机构的责任要求。

▶ 案例来源:

《吉利汽车控股有限公司可持续发展委员会职权范围》P2，https：//pdf.dfcfw.com/pdf/H2_AN202212301581523157_1.pdf。

 案例 3-5　编号：IFRS S1.27（a）(i) -005

华润万象生活有限公司

▶ 案例主题：

披露在《可持续发展委员会职权范围》中明确监督治理机构的可持续相关事项的责任

▶ 披露内容：

（1）组织：根据本公司董事会（董事会）决议，可持续发展委员会（委员会）于 2023 年 3 月 28 日成立，以监督本公司在有关环境、社会及管治等方面的政策、措施和表现，并评估本公司在可持续发展与风险有关之事宜，并向董事会提供意见。

（2）职责：在符合上市规则、上市规则附录十四所载的企业管治守则及上市规则附录二十七所载的环境、社会及管治报告指引的规定的前提下，委员会的具体职责应包括但不限于：

①评估本公司在环境、社会及管治方面的有关事宜,并向董事会提出建议;

②审阅本公司在环境、社会及管治等方面的目标和计划,监督本公司为实现目标及计划而采取的政策和措施,并向董事会提出建议;

③评估本公司在环境、社会及管治等方面的资源充足性、合规性和程序的有效性,并向董事会提出建议;

④评估本公司在环境、社会及管治等方面面临的风险和机遇,并向董事会提出建议;

⑤从可持续发展角度审阅本公司在环境、社会及管治等方面的表现,并向董事会提出建议;

⑥评估本公司在国内和国际层面与可比公司在环境、社会及管治等方面的政策和表现的差异,并向董事会提出建议;

⑦评估本公司的业务活动对雇员、第三方和所在地社区及本公司声誉产生的影响,并向董事会提出建议;

⑧审阅每年度的可持续发展报告,确保可持续发展报告的准确性、完整性并持续提升披露品质,并向董事会提出建议;

⑨履行董事会不时向委员会指派的其他职责及职能。

▶ **案例点评:**

华润万象生活有限公司(以下简称华润万象生活)董事会将监督可持续相关事宜的职责授权给可持续发展委员会,并编制《可持续发展委员会职权范围》,进一步明确可持续发展委员会承担的监督ESG政策、措施和表现、评估可持续相关风险并向董事会提供建议的角色,其职权范围和任务包括评估ESG事宜、审阅ESG目标、战略、政策和措施、评估可持续发展战略的执行及协调所需资源、评估可持续发展工作的进展及表现、审阅 ESG 报告等。

对标 ISSB 准则要求，华润万象生活明确了负责监督可持续相关事项的可持续发展委员会作为监督治理机构所承担的角色，并详细描述了其任务和职权范围，符合 ISSB 准则通过角色、任务和职权范围描述披露负责监督可持续相关事项的治理机构的责任的要求。

▶ 案例来源：

华润万象生活《可持续发展委员会职权范围》P3-4，http://www.crmixclifestyle.com.cn/upload/2023/05-17/17-09-1207901389997133.PDF。

案例 3-6　编号：IFRS S1.27（a）(i)-006

朗诗绿色管理有限公司

▶ 案例主题：

通过董事局声明披露董事局和环境、社会及管治委员会
可持续相关事项监督责任

▶ 披露内容：

董事局 ESG 管治声明：

董事局作为朗诗绿色管理有限公司（以下简称朗诗绿色管理）可持续发展工作的最高决策机构，统筹与部署公司ESG管理工作，承担ESG战略和信息披露的整体责任，对公司气候变化等可持续发展策略全面负责。董事局全面把控环境、社会及管治委员会、核心管理层、ESG工作中心及ESG工作小组对各项ESG决策的落实与执行，并对公司ESG目标进度、风险识别与管理、ESG实质性议题识别等ESG事务进行监督，确保ESG理念有效融入公司发展战略。

1. 董事局

（1）全面决策公司的ESG管理方针、策略及ESG议题。

（2）监督公司ESG管治实践及发展策略，确保健全、良好的ESG治理，回应各利益相关方关切。

（3）确保公司在识别、防控ESG相关风险的管理，以及内部监控体系的有效性。

2. 环境、社会及管治委员会

（1）制定及检讨公司的ESG责任、愿景、策略、框架、原则及政策，指导并检讨重要性评估过程，以确保及落实董事局通过的ESG政策持续地执行和实施。

（2）监督公司与利益相关方沟通渠道及方式，并确保设有相关政策有效促进公司与其利益相关方的直接关系，保护公司声誉。

（3）审视ESG主要趋势以及有关风险和机遇，于必要时更新ESG政策并确保其与时俱进，符合适用的法律法规及监管要求和国际标准。

（4）审议并批准公司的ESG目标，定期审核ESG目标的达成情况。

（5）监督公司业务对环境和社会影响的评估并向董事局提出建议。

（6）审阅公司的年度ESG报告，并建议董事局通过，同时建议具体行动或决策以供董事局考虑，以维持ESG报告的完整性。

▶ 案例点评：

朗诗绿色管理在其报告中通过董事局声明，披露了董事局是拥有对ESG相关事宜最高权力的治理机构，承担全面决策ESG管理方针、策略等，监督ESG管治及实践，保障ESG风险管理等职责。同时明确环境、社会及管治委员会作为董事局下设委员会，承担ESG责任、原则、框架、政策等制定和检讨，利益相关方沟通监督，ESG趋势和风险评估审视，环境社会影响评估监督等职责。

朗诗绿色管理在其报告的董事局声明中，对董事会及其下设ESG委员会的监督职责进行了明确界定和划分，符合ISSB准则通过角色、任务和其他政策描述披露负责监督可持续相关事项的治理机构的责任要求。

▶ 案例来源：

《朗诗绿色管理2022社会、环境及管治（ESG）报告》P14-15，http://www.landsea.hk/pdf/CSR2021.pdf。

案例 3-7 编号：IFRS S1.27（a）(i)-007

交通银行股份有限公司

▶ **案例主题：**

在董事会声明中披露董事会下设 ESG 委员会
可持续相关事项监督责任

▶ **披露内容：**

董事会是本行企业社会责任工作的最高决策机构。董事会社会责任（ESG）与消费者权益保护委员会根据董事会授权和委员会工作规则的规定，研究拟订本行企业社会责任战略和政策，每年审阅 ESG 整体工作情况，定期检讨 ESG 相关目标的完成情况。高管层负责执行董事会批准的企业社会责任战略和政策，定期向董事会及委员会报告工作。

▶ **案例点评：**

交通银行股份有限公司（以下简称交通银行）在其 ESG 报告的董事会声明中，明确披露了其董事会为履行社会责任（ESG）工作的最高决策治理机构。董事会下设社会责任（ESG）与消费者权益保护委员会并获得董事会授权，负责 ESG 相关政策和战略研究、整体 ESG 工作审阅等工作。

对标 ISSB 准则要求，交通银行明确了负责监督可持续相关事项的治理机构，如能对社会责任（ESG）与消费者权益保护委员会作为治理机构的所承担的角色、任务或职权范围仍可以进行进一步细化披露,将会更加符合 ISSB 准则通过角色、任务、职权范围和其他政策描述披露负责监督可持续相关事项的治理机构的责任要求。

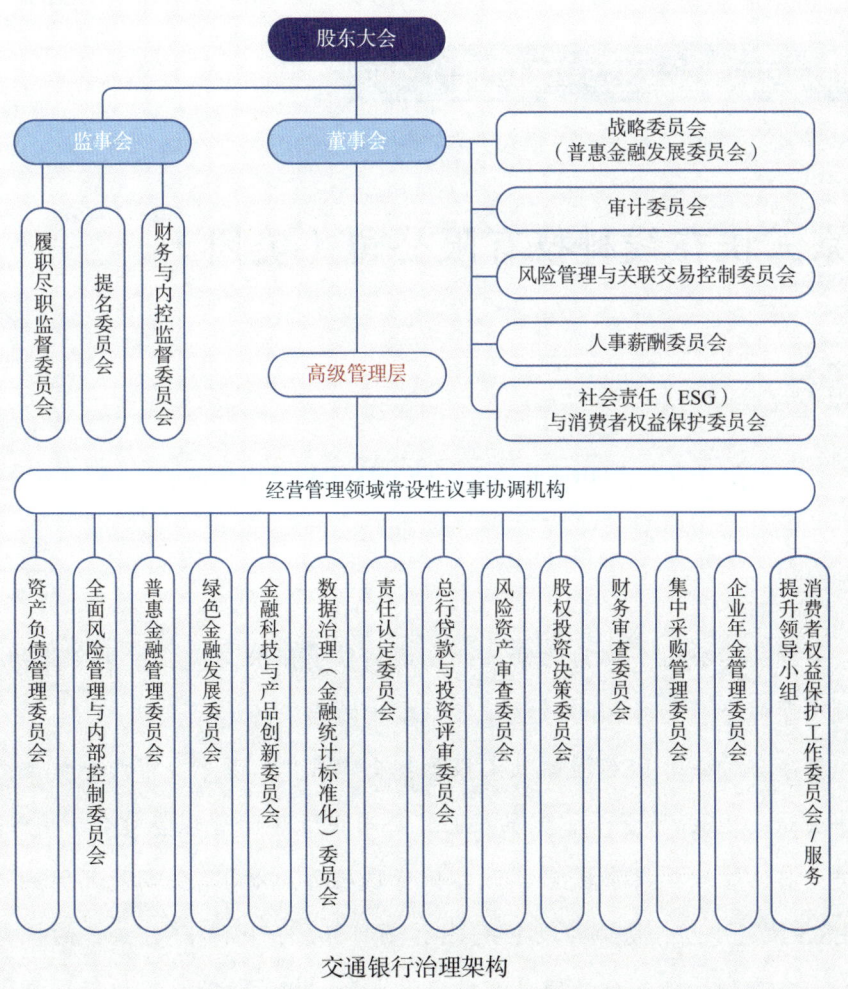

交通银行治理架构

▶ 案例来源：

《交通银行2022年社会责任（ESG）报告》P19、27，https：//www.bankcomm.com/BankCommSite/shtml/jyjr/cn/7768/7802/7854/2655459.shtml?channelId=7768。

案例 3-8　编号：IFRS S1.27（a）（i）-008

北京三快在线科技有限公司（美团）

▶ 案例主题：

在董事会声明中明确董事会可持续相关事项监督责任

▶ 披露内容：

美团（其公司全称为北京三快在线科技有限公司）在董事会声明中，明确由董事会对公司 ESG 策略及汇报承担的责任：

董事会对公司 ESG 策略及汇报承担全部责任。董事会审核委员会协助董事会进行 ESG 监督。管理层层面，公司设立风险管理委员会对 ESG 事项进行日常管理，指导 ESG 实践。执行层层面，公司有关职能部门共同组成 ESG 执行小组，协调推动 ESG 具体项目开展，保障 ESG 工作的执行落地，并定期向管理层和治理层汇报。董事会、相关管理层及执行层每年定期参与ESG主题培训，了解ESG趋势，具备ESG专门知识。

公司开展利益相关方关注ESG议题的实质性分析，据此制定ESG理念与管理策略，并将其融入日常运营。董事会参与对重要ESG议题的评估和优次排列，定期审阅ESG理念与管理策略，评估其对公司整体策略的潜在影响。本年度，公司积极实践保障骑手权益、开展外卖环保行动、构建绿色数据中心、践行信息安全与隐私保护、推进生活服务业赋能与发展等重要ESG议题，取得阶段性进展。

公司重视ESG相关风险和机遇可能产生的重大影响，并将其纳入风险管理体系。董事会监督ESG相关风险和机遇的评估，以及确保设置适当和有效的ESG风险管理和内部监督系统。本年度公司对业务合规、信息安全、人力资源管理等ESG议题开展风险识别、评估和管理工作，详细内容请参阅本年报"企业管治报告-风险管理及内部控制"章节。

公司已设定与业务相关联的ESG目标，包括职场节能、节水、废弃物管理等环境目标，董事会对目标进展进行定期审阅和检讨。

▶ **案例点评：**

美团在其报告的董事会声明中，披露由董事会对公司ESG策略及汇报承担全部责任，董事会审核委员会协助董事会进行ESG监督。董事会的ESG相关职责包括ESG重要议题的评估和优先排序、监督ESG相关风险和机遇的评估、确保设置适当和有效的ESG风险管理和内部监督系统等。

对标ISSB准则要求，美团明确了负责监督可持续相关事项的治理机构，如能对董事会及董事会审核委员会作为治理机构所承担的角色、任务或职权范围可以进行进一步细化披露，将会更加符合ISSB准则通过角色、任务、职权范围和其他政策描述披露负责监督可持续相关事项的治理机构的责任要求。

▶ 案例来源:

《美团 2022 年年报》P124,https://media-meituan.todayir.com/202304252152521735786604_sc.pdf。

案例 3-9　编号:IFRS S1.27（a）(i)-009

无锡药明康德新药开发股份有限公司

▶ 案例主题:

在《议事规则》中明确 ESG 委员会
可持续相关事项监督责任

▶ 披露内容:

无锡药明康德新药开发股份有限公司（以下简称药明康德）ESG 委员会依照《环境、社会及管治委员会议事规则》（以下简称《议事规则》），监督和管理在 ESG 方面的管理策略、政策和表现,并定期向董事会汇报。在《议事规则》中明确了 ESG 委员会的人员组成、议事规则、职责与权限、授权及权力等内容,为 ESG 相关工作监管、落实及发展提供制度指引。

▶ 案例点评:

药明康德在其报告中披露,在其《环境、社会及管治委员会议事规则》

中，对ESG委员会的人员组成、议事规则、职责与权限、授权及权力等内容进行详细描述。对标ISSB准则要求，药明康德明确了其ESG委员会在管理ESG相关事宜方面的职责，符合ISSB准则通过角色、任务、职权范围和其他政策描述披露负责监督可持续相关事项的治理机构的责任要求。

▶ 案例来源：

《药明康德2022年环境、社会及管治报告》P21，https：//esg-cms.wuxiapptec.com//uploads/20231207/ESG_2022_Simplified_Chinese.pdf。

案例3-10　编号：IFRS S1.27（a）(i)-010

荷兰国际集团

▶ 案例主题：

在《ESG监督政策》中明确ESG委员会可持续相关事项监督责任

▶ 案例内容：

监事会还设有一个委员会，负责监督ESG议题。环境、社会和公司治理委员会协助监事会处理与环境、社会和公司治理各领域相关的事务，包括但不限于环境、社会和公司治理的发展以及将环境、社会和公司治理纳入公司及其战略。此外，环境、社会和公司治理委员会还协助监事会对环境、社会和公司治理的相关发展进行总体监控并提出建议。

荷兰国际集团还成立了一个"ESG咨询委员会",由拥有ESG关键绩效指标的高层领导以及法律、投资者关系和企业战略部门的代表组成。该委员会将帮助指导ING制定和实施有关ESG主题的战略,并监督和报告进展情况。该委员会由集团可持续发展部组织,并与环境、社会和公司治理风险专业中心共同担任主席。

▶ **案例点评**:

荷兰国际集团通过制定《ESG监督政策》,由环境、社会和公司治理委员会负责监督ESG相关事项,协助监事会处理与环境、社会和公司治理各领域相关的事项,其责任包括ESG发展战略的制定及其与公司的整合,以及对相关的ESG发展进行总体监测和建议等。

对标ISSB准则要求,荷兰国际集团明确环境、社会和公司治理委员会的监督责任,但是对于ESG委员会作为治理机构所承担的角色、任务或职权范围可以进行进一步细化展开,以便更加符合ISSB准则通过角色、任务、职权范围和其他政策描述披露负责监督可持续相关事项的治理机构的责任要求。

▶ **案例来源**:

荷兰国际集团官方网站,https://www.ing.com/Sustainability/Performance-and-reporting/Governance.htm。

案例 3-11　编号：IFRS S1.27（a）(i)-011

特斯拉公司

▶ **案例主题**：

在《公司管治指引》中明确董事会可持续相关事项监督责任

▶ **披露内容**：

董事会的主要职责：

监督环境、社会和治理事项。董事会将审查公司环境、社会和治理（ESG）计划和项目的有效性，包括其年度《影响报告》和其他相关披露。

特斯拉公司在《公司管治指引》中规定，董事会ESG实现监督责任包括：监督公司ESG倡议和计划的有效性；监督年度影响报告和其他相关信息披露。

▶ **案例点评**：

特斯拉公司通过在《公司管治指引》董事会的主要职责章节中，披露有关董事会ESG职责，详细地描述董事会对ESG相关事宜承担的监督责任，包括：监督公司ESG倡议和计划的有效性；监督年度影响报告和其他相关信息的披露。

对标ISSB准则要求，特斯拉公司明确董事会对可持续相关事宜的监督责任，但是对于董事会作为治理机构所承担的角色、具体任务或职权范围可以进行进一步细化展开,将会更加符合ISSB准则通过角色、任务、职权范围和其他政策描述披露负责监督可持续相关事项的治理机构的责任要求。

▶ 案例来源:

《特斯拉公司管治指引》P2,https://digitalassets.tesla.com/tesla-contents/image/upload/IR-Corporate-Governance-Guidelines。

3.1.2 如何确保技能和胜任能力

主体确定监督可持续相关风险和机遇的机构或个人并明确监督责任后,还应确保机构有适当的技能和胜任力用于监督应对可持续相关风险和机遇战略。这些技能包括行业技能、审计技能、可持续相关领域技能等;胜任力包括知识和技术、治理能力、态度和价值观等[①]。

如果机构或个人技能和胜任能力不足,其存在可能形同虚设。因此,机构成员通常由具备可持续发展/社会责任/ESG相关工作经验和专业知识的董事会成员、高级管理人员担任,以保障机构或个人有权力充分发挥可持续相关风险和机遇监督管理的作用。同时,机构成员是否具有以及具备哪些可持续发展/社会责任/ESG相关的教育背景、工作经验也应纳入考虑范畴,以保障这些机构成员更专业地实施监督管理。

主体应披露如何确保治理机构或个人具备适当的技能和胜任能力,以有效地履行监督责任。例如,在培训方面,可组织可持续发展相关培训,提升治理层和管理层的社会责任工作能力和意识。在聘任相关能力成员方面,可在《董事提名政策》中要求,聘任具有治理、高级管理、行业经验、可持续

---

① D., C., McClelland.Testing for competence rather than for "intelligence" [J].American Psychologist,1973.

发展专业背景的成员。在聘请外部专家方面，可在《可持续发展委员会职权范围》中规定，通过聘请外部专家为履行可持续相关事项监督责任提供支持。

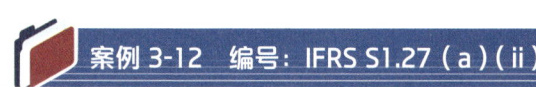

案例 3-12　编号：IFRS S1.27（a）(ii)-001

中国铝业集团有限公司

▶ **案例主题：**

披露通过对董事会定期开展 ESG 培训以培养技能和提升胜任能力

▶ **披露内容：**

中国铝业集团有限公司（以下简称中国铝业）每年通过与专业的第三方机构合作，对董事会进行一至两次 ESG 相关集中培训，并不定期组织相关机构为董事会提供专项培训，协助董事会理解 ESG 领域最新动向，了解 ESG 的优秀实践。

▶ **案例点评：**

中国铝业在其报告中披露，为确保治理层具备相应的专业知识和技能对 ESG 相关工作进行管理监督，每年聘请专业第三方机构定期对董事会进行 ESG 集中培训和不定期组织 ESG 专项培训。对标 ISSB 准则要求，中国铝业披露了其确保治理机构或个人具备适当的技能和胜任能力的方式，符合 ISSB 准则披露要求。

▶ 案例来源：

《中国铝业2022年社会责任暨环境、社会与管治报告》P14，https：//www.chalco.com.cn/whzr/shzr/202305/P020230920523688150790.pdf。

案例 3-13　编号：IFRS S1.27（a）(ii)-002

中国平安保险（集团）股份有限公司

▶ 案例主题：

披露通过开展"ESG集团宣导周"以培养技能和提升胜任能力

▶ 披露内容：

中国平安保险（集团）股份有限公司（以下简称中国平安）启动"ESG集团宣导周"，开展集团内部ESG系列课程。课程内容包括介绍ESG理念、公司ESG管理、ESG与业务的融合、环境责任、ESG商业守则、多样化和包容性等内容。以线上视频的形式在平安电视晨会中播报，面向全集团员工培训，帮助员工更全面地了解和认识ESG。除平安电视晨会外，ESG课程同时在知鸟平台发布和更新，方便员工后续学习。

▶ 案例点评：

中国平安在其报告中披露，为确保其全集团员工均具备相应的ESG专业知识和技能来开展ESG工作，面向全集团开展ESG系列课程，课程包括ESG理念、公司ESG管理、ESG与业务的融合、环境责任等主题培训，帮助全集团员工获得相应的ESG知识和能力。

对标ISSB准则要求，中国平安披露了其确保治理机构或个人具备适当的技能和胜任能力的方式，符合ISSB准则披露要求。

▶ 案例来源：

《中国平安2020气候风险管理报告》P15，http：//www.pingan.com/app_upload/images/info/upload/72349a0e-2d4e-47e0-8a8a-63cc2ad0f800.pdf。

案例3-14　编号：IFRS S1.27（a）（ⅱ）-003

星巴克公司

▶ 案例主题：

通过《董事提名政策》的要求确保治理层的技能和胜任能力

▶ 披露内容：

每位候选人都应具备与公司成为世界领先消费品牌之一的目标相关的

专业和个人经验及专业知识。除委员会认为适当的其他资格或经验外，这些经验和专业知识可能包括：大型全球性公司的现任首席执行官、大型公司首席执行官经验、国际首席执行官经验、高职级国际经验、高职级消费品、食品、餐饮服务和饮料行业经验、多单位小型零售或餐饮经验、技术专业知识，一级财务、会计、品牌、法律和监管、销售和营销、组织发展、国际或大规模运营、物流和分销、信息技术、社交媒体、公共关系、可持续发展和公共政策领域的一个或多个相关高级专业知识。在相关规定的限制条件下，上市公司董事会经验对候选人也很有价值。

▶ **案例点评：**

星巴克公司在其《董事提名政策》中，明确披露其公司治理委员会选聘过程中强调管治层的技能和能力，管治委员会候选人除了具备行业相关经验外还需具备可持续发展领域的经验，确保公司治理委员会成员同时具备行业和可持续相关知识和技能以支持其管理工作。

对标 ISSB 准则要求，星巴克公司披露了其确保治理机构或个人具备适当的技能和胜任能力的方式，符合 ISSB 准则相关披露要求。

▶ **案例来源：**

《星巴克提名和公司治理委员会对董事提名的政策》P3，https://content-prod-live.cert.starbucks.com/binary/v2/asset/137-81043.pdf。

治理

案例 3-15　编号：IFRS S1.27（a）(ii)-004

中电控股有限公司

▶ **案例主题：**

披露通过聘请外部专家提供专业支持
以确保监督治理机构的技能和胜任能力

▶ **案例内容：**

中电控股
董事会
可持续发展委员会（第2页，共5页）

　　委员会将拥有充足的资源（由委员会决定），以有效开展工作，包括聘请专业顾问协助委员会开展工作并支付报酬。

▶ **案例点评：**

　　中电控股有限公司（以下简称中电控股）聘请具备ESG领域的专业专家提供ESG领域的专业建议以支持、协助可持续发展委员会开展工作，以确保可持续发展委员会对企业ESG相关事宜进行统筹、管理工作时能够获取必要的专业知识和技能支持，对标ISSB准则要求，中电控股披露了其确保治理机构或个人具备适当的技能和胜任能力的方式，符合ISSB准则披露要求。

▶ 案例来源：

《中电控股委员会可持续发展委员会职权范围》P1，https：//www.clpgroup.com/content/dam/clp-group/channels/about/document/our-leadership/e_SC%20Terms%20of%20Reference%20with%20clp%20logo%20（20231001）.pdf。

3.1.3　获悉风险和机遇的方式和频率

治理机构或个人获悉可持续相关风险和机遇的方式和频率由制定的政策规定或建立的工作机制所决定。主体应建立通过将治理层面的可持续发展/社会责任/ESG决策和要求进行细化分解，精准地传递给特定管理层人员或管理层委员会以及职能部门、事业部、子公司等下级组织，并将下级组织在实际运营中发现的可持续相关风险和机遇相关问题、取得目标进展等，集中反馈至治理层，以确保治理层监督和决策的有效性。例如，董事会及下设委员会职责范围要求每年至少召开一次会议，审议可持续相关风险和机遇，识别和评估管理工作；董事会或下设委员会建立季度可持续事项会议机制，每季度听取一次管理层汇报。

主体应披露治理机构或个人如何获悉可持续相关风险和机遇，方式包括但不限于：采取审查检讨、督导评审、听取汇报等方式；披露治理机构或个人以什么频次获悉可持续相关信息，如年度、半年度、季度、月度、不定期等。通过上述信息披露，能够让财务报告使用者了解到主体治理层如何获悉其面临的可持续相关风险和机遇，以及管理层可持续相关风险识别、评估和管理情况。

案例 3-16　编号：IFRS S1.27（a）(iii)-001

通威股份有限公司

▶ 案例主题：

通过披露向董事会成员定期汇报说明监督治理机构获悉可持续相关事项的方式和频率

▶ 披露内容：

通威股份有限公司（以下简称通威股份）进一步推动可持续管理上下延伸，动态识别与控制生产经营过程中的ESG风险与机遇，形成高效协调、沟通及决策机制，推动能源管理实现从设计规划到方案落地全流程运行，建立ESG滚动管理机制。该机制旨在定期向董事、核心经营管理层汇报ESG工作，组织各部门、板块召开ESG分析提升会，统计梳理公司ESG相关工作进展及绩效，以编制、发布ESG相关报告为工作抓手，构建覆盖全员、全过程的ESG管理长效推进机制。

要求通威股份能源管理委员会每个月固定的时间（5日和30日）向董事会成员及核心经营管理层汇报工作进展，进而获得支持和建议。报告期内，通威股份能源管理委员会向董事会及核心管理层汇报9次，召开ESG分析及提升例会8次，会议内容包含12个覆盖各部门及各业务板块和能源管理人员的ESG事项。

每月5日，能源管理委员会向董事会成员及核心经营管理层汇报

5日
- ESG工作提升及改进措施
- 需管理层协调解决的问题及困难
- 下月工作计划与安排

每月20日，能源管理执行工作组组织召开"通威股份ESG分析及提升例会"

20日
- 总结在ESG工作中的相关经验
- 需股份总部协调解决的问题
- 部署下一阶段任务

每月30日，能源管理执行工作组向能源管理委员会成员汇报

30日
- 进行数据收集、统计及分析
- 识别ESG重大风险及机遇
- 制定改进行动策划及建议

▶ **案例点评：**

通威股份在报告中披露了董事会成员以每月两次（5日和30日）的频率听取能源管理委员会ESG工作提升及改进措施、需协调解决的问题及困难以及下月工作计划与安排的汇报；在报告期间，能源管理委员会向董事会及核心管理层汇报共计9次。以上符合ISSB准则中对确保治理机构或个人获悉可持续相关风险和机遇的频率进行披露的要求。

▶ **案例来源：**

《通威股份2022年度环境、社会、公司治理报告》P26，http://static.sse.com.cn/disclosure/listedinfo/announcement/c/new/2023-04-25/600438_20230425_ZH43.pdf。

案例 3-17　编号：IFRS S1.27（a）(iii)-002

无锡药明康德新药开发股份有限公司

▶ **案例主题：**

通过披露定期召开 ESG 委员会会议说明
监督治理机构获悉可持续相关事项的方式和频率

▶ **披露内容：**

无锡药明康德新药开发股份有限公司（以下简称药明康德）为监督和审查 ESG 管理策略的实施情况，定期召开 ESG 委员会会议，以评估 ESG 优先事项，并回顾 ESG 工作进展。报告期内，共计组织了四次 ESG 委员会会议，对新制定的 ESG 政策、实质性重要性议题评估、环境目标达成情况（包括能源使用、碳排放、废弃物、水资源等相关目标）以及其他重要 ESG 事项进行了审阅和检讨。

▶ **案例点评：**

药明康德在其 ESG 报告中，披露自身通过定期组织 ESG 委员会会议，以获悉企业 ESG 相关事项，以便 ESG 委员会有效评议 ESG 事项优先级，及时了解可持续相关事宜，及时回顾 ESG 事项的进展，制定更新相关政策。

在获悉方式的披露方面，符合 ISSB 准则中对确保治理机构或个人获悉可持续相关风险和机遇的方式进行披露的要求。对获悉频率的披露方面，如果药明康德能够对"定期"进行更为具体的定义或描述，将更加符合ISSB准则对获悉频率的披露要求。

▶ 案例来源：

《药明康德2022年环境、社会及管治报告》P21，https：//esg-cms.wuxia pptec.com//uploads/20231207/ESG_2022_Simplified_Chinese.pdf。

3.1.4 在监督时如何考虑风险和机遇

治理机构或个人应审议确定的重要可持续相关风险和机遇，推动管理层制定有助于降低风险、发现长期价值的可持续相关目标和计划，将可持续相关风险和机遇考量纳入战略、重要交易决策和风险管理政策监督过程。

机构或个人应充分考虑通过哪种方式对这些风险和机遇进行评估和考量，包括不确定性权衡评估和敏感度分析等方式。其中，权衡评估是指通过定性或定量方式对可持续相关风险和机遇带来的不确定性进行评价。敏感性分析是指从多个不确定因素中逐一找出对主体的财务表现有重要影响的可持续相关风险和机遇，并分析和测算其影响程度和敏感性程度。

主体应披露如何将可持续相关风险和机遇考量纳入对战略、重要交易决策和风险管理政策的监督过程中，包括是否基于可持续相关风险和机遇的影响，权衡主体财务表现在未来可能发生的变化，是否将可持续相关风险和机遇因素考量纳入折现率调整机制，并权衡未来一定时期内现金流量的贴现价值。

案例3-18 编号：IFRS S1.27（a）(iv)-001

豪赫蒂夫公司

▶ **案例主题：**

披露通过敏感性分析在监督养老金相关政策时
考虑可持续相关风险和机遇

▶ **披露内容：**

敏感性分析

豪赫蒂夫集团的养老金债务存在以下重大风险：

➢ 利率风险

对于固定缴款计划，（名义）缴款通过固定利率表转化为福利，与当前市场利率无关。因此，豪赫蒂夫在确定福利时要承担一般资本市场利率变化的风险。近年来，由于资本市场利率普遍较低，养老金债务大幅增加。由于债务期限相对较长，相应的影响也很大。

➢ 通货膨胀风险

根据法律规定，德国的公司养老金必须至少每三年根据通货膨胀率提高一次。根据"2000+计划"，德国公司养老金每年固定增长1%，因此在养老金阶段只有很小的通货膨胀风险。特纳计划没有通货膨胀风险。

➢ 长寿风险

发放终身养老金意味着豪赫蒂夫要承担养老金领取者寿命比精算预测

寿命长的风险。这种风险通常在所有养老金计划成员中只有在预期寿命超过预期时才会出现。

在精算假设发生相应变化的情况下，所述风险对固定福利债务的影响见下文的敏感性分析。

对固定福利债务的影响

2022年12月31日

项目	本土		国际		合计	
（千欧元）	增长	减少	增长	减少	增长	减少
折现率 +0.50%/-0.50%	（29923）	32583	（4742）	5226	（34665）	37809
折现率 +1.00%/-1.00%	（57017）	69756	（9060）	10999	（66077）	80755
工资增长 +0.50%/-0.50%	296	（288）	202	（196）	498	（484）
养老金增长 +0.25%/-0.25%	11013	（10623）	782	（758）	11795	（11381）
预期寿命 +1 year	24408	n/a	2240	n/a	26648	n/a

2021年12月31日

项目	本土		国际		合计	
（千欧元）	增长	减少	增长	减少	增长	减少
折现率 +0.50%/-0.50%	（53814）	60436	（8880）	10011	（62694）	70447
折现率 +1.00%/-1.00%	（101569）	130211	（16782）	21334	（118351）	151545
工资增长 +0.50%/-0.50%	589	（571）	563	（521）	1152	（1092）
养老金增长 +0.25%/-0.25%	20211	（19268）	1425	（1397）	21636	（20665）
预期寿命 +1 year	40407	n/a	3858	n/a	44265	n/a

治 理

▶ 案例点评：

豪赫蒂夫公司在报告中，从利率、通货膨胀、寿命风险三个方面进行敏感性分析，在员工责任风险管理流程中，权衡了利率、通货膨胀、寿命风险给员工养老金计划和财务带来的影响。通过敏感性分析，得出折现率和员工预期寿命的增加将造成较大财务影响。以上符合ISSB准则对治理层在监督战略和风险管理流程时考虑可持续相关风险和机遇的方式进行披露的要求。

▶ 案例来源：

《豪赫蒂夫（Hochtief）集团2022财务和可持续发展整合报告》P294，https://www.hochtief.com/investor-relations/financial-reports-and-presentations。

3.1.5 如何监控目标设定和实现

主体应考虑如何确保可持续相关风险和机遇有关目标的制定和进展实现，治理机构或个人有责任予以监督。治理是一项自上而下的工作，主体需要进一步聚焦高管的"驱动作用"，以"挂钩薪酬"等考核和激励方式，来促使治理层与管理层主动实现可持续相关目标。标普全球（S&P Global）主体可持续发展评估（CSA）认为，高管薪酬应当与明确界定的重要性议题相关联，并且与其处理这些重要性议题的表现挂钩。摩根斯坦利国际资本公司（MSCI）在其评级体系中则希望主体不仅为高管设置额外的薪酬奖励，还要设置"因环境绩效的下降而减少高管薪酬"的相关制度。简言之，"挂钩薪酬"将与主体ESG重要性议题相关的定性和定量绩效指标，按一定比例纳入高管的薪酬考评和奖励计划中，与财务方面的绩效指标共同纳入高管薪酬政策。

在资本市场的关注下,主体自身也更加关注如何监控目标设定和实现这一重要话题,可持续相关绩效指标纳入高管薪酬政策逐渐成为主体的常规管理方式。例如,荷兰国际集团、中国石油等企业已通过类似的方式将ESG绩效指标与高管激励政策相结合。

主体应披露监督可持续相关风险和机遇的目标制定和进展的过程,包括是否将可持续相关绩效指标纳入高管薪酬政策等。如是,应进一步说明如何将可持续相关绩效与高管薪酬进行挂钩的绩效指标,并说明对可持续相关风险和机遇的目标制定及实现的监督情况。

案例3-19　编号:IFRS S1.27(a)(v)-001

荷兰皇家壳牌集团

▶ **案例主题:**

披露通过将ESG目标设定和实现与奖金挂钩
以监控ESG目标制定和进展

▶ **披露内容:**

荷兰皇家壳牌集团(以下简称壳牌)能源转型历程绩效指标是几乎适用于壳牌所有员工的2022年度奖金计分卡(权重为15%)的一部分。同时,这些指标也是适用于约16500名员工的2022年业绩股票计划奖励

（权重为10%）的一部分，以及适用于高级管理人员的2022年长期激励计划奖励（权重为20%）的一部分。

从2022年开始，年度奖金计分卡中的"壳牌能源转型之旅"措施的范围已被扩大到：（1）同等衡量销售低碳产品：市场部门调整后的收入比例来自低碳能源产品、非能源产品和便利零售；（2）减少运营排放：温室气体减排项目，减少壳牌的范围1和范围2运营排放；（3）合作脱碳：推出电动汽车收费点的进展。

▶ 案例点评：

壳牌在其可持续发展报告中，披露将其能源转型历程相关的绩效指标纳入其年度奖金、绩效份额和长期激励计划的一部分，并明确纳入绩效的"壳牌能源转型之旅"的范围，包括销售低碳产品、运营减排等，通过将能源转型措施相关指标与绩效挂钩，符合ISSB准则中对治理层可持续相关风险和机遇的目标设定和目标进展实现情况监控方式进行披露的要求。

▶ 案例来源：

《壳牌2022可持续发展报告》P7，https：//reports.shell.com/sustainability-report/2022/_assets/downloads/shell-sustainability-report-2022.pdf。

案例 3-20 编号：IFRS S1.27（a）(v)-002

荷兰国际集团

▶ 案例主题：

披露通过非财务绩效目标与高管薪酬挂钩
以监控可持续相关目标的实现

▶ 披露内容：

荷兰国际集团在综合报告中披露了对高管的财务和非财务业绩考核情况，如下所示：

2023年10月目标领域	目标说明	CEO	CFO	CRO
财务	税前利润	16.7%	16.7%	8.3%
	股本回报	16.7%	16.7%	8.3%
	运营费用	16.7%	16.7%	8.3%
	合计	50%	50%	25%
非财务	消费者：增加主要客户的数量，因为这将得到更深层次的关系和更高的客户满意度，使客户更多地选择荷兰国际集团为他们的财务需求提供服务：(1) 通过增加净推荐值（net promoter score, NPS）来提高客户的满意度。(2) 向批发商客户扩大价值主张	7.5%	5%	N/A
	风险与合规：在风险偏好范围内管理财务风险，特别关注内部模型使用的修订：(1) 管理风险偏好中的非金融风险，特别关注身份和访问管理。(2) 提供了包括尽职调查（know-your-customer, KYC）在内的监管项目	15%	17.5%	45%

续表

2023年10月目标领域	目标说明	CEO	CFO	CRO
非财务	战略：通过以下方式执行数字化战略：（1）增加客户流程的数字化和生成树协议（spanning tree protocol，STP）率。（2）提高风险和财务流程的效率，同时保持控制的有效性	12.5%	12.5%	15%
	环境和社会： 环境：增加可持续量动员——减少排放走向净零荷兰国际集团的足迹，准备《企业可持续发展报告指令（CSRD）》披露要求，进一步加强气候和环境风险框架。 社会：（1）加强组织健康重点关注四个优先领域：战略清晰，角色清晰，客户为中心，操作纪律。（2）提高荷兰国际集团领导干部的性别平衡	15%	15%	15%
	合计	50%	50%	75%
	总计	100%	100%	100%

▶ **案例点评：**

荷兰国际集团在其综合报告中，披露了其通过对高管的非财务业绩考核来体现可持续发展绩效，并对各高管的可持续发展绩效进行说明和评估。荷兰国际集团薪酬委员会将高管的可变绩效划分为财务业绩与非财务业绩，其中非财务业绩包括可持续发展绩效，并对各高管的可持续发展绩效进行说明和评估。授予执行董事会成员的可变薪酬反映了监事会根据其绩效目标卡中目标，对每位执行董事绩效（包括可持续发展绩效）进行评估，并与薪酬挂钩。荷兰国际集团设立的非财务目标涵盖消费者、风险与合规、战略、环境与社会四个方面，四个方面合计绩效分别占CEO、CFO、CRO可变绩效的50%、50%和75%。

荷兰国际集团在报告中披露其将可持续发展绩效与薪酬挂钩的相关信

息，符合 ISSB 准则中对治理层可持续相关风险和机遇的目标设定和目标进展实现情况监控方式进行披露的要求。

▶ **案例来源：**

《荷兰国际集团（ING GROUP）2022 年年报》P93，https：//www.ing.com/Investors/Financial-performance/Annual-reports.htm。

案例 3-21　编号：IFRS S1.27（a）(v)-003

中国石油天然气集团有限公司

▶ **案例主题：**

披露通过将 ESG 业绩考核与管理层薪酬挂钩
以监控可持续相关目标制定和进展

▶ **披露内容：**

公司将效益、运营、节能减排、安全环保及合规管理等指标纳入管理层业绩考核，并根据业绩考核分值兑现绩效薪酬。其中，节能减排指标权重占 10%，未完成目标的，最高扣减业绩分值 10 分；安全环保及合规指标未完成考核目标的，每项扣减业绩分值 5 分。2022 年，我们将能耗、温室气体排放和污染物控制等指标纳入了有关部门和分（子）公司负责人年度业绩考核内容，并实施新能源新材料业务发展业绩考核和奖励，进一步助推公司绿色低碳转型。

管理层业绩考核

项目及权重	关键绩效指标	权重
效益指标 （60%）	经济增加值	15%
	平均投资资本回报率	10%
	净利润	15%
	税前利润	10%
	自由现金流	10%
运营指标 （30%）	国内油气当量储量替换率	10%
	油气产量	10%
	人均净利润	10%
节能减排指标 （10%）	节能量	2%
	节水量	2%
	化学需氧量（COD）	1.5%
	氨氮排放量	1.5%
	二氧化硫排放量	1.5%
	氮氧化物排放量	1.5%
安全环保及合规管理指标 （约束性）	百万工时死亡率	单项指标未完成的，每项扣5分
	重大安全生产责任事故	
	重大环境责任事件	
	投资计划控制	
	内控体系运行评价	

▶ 案例点评：

中国石油天然气集团有限公司（以下简称中国石油）作为能源公司，在其ESG报告中，披露其如何将效益、运营、节能减排、安全环保及合规管理等指标纳入管理层业绩考核，并根据业绩考核分值兑现绩效薪酬，例如节能减排指标占管理层业绩考核权重的10%，其中关键绩效指标包括节能量和节水量（权重各 2%）、化学需氧量和氨氮排放量等污染物排放指标（权重各 1.5%）。中国石油在报告中详细披露了将可持续发展绩效与薪酬挂钩相关信息，符合 ISSB 准则中对治理层可持续相关风险和机遇的目标设定和目标进展实现情况监控方式进行披露的要求。

▶ **案例来源：**

《中国石油 2022 环境、社会和治理报告》P18，http://csr.cnpc.com.cn/cnpcc sr/xhtml/PageAssets/2022csr_cn.pdf。

▶ 3.2 管理层的角色

主体的管理层是指对经营活动（包括监控、管理和监督可持续相关风险和机遇相关活动）负有管理责任的人员或组织，通常由治理机构及其下设委员会对其进行监督和授权。本节主要从管理层人员或委员会角色的授权及监督与管理层控制措施和程序的使用及整合两个方面进行解读。

3.2.1 管理层人员或委员会角色的授权及监督

主体负责监督管理可持续相关风险和机遇的治理机构或个人，通常会将具体管理职责委托给特定管理层职位或委员会。例如，主体将可持续相关风险和机遇管理职责委托给管理层的可持续管理特定岗位或委员会，由管理层特定岗位或委员会担任可持续相关风险和机遇识别、评估和管理者，信息披露和审核者，战略决策执行者，目标制定和实施者等角色。特别是对于组织架构复杂、管理层级较多的主体，一般会在可持续发展 / 社会责任 /ESG 委员会下设可持续发展 / 社会责任 /ESG 工作组，发挥"上传下达、下情上达"的组织协调作用。这些特定管理层职位或委员会在日常工作中，承担着可持续相关风险和机遇管理职责。

主体应披露监控、管理和监督可持续相关风险和机遇的治理流程、控制措施和程序的角色是否被委托给管理层特定职位或委员会。若是，应进一步披露负责监控、管理和监督可持续相关风险和机遇的特定管理职位或委员会的信息。

案例 3-22　编号：IFRS S1.27（b）(i)-001

浙江吉利控股集团

 案例主题：

披露授权 ESG 联合工作组承担可持续相关事宜管理层角色

 披露内容：

董事会 ESG 委员会承担浙江吉利控股集团（以下简称吉利控股集团）ESG 战略规划、风险管理、政策制度和目标设定等职责，并通过定期的监督与审查，保证 ESG 管理的有效性。ESG 委员会下设由指导协同小组、ESG 工作组和碳中和工作组共同构成的 ESG 联合工作组。

其中，ESG 工作组负责分解 ESG 总体战略及目标，促进 ESG 战略实施落地；建立 ESG 管理制度，搭建 ESG 管理指标体系；开展 ESG 信息收集与披露、ESG 赋能及文化建设等工作，并响应资本市场 ESG 评级。ESG

工作组定期向ESG委员会汇报ESG相关工作执行情况及进展，确保ESG委员会的决策转化为具有衡量目标的具体项目，并有效落实到运营实施层面。

此外，ESG工作组整合各下属业务单位资源，统筹可持续供应链、资源保护等关键议题相关管理工作的制度化、规范化、常态化开展。

碳中和工作组聚焦气候变化领域，与ESG工作组形成有效协同，统筹规划碳中和管理、碳资产开发和交易等工作。各下属业务单位ESG及碳中和工作组负责将ESG委员会制定的相关决策落地实施。整个ESG管理过程将由吉利控股集团CEO以及各下属业务单位CEO组成的指导协同小组进行跨集团或板块的ESG资源共享与相互赋能。

▶ **案例内容：**

吉利控股集团在其ESG报告中，详尽披露由董事会授权ESG联合工作组承担管理可持续相关风险和机遇的责任，并且详细阐述其职责包括分解ESG总体战略及目标、建立ESG管理制度、进行ESG信息收集与披露、响应资本市场ESG等评级，符合ISSB准则中说明管理层监控、管理和监督可持续相关风险和机遇的治理流程、控制措施和程序的角色是否获得授权及具体责任信息的披露要求。

▶ **案例来源：**

《吉利控股集团2022年可持续发展报告》P13，https://zgh.com/wp-content/uploads/Geely-Holding-Group-Sustainability-Report-2022-ZH.pdf。

案例 3-23　编号：IFRS S1.27（b）(i)-002

联想集团股份有限公司

▶ 案例主题：

披露授权 ESG 执行监督委员会承担可持续相关事宜管理层角色

▶ 披露内容：

ESG 执行监督委员会由首席企业责任官担任主席，负责 ESG 工作相关的战略指导，协调并推进公司整体 ESG 的工作，包括就有效管理 ESG 计划提出建议。ESG 执行监督委员会由来自不同业务及职能领域的高级管理层组成，其宗旨是支持包括合规和领导层参与的项目，打造公司 ESG 文化。

ESG 执行监督委员会负责：
- 密切监测 ESG 领域发展趋势、影响力和机遇点；
- 在 ESG 战略决策中能够体现客户观点，为客户发声；
- 向董事会和管理层就 ESG 项目、投资机会和披露信息提出建议；
- 确保联想 ESG 战略能够妥善应对风险并履行义务；
- 评估 ESG 项目和投资的有效性；
- 支持 ESG 信息披露和相关传播工作；
- 积极拥护联想的 ESG 文化和价值观。

除上述职能外，董事会通过管理流程授权 ESG 执行监督委员会进行以下 ESG 监督活动：

➢ 监督联想对环境及社会影响的评估工作，包括联想的年度重要性评估流程；

➢ 确保公司的 ESG 计划符合监管规定和投资者期望；

➢ 了解 ESG 事宜对联想运营模式的风险，确保采取妥善的行动应对风险并后续跟进；

➢ 确保 ESG 因素为业务决策过程中考虑的一部分。

▶ 案例点评：

联想集团股份有限公司（以下简称联想集团）在其 ESG 报告中，披露由董事会授权 ESG 执行监督委员会担任公司整体 ESG 的工作协调及推进工作，并具体描述 ESG 监督执行委员会对 ESG 活动的监督职责，包括监测 ESG 趋势、评估 ESG 项目和投资的有效性、向董事会和管理层提出建议、支持 ESG 信息披露和相关传播工作等。以上符合 ISSB 准则中说明管理层监控、管理和监督可持续相关风险和机遇的治理流程、控制措施和程序的角色是否获得授权及具体责任信息的披露要求。

▶ 案例来源：

《联想集团 2021/22 环境、社会和公司治理报告》P68，https://doc.irasia.com/listco/hk/lenovo/annual/2022/cesr.pdf。

案例 3-24　编号：IFRS S1.27（b）(i)-003

中原证券股份有限公司

▶ **案例主题：**

披露授权 ESG 管理团队承担可持续相关事宜管理层角色

▶ **披露内容：**

公司积极识别管理决策和运营活动所带来的影响，持续完善 ESG 管理架构，通过将 ESG 理念融入发展战略和日常运营，保障 ESG 工作持续有效开展。董事会全面监督公司 ESG 事宜并对其最终负责。公司已建立由"监管层—组织层—执行层"构成的 ESG 管理架构，分别由董事会、ESG 管理团队、ESG 工作小组对应各架构层级履行相关职责，具体工作职责如下：

▶ **案例点评：**

中原证券股份有限公司（以下简称中原证券）在其社会责任报告中，披露其搭建层级明确的 ESG 管理架构，并明确各层级的具体职责，体现董事会授权 ESG 管理团队作为组织层和公司经营层负责统筹协调日常 ESG 管理工作，ESG 执行小组作为执行层，负责对各项 ESG 议题进行归口管理，定期报送管理措施、进展及优秀案例。

对标 ISSB 准则要求，中原证券详细明确了 ESG 管理团队承担 ESG 管理工作的统筹和协调职责，符合 ISSB 准则中说明管理层监控、管理和监督可持续相关风险和机遇的治理流程、控制措施和程序的角色具体责任信息的披露要求。

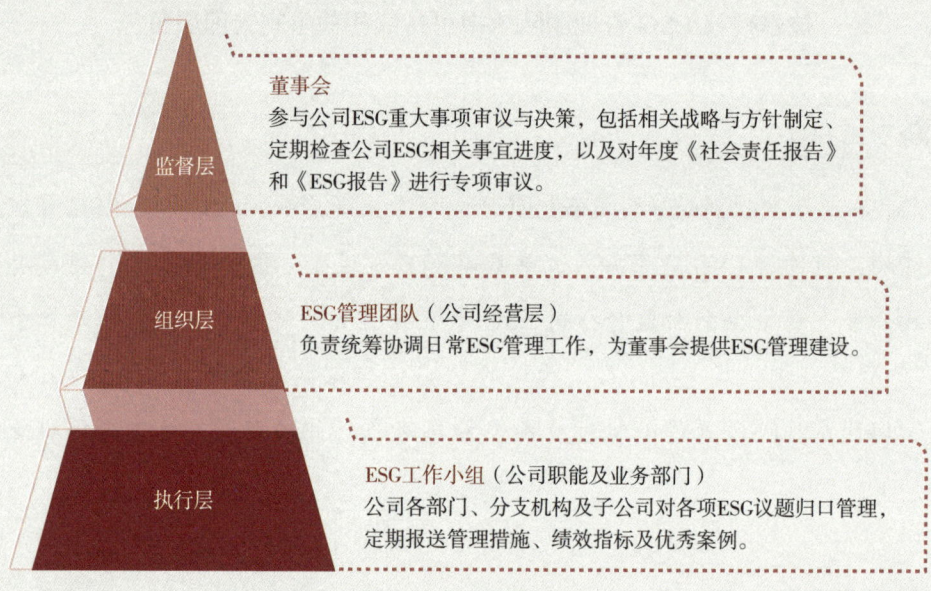

监督层
董事会
参与公司ESG重大事项审议与决策，包括相关战略与方针制定、定期检查公司ESG相关事宜进度，以及对年度《社会责任报告》和《ESG报告》进行专项审议。

组织层
ESG管理团队（公司经营层）
负责统筹协调日常ESG管理工作，为董事会提供ESG管理建设。

执行层
ESG工作小组（公司职能及业务部门）
公司各部门、分支机构及子公司对各项ESG议题归口管理，定期报送管理措施、绩效指标及优秀案例。

▶ 案例来源：

《中原证券2022年社会责任报告》P11，https://www.ccnew.com/ueditor/jsp/upload/file/20230407/1680851542040004295.pdf。

案例 3-25　编号：IFRS S1.27（b）(i)-004

朗诗绿色管理有限公司

▶ **案例主题：**

披露授权核心管理层承担可持续相关事项管理层角色

▶ **披露内容：**

核心管理层：

➢ 根据环境、社会及管治委员会制定的ESG政策决定ESG管理目标的实施路径和工作流程，制订ESG工作计划，安排ESG工作小组开展相关工作，并确保公司层面的ESG责任、策略、框架及愿景贯穿工作内容。

➢ 整理与评估公司层面ESG相关风险和机遇，并定期向环境、社会及管治委员会汇报。

➢ 执行ESG风险管理及内部控制系统。

➢ 定期向环境、社会及管治委员会汇报ESG工作开展情况和目标完成进度。

➢ 审阅年度ESG报告并提交环境、社会及管治委员会审议。

ESG工作中心：

➢ 委员会指导下统筹管理。

▶ **案例点评：**

朗诗绿色管理有限公司（以下简称朗诗绿色管理）在其ESG报告中，披露董事局授权由核心管理层担任ESG管理角色。符合ISSB准则中说明管理层监控、管理和监督可持续相关风险和机遇的治理流程、控制措施和程序的角色是否获得授权及具体责任信息的披露要求。

▶ **案例来源：**

《朗诗绿色管理2022年环境、社会及管治（ESG）报告》P13-14，http：//www.landsea.hk/pdf/CSR2022.pdf。

3.2.2 管理层控制措施和程序的使用及整合

可持续相关风险和机遇管理涉及职能和业务范畴广泛，覆盖合规管理、人力资源管理、产品质量管理、供应链管理等方面。为促使管理层深度参与、高效协同，应建立一套用于实现可持续相关风险和机遇管理工作有效落地的控制措施和程序，形成常态化沟通、合作和汇报等管理机制。其中，控制措施是指主体为实现某种管理目的所采取的一系列控制手段及实现措施；控制程序是指主体采取的一系列控制手段及实现措施所遵循的管理程序。例如，在员工权益与培训发展方面，通过建立用于识别、评估和应对员工权益保障风险和培训发展机遇的管理控制措施，构建实施这些控制措施的管理程序，并将其与人力资源部门内部职能管理流程相融合，实现将可持续相关风险和机遇管理的控制措施和程序与内部职能相融合。

主体应披露是否通过控制措施和程序支持可持续相关风险和机遇的监管，如是应进一步说明通过什么控制措施和程序，以及如何通过这些控制措施和程序实现可持续相关风险和机遇的监管。最后，主体应说明建立的一系列控制措施和程序如何与其他内部职能相融合。

案例 3-26　编号：IFRS S1.27（b）(ii)-001

深圳市腾讯计算机系统有限公司

▶ 案例主题：

披露构建"向善"企业文化的激励措施和程序
以管理可持续相关风险和机遇

▶ 披露内容：

今天，"科技向善"不再是一句空话，它会像北极星一样，带领我们穿越不确定性丛生的密林。对于腾讯的管理者来说，要激发每一位员工的善意，从而与用户、产业乃至社会中每一个人，共筑"善"的同心圆，就要对公司治理和企业文化提出更高要求。我们从前一年开始试点，把社会价值创造放入一些核心业务的平衡计分表考核中，并通过微爱大赛、关心月、志愿者大会、公益团建等方式，让向善实践融入腾讯人的日常行为。

为了鼓励更多员工投身公益活动，我们实施了"员工公益配捐计划"。无论员工选择捐款还是志愿服务，公司都以 1∶1 的比例或按 100 元/小时志愿服务时长进行配捐。此外，我们还有志愿者积分回馈制

度，参与项目的志愿者可以用积分兑换公益周边产品或优先参与志愿服务活动。

我们每年都会举办腾讯员工志愿者大会，表彰那些表现优秀的志愿者个人和团队。这些系统化的激励措施，彰显了我们对员工参与志愿服务的支持和鼓励，增强了员工对公司的认同感和归属感，也提升了他们的成就感。我们相信，通过这样的方法，能够更好地激发和保护员工的志愿服务热情，实现志愿服务与组织的可持续发展。

▶ 案例点评：

腾讯明确披露其以"科技向善"为企业文化建设的核心，管理层不仅积极推动员工践行"向善"理念，还制定了相应的激励措施和程序，积极推动"向善"理念植根于员工的日常行为之中，树立"向善"企业文化，符合ISSB准则中对于通过控制措施和程序支持可持续相关风险和机遇管理的披露要求。

▶ 案例来源：

《腾讯可持续社会价值报告2022》P8-P9，P133，https：//static.www.tencent.com/attachments/ssv/2022/Tencent-ssv-Report-2022.pdf。

案例 3-27　编号：IFRS S1.27（b）(ii)-002

国家电网有限公司

▶ **案例主题：**

披露可持续相关风险和机遇管理的控制程序和措施及其与其他职能部门的整合情况

▶ **披露内容：**

应用与优化辅助决策表：

（1）建立利益相关方沟通的系统渠道。国网泰州供电公司针对决策所涉及的关键利益相关方建立有效的沟通渠道，认真听取利益相关方意见，就决策方案无法完全满足利益相关方诉求，作出合理的解释和说明，从而在决策的前期力争达成供电公司与利益相关方的共识，发挥各方优势，促进决策事项的推进实施。

（2）制订融入利益相关方诉求的决策方案。总经理办公会上讨论决策的事项大多具有涉及利益相关方多、影响重大等特征，因此编制决策方案时，不能仅从守法合规、技术可行、经济合理、企业能力可及等因素考虑，还要认真听取利益相关方诉求，并从社会认可、生态友好、综合价值优越等方面进行思考和提炼。为了方便各部门进行利益相关方分析，国网泰州供电公司梳理出决策可能涉及的利益相关方、主要议题、核心诉求和优势资源。结合供电公司的利益相关方分析，参考社会责任国际标准和国家标准,归纳总结"三重一大"重要事项和日常经营管理事项在经济、环境和社会领域的价值与风险,制订决策方案。

(3)实施决策。在决策事项通过后,由部门负责人组织落实,并加强过程把控。

(4)评估决策成效。制订具体的实施方案引导国网泰州供电公司以社会责任指标和利益相关方反馈来评估决策事项的完成情况与创造的价值。如下发《关于进一步加强配(农)网外包安全管理的通知》,不仅规范了外包单位的施工行为,降低了安全事故率,减少了环境及噪声污染,保证了施工的按期完成率,而且实现了经济、社会、环境的综合价值最大化。

固化决策管理模式:

责任决策工具与流程形成后,国网泰州供电公司选取各部门若干上报事项作为试点,在各部门层级试行责任决策辅助表,并结合部门使用的反馈意见,对工具与流程进行优化提升,并将社会责任决策管理融入后的总经理办公会决策流程、要求写入《泰州供电公司本部部门议事规则》之中,要求各部门落地执行,使社会责任决策形成固化机制。

▶ 案例点评:

国家电网有限公司(以下简称国家电网)在其国家电网公司社会责任融入决策管理工作手册中,明确披露其建立自下而上的社会责任价值和风险权衡评估程序,通过流程清晰、各部门职责明确的管理控制程序和措施实现对社会责任风险和机遇的管理,符合ISSB准则中对是否通过控制措施和程序支持可持续相关风险和机遇的监管、控制措施和程序具体内容以及是否同其他职能部门进行整合的披露要求。

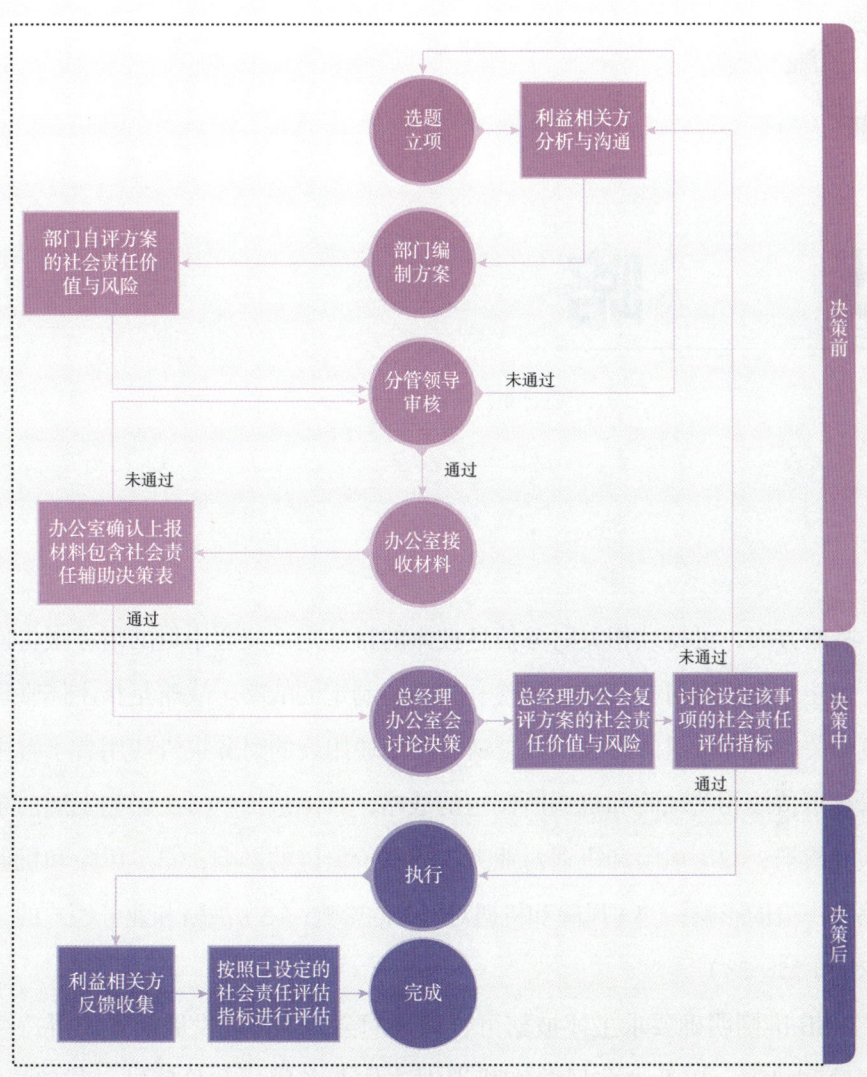

社会责任要求融入决策流程

▶ 案例来源：

《国家电网公司社会责任融入决策管理工作手册》P75，http：//www.sx.sgcc.com.cn/wbw/docs/202004/158804345652182672.pdf。

4 战　　略

战略方面，可持续相关财务信息披露的目标是：使通用目的财务报告使用者了解主体为管理可持续相关风险和机遇所制定的战略。战略是指主体管理可持续相关风险和机遇的方法，其披露旨在使通用目的财务报告使用者了解主体为管理可持续相关风险和机遇所制定的战略，具体包括：（1）影响发展前景的风险和机遇；（2）风险和机遇对业务模式和价值链的影响；（3）风险和机遇对战略和决策的影响；（4）风险和机遇对财务的影响；（5）战略和业务模式的韧性（IFRS S1.25，28）。

ISSB 准则明确要求主体披露可合理预期会影响主体发展前景的可持续相关风险和机遇，以及这些风险和机遇对主体业务模式和价值链、战略决策、财务状况、财务业绩和现金流的影响等。对标 ISSB 准则要求，中国企业能够实现对自身风险与机遇及相应应对措施的定性描述，但仍需按照准则要求，进一步从财务角度出发，评估可持续风险与机遇对其业务模式、价值链造成的影响，聚焦与财务挂钩的定量指标，并将其纳入整体战略规划。

本章内容结构与准则要求对应关系如表 4-1 所示。

表 4-1 本章内容结构与准则要求对应关系

章节号	章节标题	准则要求	目号	目标题	准则要求
4.1	影响发展前景的风险和机遇（IFRS S1.29, 30, 31）	可合理预期会影响主体发展前景的可持续相关风险和机遇（IFRS S1.29, 30, 31）	4.1.1	风险和机遇的描述 [IFRS S1.30（a）]	描述可合理预期会影响主体发展前景的可持续相关风险和机遇 [IFRS S1.30（a）]
			4.1.2	风险和机遇影响的时间范围 [IFRS S1.30（b）]	针对主体识别的每项可持续相关风险和机遇，明确其可合理预期产生影响的时间范围，即短期、中期或长期 [IFRS S1.30（b）]
			4.1.3	"短期""中期""长期"的定义及与战略决策的联系 [IFRS S1.30（c）, 31]	解释主体如何定义"短期""中期""长期"，以及这些定义如何与主体用于战略决策的计划时间范围相联系 [IFRS S1.30（c）, 31]
4.2	风险和机遇对业务模式和价值链的影响（IFRS S1.29（b））	可持续相关风险和机遇对主体业务模式和价值链的当前和预期影响（IFRS S1.29（b））	4.2.1	对业务模式和价值链影响的描述 [IFRS S1.32（a）]	可持续相关风险和机遇对主体业务模式和价值链的当前和预期影响的描述 [IFRS S1.32（a）]
			4.2.2	在业务模式和价值链中集中的领域 [IFRS S1.32（b）]	主体的业务模式和价值链中可持续相关风险和机遇集中领域的描述（例如，地理区域、设施和资产类型）[IFRS S1.32（b）]
4.3	风险和机遇对战略和决策的影响（IFRS S1.29（c））	可持续相关风险和机遇对主体战略和决策的影响（IFRS S1.29（c））	4.3.1	在战略和决策中风险和机遇的应对 [IFRS S1.33（a）]	主体当前或计划在其战略和决策中如何应对可持续相关风险和机遇 [IFRS S1.33（a）]
			4.3.2	之前报告期间的计划进展情况 [IFRS S1.33（b）]	主体以之前报告期间披露的计划的进展，包括定量和定性信息 [IFRS S1.33（b）]

续表

章节号	章节标题	准则要求	目号	目标题	准则要求
4.3	风险和机遇对战略和决策的影响（IFRS S1.29（c））	可持续相关风险和机遇对主体战略和决策的影响（IFRS S1.29（c））	4.3.3	风险和机遇的权衡[IFRS S1.33（c）]	主体考虑在可持续相关风险和机遇之间的权衡（例如，在决定新业务部门的位置时，主体可能已经考虑这些业务对环境的影响以及将在社区中创造的就业机会）[IFRS S1.33（c）]
4.4	风险和机遇对财务的影响（IFRS S1.29（d））	可持续相关风险和机遇对主体报告期间的财务状况、财务业绩和现金流量的影响，以及在"短期""中期""长期"对主体财务状况、财务业绩和现金流量的预期影响，披露预期影响时应考虑主体如何将这些可持续相关风险和机遇反映在其财务规划中（IFRS S1.29（d））	4.4.1	对报告期间财务的影响（IFRS S1.34（a），35（a））	可持续相关风险和机遇对主体报告期间的财务状况、财务业绩和现金流量的影响（当前财务影响）（IFRS S1.34（a），35（a））
			4.4.2	对"短期""中期""长期"预期财务的影响（IFRS S1.34（b），35（b）（c）（d），36-39）	可持续相关风险和机遇在"短期""中期""长期"对主体财务状况、财务业绩和现金流量的预期影响，并考虑主体如何将可持续相关风险和机遇反映在其财务规划中（预期财务影响）（IFRS S1.34（b），35（b）（c）（d），36-39）
4.5	战略和业务模式的韧性（IFRS S1.29（e））	主体的战略及其业务模式对可持续相关风险的韧性（IFRS S1.29（e））	4.5.1	对不确定性作出调整的能力（IFRS S1.41）	关于可持续相关风险的战略和业务模式的韧性的定性和定量（如适用）评估，包括有关评估方法和时间范围的信息（IFRS S1.41）
			4.5.2	其他IFRS可持续披露准则特定风险的韧性（IFRS S1.42）	应披露其他国际财务报告可持续披露准则可能具体规定主体有关特定可持续相关风险的韧性应披露的信息类型以及如何编制这些披露，包括是否要求进行情景分析（IFRS S1.42）

注：表4-1中"可持续相关风险和机遇"简称为"风险和机遇"，简称后术语指代含义不变。

4.1 影响发展前景的风险和机遇

主体的"战略"是对其整体性、长期性、基本性发展的谋略，也是最高决策机构对其发展方向、发展目标和竞争方式等方面的布局与规划。可持续相关风险和机遇往往会影响主体对自身发展前景的布局与规划。主体应披露可合理预期会影响自身发展前景的可持续相关风险和机遇。针对每项识别出的风险和机遇，应明确披露其可能产生影响的时间范围，包括短期、中期和长期；以及影响的时间范围与战略决策之间的关联。本节将从风险和机遇的描述、风险和机遇影响的时间范围、"短期""中期""长期"的定义及与战略决策时间范围的联系三个方面进行解读。

4.1.1 风险和机遇的描述

主体应采用 ISSB 准则，对可能会影响主体业务模式、战略、现金流量、融资渠道和资本成本的各项可持续相关风险和机遇，通过定性、定量或两者结合的方式进行描述。当涉及商业敏感的信息披露可能严重损害主体经济利益时，允许主体在信息尚未公开的情况下，免除披露与可持续相关机遇有关的信息，但应披露豁免披露的事实并在每个报告期重新评估商业敏感信息是否仍符合豁免资格。该豁免明确主体不得以商业敏感性作为广泛不披露的理由以及在披露中遗漏风险相关信息。除非《国际财务报告可持续披露准则》另有规定，否则这一豁免将适用于有关可持续发展相关机遇的商业敏感信息，并且只有在信息不公开的情况下才可用。关于如何采用 ISSB 准则识别风险和机遇，请参考本书第 2 章中"2.3.1 指引来源"部分的解读。

案例4-1 编号:IFRS S1.30(a)-001

巴斯夫公司

▶ **案例主题：**

披露影响核心业务发展前景的环境、健康与安全相关风险和机遇

▶ **披露内容：**

健康与安全

保护人员和环境是我们的首要任务。我们以负责任的方式开展核心业务，包括化学品的研发、生产、加工以及运输。我们落实全面的责任关怀管理体系，从而应对环境、健康与安全的风险。通过该体系，我们希望员工和承包商充分了解在接触我们的产品、物质和装置时的潜在危险，并谨慎应对。

（1）产品监管：
➢ 确保全球高标准的产品监管；
➢ 分享专业知识，支持大中华区的法规制定和实施。

（2）工艺安全：
➢ 工艺安全专家定期进行安全审查；
➢ 得益于工艺安全事故减低项目的落实，安全事故率维持在较低水平。

（3）职业安全：

➢ 通过多样化的活动和数字化项目,提升安全文化;
➢ 根据最新的国家标准,优化作业许可流程。

(4)职业健康:
➢ 由专家指导的全球职业健康标准;
➢ 全球健康活动"早安 - 通过睡眠让活力再现";
➢ 确保基地的医疗应急准备,在新冠疫情期间为员工提供充足的医疗援助。

(5)运输及分销安全:
➢ 确保遵守道路安全法规。

(6)应急响应:
➢ 采取全面预防措施,迅速作出应急响应;
➢ 巴斯夫大中华区首台涡轮喷射泡沫联用消防车在漕泾基地启用;
➢ 巴斯夫上海浦东科技创新园连续六年保持评为"消防管理先进单位"。

(7)安保:
➢ 以"安保源于设计"原则审查和优化 IT 应用程序;
➢ 通过培训提高员工对网络安全的风险意识;
➢ 定期对工厂安全进行风险评估。

▶ 案例点评:

巴斯夫公司作为一家化工企业,环境、健康与安全是其重要性议题。巴斯夫公司具体识别出包括产品监管、工艺安全、职业安全、职业健康、运输及分销安全、应急响应、安保等一系列在环境、健康与安全议题上面临的可持续风险与机遇，符合ISSB准则中披露影响发展前景的可持续相关风险和机遇这一要求。

例如，巴斯夫公司与中国当地主管部门保持交流，分享专业知识与经验，为中国的法规制定和实施提出建设性的建议，这不仅有利于巴斯夫确保自身产品适应不同地区和国家对化学品的法规，对核心业务发展来说也是机遇；发生工伤事故会造成工时损失，影响员工职业安全和企业声誉，对巴斯夫公司的核心业务发展而言是风险。巴斯夫公司同时描述了针对所识别出的风险和相应采取的风险管理举措。

▶ 案例来源：

节选自《巴斯夫大中华区2022年年报》P28-31，https://www.basf.com/cn/documents/en/news-and-media/publication/BASF_in_Greater_China_2022_CN.pdf.assetdownload.pdf。

4.1.2 风险和机遇影响的时间范围

主体面临的可持续相关风险和机遇可能会对未来发展前景产生正面或负面的影响。各项可持续相关风险和机遇对主体的影响可能不同，影响时间范围也可能不同。为帮助投资者、贷款人和其他债权人评估主体发展前景，主体应明确披露可合理预期的各项可持续相关风险和机遇的影响时间范围，披露可持续相关风险和机遇带来的预期影响是短期、中期还是长期的。

案例4-2　编号：IFRS S1.30（b）-001

招商银行股份有限公司

▶ **案例主题：**

披露气候变化相关风险和机遇可产生影响的短期、中期和长期时间范围

▶ **披露内容：**

招商银行股份有限公司（以下简称招商银行）在报告中详细披露了面临的气候变化风险和机遇情况，如下所示：

招商银行面临的气候变化风险和机遇　时间范围　短期：1年　中期：1~3年　长期：3~5年

风险方面	风险类型	风险描述	潜在的主要财务影响	首要气候相关风险动因	时间范围/影响程度	应对措施
转型风险	现有与潜在政策风险	自"双碳"目标提出以来，中国已构建起"1+N"政策支持体系。2021年以来，中国人民银行、中国银保监会等监管机构先后印发了《银行业金融机构绿色金融评价方案》《金融机构环境信息披露指南》《银行业保险业绿色金融指引》等方向性文件。如公司未能及时跟进、研究国家和行业政策，正确判断政策走向，制定相应落实措施，可能会面临一定的经营压力	间接（运营）成本增加	金融行业气候相关风险的监管	长期/高	认真学习国家和监管机构有关"双碳"目标的政策与监管要求，建立董事会、高级管理层和总分行层面的绿色金融管理架构，确保政策和监管要求的及时落实。发布ESG相关报告，系统阐述公司应对气候变化相关的管理举措和关键绩效

续表

风险方面	风险类型	风险描述	潜在的主要财务影响	首要气候相关风险动因	时间范围/影响程度	应对措施
转型风险	法律风险	公司运营管理受到运营所在地环境相关法律法规的约束，在深圳经济特区的绿色金融活动受《深圳经济特区绿色金融条例》约束。 中国人民银行等七部门在《关于构建绿色金融体系的指导意见》中提出，要研究明确贷款人的环境法律责任。如公司对贷款企业或项目的环境合规资质审批不严，导致贷款企业或项目造成环境污染事故，将有可能为贷款企业或项目的环境污染事故承担责任	间接（运营）成本增加	金融行业气候相关风险的监管	长期/高	全面研究涉及气候变化与绿色金融相关的法律法规及监管规定要求，推动相关条款在公司各业务环节进一步落实
	科技风险	公司正在大力推动的金融科技和数字化转型可显著减少纸张使用以及客户来回线下网点所产生的温室气体排放。 线上业务量的增加让公司在数据中心等后台的能源消耗随之增加。 如公司未及时投入资源掌握数字化转型和节能减排的最新技术，可能会面临运营成本增加等风险	间接（运营）成本增加	向低排放技术转型	短期/中	深入推进公司数字化转型发展，同时，关注数字化转型带来的气候变化风险，了解并在运营管理中应用低碳技术
转型风险	市场风险	公司估值与其构建长期可持续发展的能力密切相关，ESG表现突出的公司，客户或被公司承担的社会责任吸引，购买其产品并支付溢价的倾向更高，从而提高公司的市场份额和利润水平。 随着市场对气候变化的认知不断加深，预计越来越多的消费者和客户会选择能够带来社会和环境价值的产品与服务，投资以ESG作为判定维度的金融产品。如公司未能及时研发相关产品，可能会面临客户流失、产品与服务需求量下降等风险	产品和服务需求降低造成的收入减少	消费者行为改变	长期/中－高	积极开发和引入符合绿色或ESG理念的金融产品和服务，鼓励绿色金融产品与服务创新，丰富绿色金融产品供给

▶ 案例点评：

招商银行用将近4页篇幅表格的形式，清晰展现了面临的气候变化风险和机遇，并直观指出了受到影响的时间范围（短期、中期、长期）和影响程度（高、中、低），在表格备注中清楚说明招商银行对于短期（1年）、中期（1~3年）、长期（3~5年）的时间范围的认定，符合ISSB准则中明确可持续相关风险和机遇产生时间影响范围的要求。

▶ 案例来源：

《招商银行2022年可持续发展报告》P31-32，https：//s3gw.cmbimg.com/lb50.01-cmbweb-prd/cmbcms/20230329/a52ebc8a-315a-4e6f-a640-ee634341f629.pdf。

4.1.3 "短期""中期""长期"的定义及与战略决策时间范围的联系

主体界定短期、中期和长期的时间范围应考虑众多因素的影响，其中一个重要因素即行业特征，这是由于主体的现金流量、投资和业务周期、主体所在行业通常用于战略决策和资本配置计划的计划时间范围，以及财务报告使用者对该行业主体进行评估所使用的时间范围。例如，净零资产所有者联盟（NZAOA）呼吁包括养老金计划和保险公司在内的全部成员，在2025年之前将上市股票和债务、房地产和有形基础设施的融资排放减少22%~32%，在2030年前减少49%~65%，与1.5℃路径相一致，到2050年进一步减少直至净零，将气候相关风险的影响时间范围界定与资本分配计划时间相关联[①]。

---

① 联合国负责任投资原则（PRI），联合国环境规划署金融倡议（UNEP FI）.从气候行动计划到净零目标：投资者可以参考的路线［EB/OL］. 2022. http://finance.Sina.com.cn/esg/ep/2022-04-15/doc-imcwiwst1979613.shtml。

主体应披露可合理预期影响发展前景的可持续相关风险和机遇影响的时间范围如何定义,包括"短期""中期"或"长期",并说明这些影响的时间范围与其战略决策之间的关联。

案例 4-3　编号:IFRS S1.30(c)-001

招商银行股份有限公司

▶ **案例主题:**

披露通过与绿色金融战略关联性来体现与其"双碳"目标决策计划时间范围相关联

▶ **披露内容:**

招商银行在报告中详细披露了绿色金融战略目标,如下所示:

▶ **案例点评:**

招商银行股份有限公司(以下简称招商银行)围绕国家"双碳"目标带来的可持续发展机遇,布局绿色金融战略,明确实现"双碳"机遇短期、中长期以及五年规划期内的战略目标和计划。招商银行在其绿色金融战略目标中描述了对于"短期""中长期""长期(五年规划期)"的定义以及相应的战略计划。值得注意的是,在《招商银行 2022 年可持续发展报告》中,招商银行进一步给出了"短期 1 年,中期 1~3 年,长期 3~5

年"的时间范围定义，连续2年在报告中披露的时间范围定义是一致的、有延续性的。

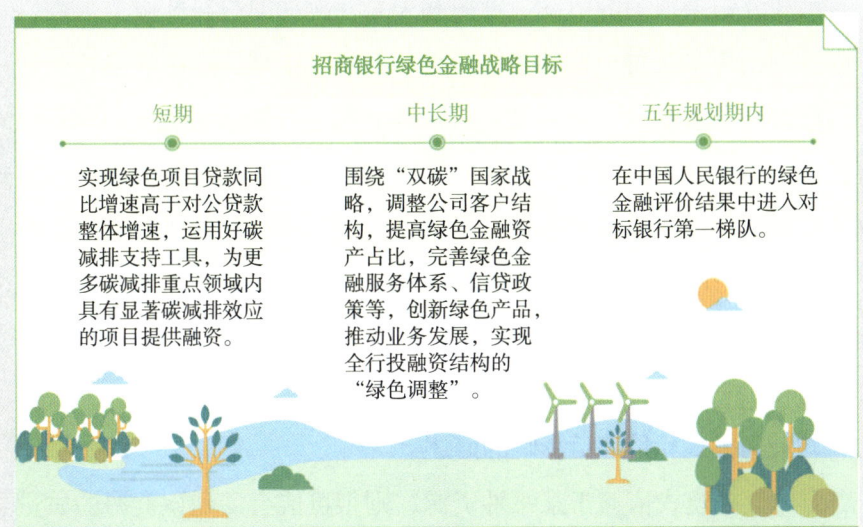

▶ 案例来源：

《招商银行2021年可持续发展报告》P80，http：//s3gw.cmbchina.com/lb50.01-cmbweb-prd/cmbir/20220322/f6f6f2d1-2478-4d98-b45d-671614e56f72.pdf。

▶ 4.2 风险和机遇对业务模式和价值链的影响

"业务模式"是指主体通过其活动将投入转化为产出和结果的系统，其旨在实现主体的战略目标并在短期、中期和长期为主体创造价值，从而产生现金流量。"价值链"是指与主体的业务模式和其所处的外部环境相关的所有互动、资源和关系。价值链包括主体创造产品和服务，将其从概念转化到交付、消费和报废所使用和依赖的互动、资源和关系。相关互动、资源和关系包括主体经营中的活动、资源和关系，例如人力资源、社区关系等；包括主体供应、营销和分销渠道中的活动、资源和关系，例如原材料和服务采购以及产品和服务的销售和交付；以及主体所处的融资、地理、地缘政治和监管环境（参考 IFRS S1.附录一）。可持续相关风险和机遇往往会对主体的业务模式和价值链产生当前和预期的影响，这些风险和机遇可能会促使主体业务模式随之改变，同时也会作用于价值链。本节将围绕可持续相关风险和机遇对业务模式和价值链影响的描述、在业务模式和价值链中集中的领域两个方面进行解读。

4.2.1 对业务模式和价值链影响的描述

当主体业务模式依赖于某一种资源，则很可能会受到该资源的质量、可用性、可获得性和定价变化的影响。当主体活动带来积极的外部影响，可能会获得政策支持或拓展市场份额；当主体活动带来消极的外部影响，可能会受到更严格的政府监管或承担严重的声誉影响等后果。同时，在价值链上，如果主体的业务合作伙伴面临可持续相关风险和机遇时，主体本身也可能会面临相关后果。这些影响、依赖和关系产生可持续相关风险和机遇时，会对主体业务模式和价值链带来当前和预期的影响。例如，可持续相关风险和机遇可能会影响业务模式，如汽车制造企业在全球气候变化风险与低碳发展机遇影响下，采用绿色钢铁并对上游钢材碳排放量进行限制，促使原有业务模式发生改变[①]。同样，这些重要风险和机遇也会影响价值链，即与主体的业务模式和主体所处的外部环境相关的所有活动、资源和关系，包括主体将产品和服务从概念转化到交付、消费和报废的全生命周期。

---

① Osterwalder A，Pigneur Y.Business Model Generation: A Handbook for Visionaries, Game Changers, and Challengers [M] .New Jersey: John Wiley and Sons, Inc., 2010.

主体应披露可持续相关风险和机遇对其业务模式和价值链当前和预期的影响，并对这些当前和预期的影响进行描述，包括影响的内容、范围、性质、程度等方面信息。

案例 4-4　编号：IFRS S1.32（a）-001

淡水河谷公司

▶ 案例主题：

披露可持续相关风险和机遇对业务模式和价值链的当前和预期影响

▶ 披露内容：

商业活动：

➢ 勘探与矿产研究—项目开发与实施—矿井操作—运输—矿石加工—物流分发—矿山关闭与未来利用

输入的资本：

➢ 金融资本：（1）总资产8690万美元；（2）自2019年期剥离9项非核心资产，每年可减少最高20亿美元支出。

➢ 人力资本：（1）自有和外包员工21.5万人；（2）22.1%为女性劳动力；（3）黑人担任32.1%领导职位。

➢ 智力资本：（1）2011年投入1.49亿美元用于ITV-DS和ITV矿产；（2）2022年投入1230万美元用于ITVs研发；（3）8个内部创新中心；

（4）自 2011 年起获得 48 项专利，2022 年获得 10 项。

➢ 制造资本：（1）运营点（例如露天或地下矿山，发电厂，港口，铁路，小型水力发电厂，风力发电厂等）覆盖 18 个国家；（2）自有铁路约 2000 公里。

➢ 自然资本：（1）取水量 3.97 亿立方米；（2）13.7 万 TJ 能源消耗量（29% 可再生）；（3）8.8 万公顷；（4）保护区面积 96.5 万公顷。

➢ 社会关系资本：（1）18000+ 家供应商；（2）本地化采购 111 亿美元（占总采购量的 56%）；（3）绘制 1532 个当地社区，26 个土著民族，47 个传统社区的地图。

产出的资本：

➢ 金融资本：（1）调整后 EBITDA198 亿美元；（2）净收入 168 亿美元；（3）纳税 79 亿美元；（4）社会与环境支出 24 亿美元，自愿投资 1405 亿美元。

➢ 人力资本：（1）自 2021 年起总事故率下降 44%；（2）社区成员受伤事件 95 起；（3）员工平均受训 76 小时。

➢ 智力资本：（1）巴西最具创新力公司第一名；（2）ITV 支持的 77 个科学出版与研发项目。

➢ 制造资本：（1）生产 3.08 亿吨铁矿石，32 吨颗粒，253 千吨铜，17.9 万吨镍，53 万吨砂石（尾矿再利用）；（2）火车运送 86 万人次；（3）巴西 12 座上游水坝。

➢ 自然资本：（1）890 万吨 CO_2e 排放量（范围 1 和范围 2），相比 2017 年下降 27%；（2）发电量 8.02 太瓦时（98.6% 可再生）；（3）2022 年修复区面积 11 平方千米；（4）废矿物废弃物 60.04 万吨；（5）3.73 亿吨矿物废料（废石和尾矿）。

➢ 社会关系资本：（1）淡水河谷基金会影响 148 万人；（2）淡水河谷基金支持 139 家企业（约 9000 个家庭受益）；（3）收到社区投诉 3 万个；（4）1465 个家庭被涉入非自愿的安置流程。

战略支柱：
➢ 促进可持续采矿；
➢ 实施低碳解决方案；
➢ 保持纪律。

▶ **案例点评：**

淡水河谷公司作为一家全球经营的矿产公司，其业务流程依赖于水、能源、矿石等自然资本，同时其生产运营也会对员工安全、当地社区和环境带来积极或消极的影响。

淡水河谷公司设立的 3 个战略支柱分别为"促进可持续采矿""实施低碳解决方案""保持纪律"，覆盖了环境、社会与治理三大领域，体现了影响自身业务模式和价值链的较为主要的可持续相关风险和机遇，符合 ISSB 准则中披露可持续相关风险和机遇对业务模式及其价值链的当前和预期影响的描述。

例如，在业务模式上，淡水河谷从金融资本、自然资本、人力资本、智力资本、社会关系资本、制造资本六个维度，披露其投入资本和产出资本，描述可持续相关风险和机遇对业务模式不同维度的影响。在价值链上，淡水河谷公司通过披露供应商数量、本地采购金额、当地社区、土著民族、传统社区数量等，披露可持续风险和机遇对其价值链的当前和预期影响。

▶ **案例来源**：

《淡水河谷（Vale）2022 年度综合报告》P14，https://vale.com/documents/d/guest/vale_relatointegrado2022-en-final-1?_gl=1*1qwyv0*_ga*NjIxNTM3MTA5LjE2OTgzMjE5NTI.*_ga_BNK5C1QYMC*MTY5ODMyMTk1MS4xLjEuMTY5ODMyMjAwOC4zLjAuMA。

案例 4-5　编号：IFRS S1.32（a）-002

安盛集团

▶ **案例主题**：

披露 ESG 风险可能影响业务模式可持续性的预期影响

▶ **披露内容**：

安盛集团认为 ESG 重要风险可能会通过以下方式影响行业业务模式的可持续性：改变需求和需求动态；影响产品价格；创造替代风险或机会；削减成本和利润。承诺到 2023 年将绿色业务解决方案的总承保保费增加到 13 亿欧元（2020 年为 11 亿欧元），该目标计划通过重新设计现有产品和开发新的解决方案实现。

▶ 案例点评：

安盛集团作为全球最大的保险公司，其保险产品的设计、是否能够盈利、是否具备风险，越来越与生物多样性、气候变化等 ESG 风险紧密相关。在本案例中，安盛集团阐述了 ESG 风险影响保险行业业务模式的路径，同时具备应对该种影响的目标和方案。以上符合 ISSB 准则中披露可持续相关风险和机遇对业务模式及其价值链预期影响的描述。

▶ 案例来源：

《安盛集团气候与生物多样性报告 2023》P20，https：//www-axa-com.cdn.axa-contento-118412.eu/www-axa-com/6caad3e0-bf63-48b5-a3c4-78c904b26fbb_axa_climate_and_biodiversity_report_2023_va.pdf。

案例 4-6　编号：IFRS S1.32（a）-003

五矿资源有限公司

▶ 案例主题：

披露可持续相关风险和机遇对价值链的当前和预期影响

▶ 披露内容：

五矿资源有限公司（以下简称五矿资源）充分考虑价值链中的项目开

发、运营、产品运输和交付各环节涉及的环境和社会相关风险和机遇，通过考虑设施其他经济用途、监控环境和社会影响、土地复垦以供未来使用、负责任关闭矿山等，力求尽量减少任何负面的经营影响，并将其所在社区、地区以及通过生产的产品为消费者和公众带来的利益最大化。

▶ 案例点评：

五矿资源以价值链各环节为逻辑识别当前和预期可持续相关风险和机遇，并采取应对措施降低价值链各环节的风险和消极影响，追求利益相关方利益最大化，符合ISSB准则中披露可持续相关风险和机遇对价值链的当前和预期影响的描述。

▶ 案例来源：

《五矿资源集团2022年可持续发展报告》P15，https：//www.mmg.com/wp-content/uploads/2023/06/MMG_2022_SR_Final.pdf。

4.2.2 在业务模式和价值链中集中的领域

主体应描述在业务模式和价值链中可持续相关风险和机遇的集中点，包括主体所处地理区域、所拥有的设施或资产类型或分销渠道等。

地理区域涉及主体所在地的资源丰富程度、监管政策要求等。例如，生物燃料生产需要种植大量油棕，这将破坏热带森林的生物多样性，目前东南亚油棕种植热点地区栖息地，已有至少193个物种因此面临灭绝风险，据统计仅有15%的热带森林物种可以在油棕种植园中存活[①]。

---

① Monica Prestes.Amazon palm oil：sustainable fuel or deforestation risk？［EB/OL］.Brazil，2022.https：//chinadialogue.net/en/food/amazon-palm-oil-sustainable-fuel-or-deforestation-driver/.

设施或资产类型涉及主体的业务模式和生产方式对资源产生的影响和依赖等。例如,钢铁企业传统的生产方式涉及高能耗和高排放,在业务模式中气候变化风险较为集中。

分销渠道涉及产品或服务从主体流向消费者所经过的各中间商联结起来的整个通道中,包括产品销售、储存和运输等活动涉及的劳工与消费者权益保障、资源消耗与排放等。例如,电商企业业务模式涉及产品分销,环境风险集中于下游供应链中,这是归因于下游供应链包括产品包装和物流运输业务,分别会消耗大量的原材料和燃油。

案例 4-7　编号:IFRS S1.32(b)-001

隆基绿能科技股份有限公司

▶ **案例主题:**

披露荒漠化区域是"光伏治沙""光伏治荒"
可持续发展机遇集中的地理区域

▶ **披露内容:**

隆基绿能在报告中披露了通过光伏发电项目建设助力生态环境修复的典型案例,如下所示:

光伏助力生态修复

隆基将光伏科技应用于荒漠、滩涂等多种脆弱生境,探索"光伏+生态修复"模式,以实际行动为保护我们赖以生存的地球家园贡献力量。

"光伏治沙",改善荒漠环境

内蒙古库布齐沙漠曾是中国荒漠化最严重的地区之一,隆基在该处率先开展"光伏治沙"项目。我们在荒漠化区域进行板上发电、板下种植、板件养殖,实现土地荒漠化"从匮乏到繁荣"的场景,在带来可观的发电收益的同时,有效遮挡地面日照并降低水分蒸发,促进植被生长和恢复,助力种植业和养殖业发展。

"光至荒山",播撒低碳希望

甘肃永靖光伏发电项目

永靖县地处青藏高原和黄土高原的过渡地带,地势崎岖,交通不便,制约了该地区的经济发展。隆基在此处建立永靖县"十四五"第一批光伏发电项目,采用"光伏+生态治理+林草种植"模式,在光伏区穿插适宜种植且经济价值较高的沙生植物,在提高效益的同时,实现改善生态、保护环境的目的。该项目平均每年可向当地提供约2.12亿度的绿色电能,节约标准煤约6.96万吨,发出的光电能够有效缓解甘肃河东地区的电荒问题,促进河东地区的经济增长,为"双碳"目标的如期实现提供源源不断的绿色动力。

▶ **案例点评:**

隆基绿能科技股份有限公司(以下简称隆基绿能)是一家以光伏为主要业务模式的太阳能科技公司,隆基绿能的光伏技术与生态治理结合,形成"光伏+生态治理+林草种植"的业务模式,能在发展业务的同时为当地带来可持续的正向影响。隆基绿能披露了其可持续相关机遇集中于荒漠、滩涂等地理区域,符合ISSB准则中披露可持续相关机遇集中的领域的披露要求。

▶ **案例来源:**

《隆基绿能2022年可持续发展报告》P44,https://static.longi.com/2022_0631534c14.pdf。

案例 4-8　编号：IFRS S1.32（b）-002

通威股份有限公司

▶ 案例主题：

披露"渔光一体"业务模式中可持续风险和机遇
集中的地理区域、设施和资产类型

▶ 披露内容：

通威大力推广"水上产出清洁能源，水下产出优质通威鱼"的"渔光一体"业务模式，不断提高水产养殖自动化、智能化、规模化，实现了水下产出绿色安全水产品，水上输出清洁能源，真正实现了鱼、电、环保三丰收。

➢ 水上输出清洁能源：计划 2023 年清洁能源光伏电站装机量达到 5GW，总投资额约 200 亿元。到 2025 年，通威新能源将争取完成 8GW 新能源装机，每年为社会输送 90 亿度清洁电力。

➢ 水下产出绿色安全食品："通威鱼"已经实现全产业链食品安全管理，我们在全国建立多个优质养殖基地，拥有成都、海南等多地产品深加工基地，加工过程严格执行 ISO、HACCP 管理体系以及欧盟和美国 FDA 认证标准，每一道生产环节都经过严格检测和控制，一鱼一码全程数字化 ID 管理，确保产品健康安全和卓越品质。

战略体系

通威"渔光一体"三产融合,打造集新渔业、新能源、新农村为一体的三新示范园区,实现一种资源三大产业的集约式发展。

三产融合

绿色农业　　绿色能源

渔光一体

利用水产增养殖水域上方的空间资源进行光伏发电实现水域复合利用的渔业生产方式

多重效益:

➢ 经济:通过土地的复合利用实现水产养殖、光伏发电、乡村旅游项目、尾水处理有机结合,提高渔业养殖水平,增加单位土地的效益。

➢ 社会:以"生态保护＋产业助农"走可持续发展之路。项目建成投运后为当地村民就业和村集体增收提供新的路径,助力农业转型和国家乡村振兴。

环境:

➢ 尾水净化:移出池塘养殖废水进固液分离池处理,上清液进入湿地净化后循环至养殖池塘二次利用,固体沉积物至晒粪池晾晒用作有机肥料;改造尾水处理区,对尾水实施净化处理,有效削减来自水中的COD、氨氮污染负荷。

➢ 系统排污:配套建设底排污系统,将养殖过程中产生的鱼体排泄物、残饵移出养殖水体,改善养殖水域环境。

▶ 案例点评：

通威股份有限公司（以下简称通威股份）以农业、新能源双主业为核心，通威股份利用水产增养殖水域上方的空间资源进行光伏发电实现水域复合利用的渔业生产方式，通过发展"渔光一体"三产融合的业务模式，打造集新渔业、新能源、新农村为一体的三新示范园区，实现一种资源三大产业的集约式发展和经济、社会、环境多重效益。

在清洁能源、乡村振兴等多重可持续机遇下，"新渔业"代表了机遇集中的养殖设施和资产（水产增养殖水域的"渔光一体"项目设施），"新能源"代表了机遇集中的发电设施和资产（清洁能源光伏电站），"新农村"代表了机遇集中的地理区域（农村地区），符合 ISSB 准则中披露可持续相关机遇集中领域的披露要求。

▶ 案例来源：

《通威股份2022年社会、环境、公司治理报告》P17，http：//static.sse.com.cn/disclosure/listedinfo/announcement/c/new/2023-04-25/600438_20230425_ZH43.pdf。

▶ 4.3 风险和机遇对战略和决策的影响

战略和决策是解决全局性、长远性、战略性的重大问题的决策，而可持续相关风险和机遇往往会对这些重要的战略和决策带来影响。主体能否预先掌握现有的和潜在的风险挑战和商业机遇，有效地应对这些风险和机遇的影响，进而作出全局性、长远性和战略性的决策，关乎主体能否实现可持续发展。主体应披露可持续相关风险和机遇对战略和决策的影响，这实质上是主体在应对复杂外部环境以及可持续相关风险和机遇敞口的判断能力、决策能力、适应能力和管理能力的彰显，也是体现主体长期稳健经营和可持续发展不可或缺的重要信息。本节将围绕在战略和决策中风险和机遇的应对、之前报告期间计划进展情况、风险和机遇的权衡三个方面进行解读。

4.3.1 在战略和决策中风险和机遇的应对

主体应在战略和决策中应对可持续相关风险和机遇带来的影响，其中，风险带来的影响往往是负面的，机遇带来的影响往往是正面的。例如，在全球气候变化风险下，高能耗的生产方式可能将不适于未来的监管要求或投资偏好，亟须转变原有的生产方式或业务模式，从而促使现有的战略和决策发生变化。例如，生态系统与生物多样性经济学：促进农业与食品系统可持续发展项目（TEEB Agri Food）采用多元资本模式（自然资本、人力资本、社会资本、生产资本），将非金融资本纳入主体战略和决策，并获取农产品体系转型所带来的机遇，包括维持稳定的气候条件保障供给和高效的季节性耕种计划；保护生物多样性以保障食物多样性，并抵御病虫害侵扰；保护表层土壤以提高作物产量，同时抵御洪水侵害；保护水资源滋润作物并助之茁壮生长[①]。

主体应披露在战略和决策中是否已开始或已完成可持续相关风险和机遇的应对，以及如何应对；如主体未开始应对，应披露其是否已做出可持续相关风险和机遇的应对计划，以及计划如何应对。

---

① 责扬天下（北京）管理顾问有限公司.将生态价值纳入商业决策，让自然价值可见［EB/OL］.责扬天下，2023-02-08，https：//mp.weixin.qq.com/s/5drfvbJG8hzNADFaUMGlmw.

深圳市腾讯计算机系统有限公司

▶ 案例主题：

披露通过将"推动可持续社会价值创新（SSV）"
作为核心战略来应对可持续相关风险和机遇

▶ 披露内容：

作为一家科技公司，腾讯通过微信、云与大数据、人工智能等产品技术创新，看到了数字科技对社会方方面面的作用与责任。腾讯越来越深刻地意识到，科技是一种能力，向善是一种选择，能力越大，责任越大。于是，在2019年把"用户为本，科技向善"升级为使命愿景。在持续践行中，又在2021年进行公司第四次战略升级，把"推动可持续社会价值创新（SSV）"作为核心战略，依托数字科技的核心能力助力可持续发展，创造社会价值。

在助力环境的可持续发展方面，公司在前一年初公布了碳中和路线图，形成了从自身碳中和到助力行业减碳的系统目标，并在"CBS 三位一体"的框架下变成了具体的行动。如腾讯云打造了以 AI 为驱动的"智慧能源生态平台"；碳中和实验室正在推进建设中国首个二氧化碳矿化封存示范项目，通过捕捉空气中的二氧化碳，转化成水溶液，注入玄武岩中，将在几年内自然矿化为石头（即 CCUS 技术）。

▶ 案例点评：

腾讯将可持续价值创新视为自身可持续发展机遇，以此为基础，在2021年4月启动第四次战略升级，将"推动可持续社会价值创新（SSV）"作为公司的核心战略，并专门成立了定位为"科技助力社会公益的探索者"的可持续社会价值事业部（以下简称SSV），旨在运用自身科技与创新能力，聚焦民生与发展相关的社会议题，与多方共创，为乡村振兴、碳中和、教育普惠、基层医疗、养老、社会应急、数字文化等十大领域提供可持续解决方案。

腾讯在其可持续社会价值报告中披露了其为了应对可持续价值创新这一可持续发展机遇，在其提出的用户（C）、产业（B）、社会（S）"三位一体"思想指导下，将结合国家战略的大背景，把握战略机遇，激发内外各方参与，连接公司内外，系统布局和执行计划，创造社会价值。例如，在碳中和方面，腾讯通过与关键利益相关方合作，依托自身优势开发能源与减碳领域等多重产品，在助力企业绿色转型的同时提升自身为利益相关方创造的价值，符合ISSB准则中披露战略和决策中如何应对可持续相关风险和机遇的要求。

▶ 案例来源：

《腾讯可持续社会价值报告2022》P3-P4，https：//static.www.tencent.com/attachments/ssv/2022/Tencent-SSV-Report-2022.pdf。

案例4-10　编号：IFRS S1.33(a)-002

安盛集团

▶ 案例主题：

通过在战略中纳入生物多样性风险考量来披露
在战略中如何应对可持续相关风险和机遇

▶ 披露内容：

安盛集团2019年在G7部长级会议上，与世界自然基金会（WWF）发布了《走进野外——将自然融入投资战略》报告。此举旨在提升生物多样性丧失及其经济和金融影响的认识。报告包含一系列建议，包括启动自然相关财务披露（TNFD）和为投资者创建生物多样性风险指标。

安盛集团是非正式工作组（IWG）的成员，在2021年形成TNFD的工作组中领导治理工作组，当前也是TNFD和目标工作小组的成员。安盛集团与世界自然基金会启动为期三年（2020~2023年）的伙伴合作，以制定和加强其生物多样性战略。

2021年10月，安盛集团宣布了一项关于生态系统保护、森林砍伐和世界自然遗产的新政策，该政策建立在安盛2013年棕榈油政策的基础上，同时适用于安盛集团的投资业务和保险业务，旨在识别毁坏森林及具备生物多样性价值的关键生态保护区的相关风险，并停止为这些对生态系统生物多样性产生消极影响的企业提供支持。

▶ 案例点评：

　　安盛集团将生物多样性视为影响其发展前景的关键可持续相关风险和机遇，通过与关键利益相关方合作、开发风险评估工具等举措，计算自身商业活动对生物多样性的影响，并应用于投资战略，以及与投资业务与保险业务相关的决策中，符合 ISSB 准则中披露战略和决策中如何应对可持续相关风险和机遇的要求。

▶ 案例来源：

　　《安盛集团气候与生物多样性报告 2023》P22，https：//www-axa-com.cdn.axa-contento-118412.eu/www-axa-com/6caad3e0-bf63-48b5-a3c4-78c904b26fbb_axa_climate_and_biodiversity_report_2023_va.pdf。

案例 4-11　编号：IFRS S1.33（a）-003

思爱普公司

▶ 案例主题：

通过将 SDG 风险机遇纳入投资战略来披露在战略上
如何应对可持续相关风险和机遇

▶ 披露内容：

　　思爱普（SAP）为应对环境和社会风险带来的挑战，将投资战略与以下可持续发展目标挂钩：质量教育、性别平等、体面工作和经济增长、减少不平等、气候行动、加强可持续发展伙伴关系。

思爱普认为当今的环境和社会挑战是相互关联的，必须从整体上看待。企业社会责任（CSR）是SAP整体可持续发展框架的一部分，它将SAP的目标——通过努力实现零不平等的世界，帮助世界运行得更好，改善人们的生活——付诸行动。SAP的企业社会责任旨在通过三个重点领域推动长期社会影响和商业价值，即公平获得经济机会、教育和就业以及绿色经济。

思爱普投资遵循联合国可持续发展目标（SDG）的框架，主要侧重于优质教育（可持续发展目标4）；性别平等（可持续发展目标5）；体面工作和经济增长（可持续发展目标8）；减少不平等（可持续发展目标10）；气候行动（可持续发展目标13）；加强伙伴关系促进可持续发展（可持续发展目标17）。2022年，SAP向与这些可持续发展目标相关的事业捐赠了2760万欧元。

▶ **案例点评：**

思爱普公司（以下简称思爱普）遵循联合国可持续发展目标SDG框架，将SDG风险和机遇融入投资战略中，包括质量教育（对应可持续发展目标4）、性别平等（对应可持续发展目标5）、体面工作和经济增长（对应可持续发展目标8）、减少不平等（对应可持续发展目标10）、气候行动（对应可持续发展目标13）、加强可持续发展伙伴关系（对应可持续发展目标17），并确立了三个重点领域：公平获得经济机会、教育和就业以及绿色经济。符合ISSB准则中披露战略和决策中如何应对可持续相关风险和机遇的要求。

▶ **案例来源：**

《思爱普（SAP）2022整合报告》P282，https://www.sap.com/integrated-reports/2022/en.html。

案例 4-12　编号：IFRS S1.33（a）-004

荷兰国际集团

▶ **案例主题：**

通过在战略中纳入长期价值创造来披露
在战略中如何应对可持续相关风险和机遇

▶ **披露内容：**

ESG 重点支持面向未来的 ING，并推动长期价值创造：

（1）强大的治理结构推动正确的行为，满足不断变化的监管要求，并保护公司的员工、客户与社会；

（2）多元化和敬业的员工队伍使公司更具适应性和创造性，并使公司能够更好地服务于多样化的客户群体；

（3）采取环境和社会转型的办法使公司能够抓住机遇，管理与气候变化和人权有关的风险。

一家可持续的、值得信赖的公司，对人才和客户有吸引力，关注长期价值投资。

▶ **案例点评：**

荷兰国际集团预期人权、气候变化等相关风险和机遇将会影响自身未来的长远发展，承诺抓住机遇并管理风险，保护好雇员、消费者、社区和环境，制定长期的价值创造战略及其目标和落地路径。通过将长期价值融入战略，荷兰国际集团应对可持续相关风险和机遇，符合 ISSB 准则中披露战略和决策中如何应对可持续相关风险和机遇的要求。

▶ 案例来源：

《荷兰国际集团 2022 ESG 概述》，https：//www.ing.com/Sustainability.htm。

案例4-13　编号：IFRS S1.33（a）-005

浙江吉利控股集团有限公司

▶ 案例主题：

通过设定六大 ESG 战略领域来披露在战略中
如何应对可持续相关风险和机遇

▶ 披露内容：

遵循全面融入、开放融合、问题导向、对接战略、持续改进的原则，以"明确吉利 ESG 最大公约数，画出吉利 ESG 最大同心圆"为理念，结合吉利控股集团自身特色和能力，将 ESG 目标深度融入商业战略和管理运营，确保 ESG 战略的核心地位及长期有效性，使之成为公司发展的关键驱动力。

在交通出行领域，关注外部环境变化、驾乘人员行为模式转换等因素所带来的新型出行安全风险，关注包括弱势道路使用者（VRU）、维修及救援人员在内的所有道路参与者，升级出行安全技术，携手各方共促道路安全技术发展；在"软件定义汽车"趋势下，关注数据合规治理能力，推进"研产供销"全链路数据安全管理；在满足相关监管要求基础上，通过提升数据可及性、以数据贡献社会治理等举措，释放汽车数据的生态价值；加速智慧技术转型，推动车路协同技术发展与落地应用，打造新型运力及出行服务，输出可持续出行实践经验，与利益相关方携手共促可持续城市出行发展。

在价值链责任领域，完善供应链可持续性风险管理体系，建立供应链可持续性尽职调查程序，对所识别的相关风险实施预防和缓解措施；针对上游关键原材料供应商开展专项溯源行动，以区块链技术赋能关键原材料溯源工作；在营销实践中融入环境规范及道德标准，联合经销渠道践行以"负责任营销"为核心的价值理念；牵头搭建多方对话平台，与价值链伙伴合作开展前瞻性研究，推动行业和社会的可持续转型。

在员工与社区领域，打造适应行业转型趋势的人才培养体系，着力培养数字化、国际化人才；在员工组织建设及人力资源管理全流程中融入机会平等、无歧视等多元化因素，构建多元包容的工作场所；推进全球公益项目系统化管理，聚焦生态友好、优质公平教育、乡村振兴三大领域，辐射救助帮扶议题，通过吉利科技生态赋能公益创新，探索可持续的企业公益新模式。

战　　略 ◀ 4

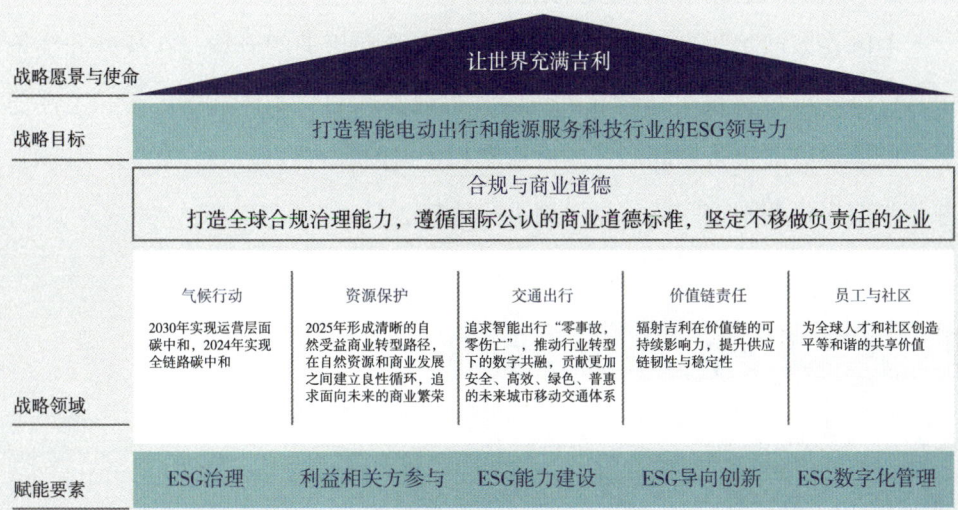

吉利控股集团ESG战略模型

▶ **案例点评**：

浙江吉利控股集团在ESG战略中明确提出六大领域，通过将气候变化、资源、出行安全、可持续供应链、员工与社区关系纳入ESG战略制定、落地实施、过程监控与目标管理，来应对可持续相关风险和机遇，符合ISSB准则中披露战略和决策中如何应对可持续相关风险和机遇的要求。

▶ **案例来源**：

《吉利控股集团2022年可持续发展报告》P10-11，https://zgh.com/wp-content/uploads/Geely-Holding-Group-Sustainability-Report-2022-ZH.pdf。

4.3.2 之前报告期间的计划进展情况

主体在以前报告期间考虑可持续相关风险和机遇的影响,在战略和决策中若已开始或已完成可持续相关风险和机遇的应对,则应披露定量和定性信息,以体现以前报告期间制定的可持续相关风险和机遇应对计划的实现进展,并与当前报告期间披露的计划进展进行比较。

案例 4-14 编号:IFRS S1.33(b)-001

太古地产

▶ **案例主题:**

披露 2020~2022 年有关董事局多元化计划的进展情况

▶ **披露内容:**

我们承诺维持董事局女性成员的比例为 30%。截至 2022 年底,31% 董事局职位由女性担任。

▶ **案例点评:**

太古地产认同董事局多元化的原则,发布《董事局多元化政策》,并承诺维持董事局女性成员比例于 30%。节选案例通过图表,披露了董事局女性成员比例 2020~2022 年的变化,三年间均稳定地维持在 30% 以上的比例,对投资者而言是一个稳健保持、风险较小的信号。太古地产披露了三年有关董事局多元化计划的进展情况,符合 ISSB 准则中之前报告期间披露计划的进展情况的披露要求。

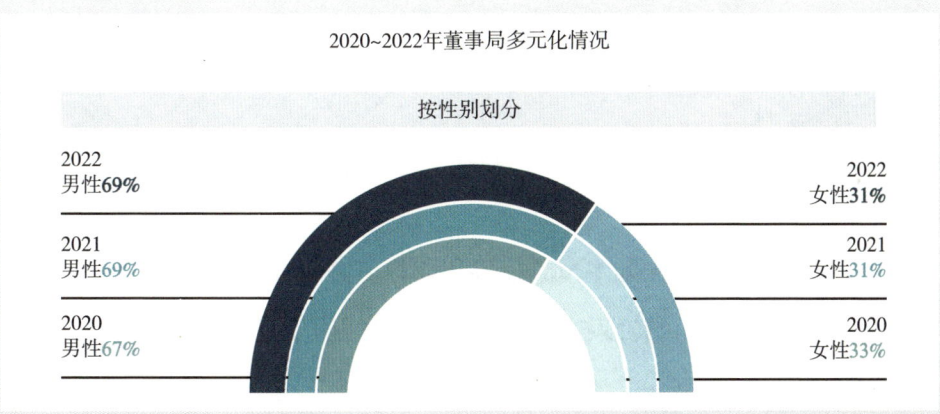

▶ 案例来源:

《太古地产 2022 可持续发展报告》,https：//sd.swireproperties.com/2022/pdf/zh-hk/SwirePropertiesSustainableDevelopmentReport2022_TC.pdf。

4.3.3　风险和机遇的权衡

主体在战略和决策中,可能会同时应对可持续相关风险和机遇。例如,主体在决定新业务部门选址时,需要考虑对当地环境的影响,也需要考虑为社区创造更多的就业机会和发展空间。环境影响可能会导致政府干预和生态污染等问题,创造就业机会可能享有政府补贴和优惠政策,主体会在战略和决策,环境风险和社区机遇间进行权衡。

主体应披露在制定战略和决策的过程中所面对的可持续相关风险和机遇,其对主体可能带来的影响,及如何考虑和权衡可持续相关风险和机遇带来的负面和正面影响,以体现可持续相关风险和机遇对战略和决策的影响。

案例 4-15　编号：IFRS S1.33（c）-001

帝斯曼集团

▶ **案例主题：**

披露基于风险偏好评估在决策中权衡
可持续相关风险和机遇之间的关系

▶ **披露内容：**

帝斯曼集团（DSM）从战略、运营、金融、合规和声誉5个维度对风险偏好进行评估，划分为厌恶的、保守的、谨慎的、开放的、渴望的5个等级，以权衡包含可持续相关的风险和机遇之间的关系。

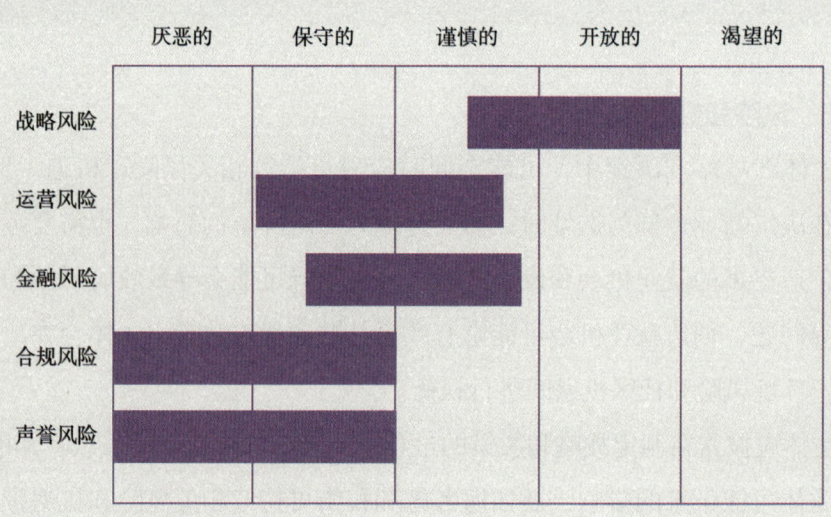

帝斯曼集团的风险偏好：

风险偏好定义了公司在各种风险类别中承担的风险水平，包括战略风险、运营风险、金融风险、合规风险和声誉风险。风险偏好为风险优先级确定提供支持。执行委员会对风险偏好制定决策，每年检阅更新。

▶ 案例点评：

帝斯曼集团开发了"风险偏好"工具，从战略、运营、金融、合规和声誉5个维度权衡不同风险类别中对于风险和机遇的权衡，共划分了5个风险偏好等级。帝斯曼集团通过风险偏好工具为其在决策中权衡可持续相关风险和机遇提供了统一标准、易于理解和可操作的工具，符合ISSB准则中披露可持续相关风险和机遇之间权衡的要求。

▶ 案例来源：

《帝斯曼（DSM）2022年度整合报告》P137，https://annualreport.dsm.com/ar2022/。

案例4-16　编号：IFRS S1.33(c)-002

安赛乐米塔尔集团

▶ **案例主题：**

披露在战略和决策中权衡传统的钢铁生产方式
产生的气候风险和零碳炼钢的绿色机遇

▶ **披露内容：**

安赛乐米塔尔集团（ArcelorMittal）充分考虑日益增长的钢材需求，以及传统炼钢方式带来的碳排放风险，充分衡量净零炼钢带来的可持续机遇。2021年，制定明确的路线图，以实现2030年中期二氧化碳排放目标，预计成本为100亿美元，并承诺到2050年实现全球净零炼钢。

研发是安赛乐米塔尔集团业务的核心，利用研发领导地位，发挥钢铁的独特优势，例如，通过材料完全重复利用和可回收的方式，实现产品、解决方案和业务模式的创新，并研发了更低能源消耗、更低碳和更低成本的生产流程。脱碳是安赛乐米塔尔集团最重要的可持续议题，公司致力于成为领导者。公司计划通过两条技术路线来实现这一目标：创新直接还原铁（DRI）和智慧碳，此外还有第三条路线仍处于研发阶段。

安赛乐米塔尔集团在法国、西班牙、比利时和加拿大宣布了雄心脱碳项目，包括在安赛乐米塔尔塞斯托（ArcelorMittal Sestao）建立世界上第一家零碳排放钢铁厂的计划。积极助力加速整个价值链的转型。公司的新 XCarb 产品于 2021 年推出，为客户提供减少碳排放的计划。而公司的 XCarb 创新基金已投资 1.8 亿元促进钢铁行业的脱碳计划。

从普遍意义上而言，钢铁需要变革，变得更智能、更可持续。钢铁具有一些天然的可持续性，尤其是它是最容易回收的材料，与向循环经济的过渡完美契合。但是，随着地球上的人口不断增长，而资源却有限，为了实现公司保持世界领先钢铁公司的长期愿景，根据联合国可持续发展目标不断提高可持续发展绩效是至关重要的一部分。这就是为什么负责任地发展公司的业务并满足所有利益相关者的期望是公司长期战略不可或缺的一部分。

▶ 案例点评：

安赛乐米塔尔集团作为一家钢铁公司，通过创新直接还原碳（DRI）、智慧碳等技术手段，抓住净零碳炼钢带来的机遇，来应对炼钢产生高碳排放的风险，为循环经济的行业机遇提供转型技术方案。该公司对于钢铁可持续发展的风险与机遇权衡，体现了其在钢铁行业的领导者地位，符合 ISSB 准则中披露可持续相关风险和机遇之间的权衡的要求。

▶ 案例来源：

《安赛乐米塔尔集团（ArcelorMittal）2022 年度整合报告》P9，https：//poland.arcelormittal.com/fileadmin/user_upload/raporty/Raporty_Zrownow-azonego_Rozwoju_EN/AMP_2022_en.pdf。

案例 4-17　编号：IFRS S1.33（c）-003

内蒙古伊利实业集团股份有限公司

▶ **案例主题：**

披露在决策中权衡种养结合的牧草种植模式的风险和机遇

▶ **披露内容：**

内蒙古伊利实业集团股份有限公司（以下简称伊利股份）在报告中披露了种植牧草让"荒漠"变"绿洲"的典型案例，如下所示：

种植牧草让"荒漠"变"绿洲"

位于内蒙古的阿鲁科尔沁旗，由于环境变化、超载放牧，曾面临草场退化、沙化等难题。为了解决这一难题，伊利在这里推广了种养结合的牧草种植模式，实现年生产优质紫花苜蓿、燕麦干草超过4万吨，改良5.5万亩退化草原，在为奶牛提供优质粗饲料的同时，治理了草原荒漠化，创造了良好的经济、社会和生态效益。截至2021年，阿鲁科尔沁旗草原核心区的植被覆盖度已经从2008年的不足10%，增长到了95%以上，草原生态环境得到了彻底改善。

▶ **案例点评：**

伊利股份作为乳品企业，草原是其重要的自然资源依赖。伊利股份面临草原荒漠化的风险，同时也具备技术与管理创新的机遇。伊利股份通过种养结合的牧草种植模式避免草原退化，同时实现业务发展，实现阿鲁科尔沁旗草原核心区植被覆盖度从2008年的不足10%增长至95%以上，牧草年生产量超过4万吨。伊利股份披露的种植牧草模式对于风险和机遇的权衡，符合ISSB准则中披露可持续相关风险和机遇之间的权衡的要求。

▶ 案例来源：

《伊利股份2021可持续发展报告》P53，https://www.yili.com/uploads/2023-01-08/00b3ec82-c7fd-4e36-bf58-30a0e705fd881673190083306.pdf。

▶4.4 风险和机遇对财务的影响

可持续相关风险和机遇往往会影响主体的战略决策、业务模式和价值链，从而可能对其财务状况、财务业绩和现金流量产生当前或短期、中期和长期的影响。在财务报表中，财务状况可以简化理解为资产负债表，财务业绩可以简化理解为利润表，现金流量可以简化理解为现金流量表。因此，可持续相关风险和机遇对财务的影响从某种角度上可以简化理解为对三张财务报表的影响。主体应披露这些影响，以及为应对这些影响，如何将可持续相关风险和机遇考量纳入财务规划中。本节将围绕风险和机遇对报告期间财务的影响，以及对短期、中期和长期的预期财务带来的影响两个方面进行解读。

4.4.1 风险和机遇对报告期间财务的影响

（1）报告期间财务状况、财务业绩和现金流量。

财务状况是主体经营活动的成果在资金方面的反映。财务业绩用于评价主体战略及其实施和执行是否正在为最终的经营绩效作出贡献。现金流量是指主体一定时期的现金和现金等价物的流入和流出的数量。财务状况更侧重于经营风险和状态评价；财务业绩更侧重于经营绩效和效果评价；现金流量用于运营、投融资业务的现金流动情况反映。可持续相关风险和机遇可能会对主体当前报告期间的财务状况、财务业绩和现金流带来的影响，这些影响可能是直接的、间接的或潜在的。例如，纽约大学史腾永续商业中心通过研究和评估转换永续农场牛肉生产的财务业绩（如利润率），得出永续农场业务能够改善整个价值链的利润率，10年的净现值在1800万~3400万美元之间（收入的12%~23%）[1]。又如，据研究统计，塑料包装在首次使用后会损失95%的价值，这也意味着每年800亿~1200亿美元的损失[2]。以塑料回收利用机遇为例，塑料废弃物回收使用可以造成积极或中性的成本影响，如欧洲通过废弃物防治和再利用，再加上环保设计，可以为企业节约6000亿欧元，并使得相关国家国内生产总值增长1%[3]。

主体应披露这些可持续相关风险和机遇对其报告期间财务状况、财务业绩和现金流量的影响。在提供定量信息时，主体可以披露单个数值，也可以披露某一数值范围。主体应说明可持续相关风险和机遇是如何产生并对其财

---

[1] Whelan T，Zapaa B，Zeidan R.Fishbein G.How to Quantify Sustainability's Impact on Your Bottom Line［J］.Harvard Business Review.2017.https：//hbr.org/2017/09/how-to-quantify-sustainabilitys-impact-on-your-bottom-line.

[2] Ellen MacArthur Foundation New Plastics Economy-A circular economy for plastic in which it never becomes waste［EB/OL］.https：//www.ellenmacarthurfoundation.org/our-work/activities/new-plasticseconomy.

[3] Chain Reaction Research，Deforestation-Driven Reputation Risk Could Become Material for FMCGs，https：//chainreactionresearch.com/report/deforestation-driven-reputation-risk-could-become-material-for-fmcgs/.

务状况、财务业绩和现金流施加影响的。

（2）下一年度报告期间资产和负债账面价值重要调整风险。

可持续相关风险和机遇对于主体资产和负债账面价值都可能会带来影响，包括增值或减值等。以生物多样性缺失风险影响为例，据研究统计，毁坏森林负面声誉事件可能会减少 30% 的企业价值[①]；又如，随着利益相关方对环境影响的重视程度日益显著，高能耗产品需求下降可能导致生产线资产减值；而通过绿色环保认证的产品市场偏好更高，促使生产线增值。

针对影响其报告期间的财务状况、财务业绩和现金流量的可持续相关风险和机遇，主体应披露这些风险和机遇将导致下一年度报告期间相关财务报表中列报的资产和负债账面价值存在重要调整的重大风险。

气候披露准则理事会（CDSB）是一个由商业和环境相关非政府组织组成的国际联盟，为企业提供了一个与财务信息报告同等严格的环境与气候变化信息披露框架，为协助企业将气候变化信息纳入财务报表中披露，CDSB 基于国际会计准则理事会（IASB）"气候信息应在财务报表中体现"的立场，以国际财务报告准则（IFRS）为基础，开发了《气候会计指南》（Accounting for Climate）。

该指南对国际财务报告准则中财务报表列报（IAS 1），准备金、或有负债和或有资产（IAS 37），资产减值（IAS 36），地产、工厂和设备（IAS 16）四个科目准则中纳入气候变化信息的方法进行了探讨，并基于国际财务报告准则的各项原则性描述与气候变化风险相结合，指出主体可能需要披露的内容，并在附表提供披露示例。主体在披露可持续相关风险和机遇对其报告期间财务状况、财务业绩和现金流量的影响披露时，可以参考 CDSB 开发的《气候会计指南》。

---

① Chain Reaction Research, Deforestation-Driven Reputation Risk Could Become Material for FMCGs, https://chainreactionresearch.com/report/deforestation-driven-reputation-risk-could-become-material-for-fmcgs/.

案例 4-18　编号：IFRS S1.34（a）-001

安赛乐米塔尔集团

▶ 案例主题：

披露可持续相关风险和机遇对报告期间的
财务状况、财务业绩和现金流量的影响

▶ 披露内容：

安赛乐米塔尔集团（以下简称安赛尔）面临的可持续风险包括严格的环境法律法规导致的成本和负债大幅增加风险、限制温室气体排放的法律法规导致资本和运营成本增加带来的经营业绩、财务状况和声誉风险等。

2021年，安赛尔为了应对温室气体排放相关政策风险而采取的脱碳举措相关的资本支出金额为1亿美元，且在充分考虑政治、政策、气候等相关因素后，安赛尔预估该项资本支出将在2022年增至3亿美元。同时，安赛尔在其财务报表中，分别列支各分部转型项目的资本支出情况（包括为转型而构建资产的支出与为其他目的而构建资产的支出）。

此外，安赛乐考虑到脱碳背景将导致高炉、碱性氧气炉、烧结厂和焦化厂设施等会产生高碳排的固定资产估计剩余使用寿命的下降，对相关固定资产的折旧年限进行了调整，减少了对其在欧盟和加拿大的平碳业务的此类财产、厂房和设备项目的剩余使用寿命估计，进而导致折旧费在2021年第四季度增加了7600万美元，并预计将在2022~2028年持续增加。

▶ 案例点评：

安赛尔在其综合财务报告中，通过定性及定量表达，披露了其面临的可持续相关风险和机遇对其资本支出、产量、减值、折旧等财务因素造成的影响，以及进而对企业财务状况、财务业绩及现金流造成的影响，如成本费用、各资产的账面价值等。此外，安赛乐也详细阐述可持续相关风险和机遇将如何导致下一年度报告期间相关财务报表中列报的资产和负债账面价值的重要调整。安赛尔通过将非财务相关因素同财务因素相结合的方式进行披露，有助于报告使用更加直观、有效、具体地理解可持续相关风险和机遇对企业财务的影响。

▶ 案例来源：

《安赛乐米塔尔集团（ArcelorMittal）2021年度整合报告》P15-16，101，172，271，281，https://corporate.arcelormittal.com/media/xm4blr5z/annual-report-combined-2021.pdf。

案例 4-19　编号：IFRS S1.34（a）-002

马衡达科技公司

▶ **案例主题：**

通过披露可持续相关风险和机遇对损益表的影响
来披露对报告期间财务业绩的影响

▶ **披露内容：**

马衡达科技公司对其在两种气候情境下，气候相关风险和机遇对其财务造成的影响进行了定性披露。

马衡达科技公司重点了解、分析气候相关风险和机遇对损益表（P&L）的影响，特别是对运营和采购成本产生的影响。经分析，马衡达科技公司认为气候相关风险和机遇对其财务具有如下影响：

➢ 主要国家已引入碳定价机制和政策，客户的偏好也因此发生变化。不遵守碳定价等管理气候变化的法规可能会导致企业的声誉和收入风险。

➢ 投资绿化运营和转用可再生能源可能会增加运营和采购成本，最终影响企业损益。

➢ 极端天气（暴风雨和洪水）发生频率增加，导致我们的运营和交付中断事件增加。

➢ 气温升高和极端天气事件会减少经济活动，影响员工和资产，导致提供服务的效率降低和收入损失。

➢ 温度的升高也会增加化石燃料的消耗，以满足企业园区的能源需求，增加成本。

▶ 案例点评：

　　印度马衡达科技公司（Tech Mahindra）采用清晰的表述结构，概述了其在分析中使用的两种情境，并且对两种情境都提供了关于预期业务影响的高层次定性见解。但是马衡达科技公司还可以通过提供有关财务影响的量化和货币化信息，进一步加强披露。

▶ 案例来源：

　　《马衡达科技公司（Tech Mahindra）2020-2021 综合年度报告》P96，https://insights.techmahindra.com/investors/annual-report-20-21.pdf。

4.4.2　风险和机遇对短期、中期和长期预期财务的影响

（1）财务状况、财务业绩和现金流量。

可持续相关风险和机遇可能会为主体对短期、中期和长期的预期财务带来影响，主要考虑以下两方面，一是主体的投资和处置计划，如资本支出计划、重大收购和资产剥离、合资企业、业务转型、创新、新业务领域和资产退役计划、尚未签订投资和处置计划相关合同的计划；二是实施战略所计划的资金来源，包括融资渠道、资本成本等方面。

主体应合理预期可持续相关风险和机遇在短期、中期和长期对预期财务的影响，在准备披露时，应可获得的所有合理的和可支持的信息，无须投入

过多成本或努力,并使用与主体准备披露的技能、能力和资源相适配的方法。如果主体确定存在以下一种或多种情形,都无须提供这些预期影响的定量信息:

①不具备提供定量信息的技能、能力或资源;

②或发现这些预期影响无法单独识别;

③或对这些影响进行量化估计的不确定性非常大,则定量信息对于投资者、贷款人和其他债权人不可用。

基于其管理可持续相关风险和机遇的战略,主体应披露预计其财务状况、财务业绩和现金流量在短期、中期和长期如何变化,并提供定量信息,若无法提供定量信息应解释原因,并说明确定主体财务报表中可能受到可持续相关风险和机遇影响的项目、小计和合计数值。除非这些信息不具备有用性,否则主体应提供这些风险和机遇与其他可持续相关风险和机遇汇总后对财务带来的综合影响。

 案例 4-20　编号:IFRS S1.34(b)-001

河钢股份有限公司

▶ 案例主题:

披露绿色发展机遇对短期、中期和长期的财务状况、
财务业绩和现金流量的预期影响

▶ 披露内容:

河钢股份为提升生产技术绿色度,推动钢铁钒钛产业绿色可持续发展,

明显改善区域环境治理，保护京津冀水源地生态环境，引领京津冀地区生态文明建设和产业升级，加大研发投入用于开展课题研究。一方面，有效应对生产活动带来的生态环境风险；另一方面，把握绿色发展机遇，实现材料循环与降本增效。其中，钒酸钠短流程制备99高纯钒技术、万吨级/年含钒铬全湿法高效提取分离技术分别预计实现：每年回收五氧化二钒产品约1000吨、每年为企业新增产值上亿元，课题完成后将对河钢股份短期、中期和长期的预期财务状况、财务业绩、现金流量改善发挥积极作用。

▶ 案例点评：

河钢股份有限公司（以下简称河钢股份）作为中国龙头钢铁企业之一，为推动区域环境治理与产业升级，积极开展专项课题研究，牢牢把握绿色发展机遇，实现材料循环与降本增效，在年报中通过披露两项课题预计每年都分别增加亿元的产值，反映了其对公司未来财务方面的影响。如果能在案例表格中进一步区分在短期、中期和长期财务方面的影响，将更符合ISSB准则中可持续风险和机遇对于主体短期、中期和长期财务状况、财务业绩和现金流量预期影响的披露要求。

▶ 案例来源：

《河钢集团2022年年报》P15，http：//www.hebgtgf.com/download.do?fileid=5b7c57bb-b3e0-410a-8689-035fa70c0ee8。

（2）财务规划。

主体披露可持续相关风险和机遇在短期、中期和长期对预期财务的影响时，应考虑如何将可持续相关风险和机遇纳入财务规划中。例如，2021年9

月,中国在联合国大会上做出"不再新建境外煤电项目"的承诺,《中共中央国务院关于完整准确全面贯彻新发展理念做好碳达峰碳中和工作的意见》明确指出,要严控煤电等高碳项目投资。这些承诺与政策要求都与气候和能源消耗相关风险高度相关,往往也会影响主体的财务规划。

对于可持续相关风险和机遇在短期、中期和长期对主体的财务状况、财务业绩和现金流量带来的影响,主体应披露其在财务规划中如何将这些风险和机遇纳入考量。

案例 4-21　编号：IFRS S1.34（b）-002

中电控股有限公司

▶ **案例主题：**

披露将可持续相关风险和机遇对财务预期影响纳入财务规划

▶ **披露内容：**

中电控股有限公司（以下简称中电控股）逐步淘汰燃煤发电,将投资转向低碳业务流,包括可再生能源与能源服务等。2022年,中电控股继续拓展位于中国内地的可再生能源投资组合。吉林乾安三期100兆瓦风场正式投入商业运营,云南寻甸二期50兆瓦风电项目亦已动工。中电增加这些风电资产,让客户能够获得零碳能源供应,并支持区内发行绿色电力证书（GEC）。

在印度,中电印度（Apraava Energy）继续推进在古吉拉特邦的251兆瓦的 Sidhpur 风场项目，预计该项目将于 2023 年 6 月投入营运。2021 年 12 月，中电印度收购印度东北部一条 254 公里长跨邦输电项目 49% 的股权，并将在 2025 年底前收购该项目其余股份。中电印度亦赢得为印度北部阿萨姆邦的两个地区提供先进电表系统服务的合约。

在过去两年里，中电控股于天然气资产的投资差不多提升了两倍，从 2020 年的 34.45 亿港元提升到 2022 年的 67.13 亿港元，以支持低碳能用转型。

财务重要性：

在中电控股市场中规划及落实净零转型，可吸引低成本资金、加强 ESG 资金流动、降低保险费，并提升集团作为私营企业和政府合资项目的商业伙伴之吸引力。此举亦降低了化石燃料电厂的搁置资产风险以及股东施压的可能性，有利于提升品牌、声誉以及获取社会认可的运营权。

▶ **案例点评：**

中电控股将"规划及净零转型"视为重要可持续相关风险和机遇，分别披露在开展洁净能源转型中的合作、洁净能源基建、环境及生物多样性、规管环境等领域开展的重点项目及未来财务影响。例如，中电控股于天然气资产的投资提升了近两倍，从 2020 年的 34.45 亿港元提升到 2022 年的 67.13 亿港元，符合 ISSB 准则中将可持续相关风险和机遇对财务预期影响纳入财务规划的披露要求。

▶ **案例来源：**

《中电控股 2022 年可持续发展报告》P34，https://www.clp.com.cn/wp-content/uploads/2023/03/CLP_Sustainability_Report_2022_tc-1.pdf。

4.5 战略和业务模式的韧性

可持续相关风险和机遇往往会对主体带来不确定性，如一些行业及企业正在经受全球向净零排放的低碳经济转型造成的经济冲击。主体对于这些风险和机遇的不确定性作出调整的能力，关乎其未来长期的发展前景。因此，主体应对其战略和业务模式的韧性进行披露。本节将围绕主体对不确定性作出调整的能力、其他 IFRS 可持续披露准则特定风险的韧性两个方面进行解读。

4.5.1 主体对不确定性作出调整的能力

主体应披露其战略及业务模式能否灵活和具备充分的能力应对可持续相关风险产生的不确定性，从而使得通用目的财务报告使用者能够合理预期在可持续相关风险影响下的发展前景。情景分析是一种多样性情景设置和分析方法，在给定一组假设和约束条件下，通过考虑各种可能的未来情景来评估一系列假设结果。压力测试是一种用于评估特定事件或财务变量的变动对主体造成潜在影响的风险管理工具，可以量化评估极端情况或重大突发事件下的影响，旨在测试极端情景下风险承受能力阈值的工具。

主体应披露对于战略及其业务模式的可持续相关风险适应性的定性和定量评估情况，包括如何评估和评估的时间范围，在提供定量信息时，可披露单一数值或区间范围。

案例 4-22　编号：IFRS S1.41-001

无锡药明康德新药开发股份有限公司

▶ **案例主题：**

披露基于压力测试、交叉测试等工具分析风险
适应性以保障对不确定性作出调整的能力

▶ **披露内容：**

药明康德董事会授权ESG委员会开展其专业领域的风险管理具体工作，充分利用压力测试和交叉测试等工具模拟极端情况下风险管理的有效性，并根据识别出的风险管理漏洞，以及具体情况变化进行针对性改进。

▶ **案例点评：**

无锡药明康德新药开发股份有限公司（以下简称药明康德）利用压力测试、交叉测试等方式模拟风险极端情况并进行针对性改进，有利于提升对于风险的应对能力和适应性。由于压力测试等应用范围较为广泛，本案例可以考虑更清晰表明对哪些具体议题采取了压力测试，分析是定性的还是定量的。

▶ **案例来源：**

《药明康德2022年环境、社会及管治报告》P12，https：//esg-cms.wuxiapptec.com//uploads/20231207/ESG_2022_Simplified_Chinese.pdf。

案例 4-23　编号：IFRS S1.41-002

淡水河谷公司

▶ 案例主题：

披露通过评估业务模式对运营地区水资源压力风险的
适应性以保障对不确定性作出调整的能力

▶ 披露内容：

一方面，淡水河谷公司（Vole，以下简称淡水河谷）用水的主要用途是选矿、机器和零件清洗、环境控制、卫生和人类生活使用。另一方面，我们的废水来自工业用途、排水和人类生活使用，并在可行的情况下在公司特定流程中循环使用。

淡水河谷意识到与水资源短缺有关的风险，并根据国际矿业和金属理事会（ICMM）的指导方针，制定了《水和水资源政策》，其中载有负责任和合理管理水资源和废水的指导方针。

（1）水压力评估：

为了评估其运营地区的水资源压力，淡水河谷使用了世界资源研究所（WRI）开发的工具。该工具已应用于43个单位，概述了该地区最易受河流和沿海洪水影响的地区，以及干旱的严重程度、季节性和年际水的变化以及可能出现的缺水情况。这有助于淡水河谷将公司的用水与指示的风险程度联系起来。

（2）2030年水目标：

为了促进我们所在地区的水安全，即确保人类供应、经济活动和水生生态系统保护有足够数量和质量的水，我们在2018年制定了水目标。我们的承诺是，到2030年，与2017年为基准年相比，我们的生产过程中使用的淡水使用量减少10%。

▶ 案例点评：

淡水河谷采用世界资源研究所（WRI）开发的水资源风险评估工具，得出该地区最易受到河流和沿海洪水影响的区域、干旱严重程度、可预期的季节性和年际水资源的变化和稀缺性，以分析业务模式对水资源压力风险的适应性。淡水河谷的水资源风险评估工具应用于43个单位，有5个水资源风险等级的划分，同时开展了定性分析和定量评估，符合ISSB准则中披露对可持续相关风险引起的不确定作出调整能力的要求。

▶ 案例来源：

《淡水河谷（Vale）2021年整合报告》P80，https：//vale.com/documents/d/guest/vale_relatointegrado2022-en-final-1?_gl=1*lqwyv0*_ga*NjIxNTM3MTA5LjE2OTgzMjE5NTI.*_ga_BNK5C1QYMC*MTY5ODMyMTk1MS4xLjEuMTY5ODMyMjAwOC4zLjAuMA。

4.5.2 其他 IFRS 可持续披露准则特定风险的韧性

其他 IFRS 可持续披露准则可能具体规定主体有关其特定可持续相关风险的韧性应披露的信息，以及如何披露这些信息。例如，主体战略及其业务模式对于气候相关风险的适应性，披露内容包括如何准备披露这些信息，以及情景分析的情况。

案例 4-24　编号：IFRS S1.41-003

吉利汽车控股有限公司

 案例主题：

披露基于情景分析制定气候战略以保障对不确定性作出调整的能力

▶ 披露内容：

情景分析：

（1）棕色情景：未来主流车型仍以燃油为主，本集团温室气体排放量连续常年保持增长，但由于世界仍处于由石燃料推动经济增长及技术进步，我们可能需要付出更多的成本用以预防或处理由此导致的极端天气生态环境变化带来的各类不可控影响。

（2）绿松色情景：全球主要国家全面实现气候承诺，清洁电力及电气化等改造发展均得到有效部署，全球气候变化的影响相对稳定，本集团的可持续发展将得到外部环境较大的促进作用，2023 年单辆车全生命周期碳排放将达到 24.43 吨二氧化碳当量/辆。

（3）既有情景—稳健路径：我们在绿松色情景的基础上考虑增加本集团自主减碳行动，例如持续提升新能源汽车比例，改善能源结构及采购更多的低碳材料等，在这一情景下，2030 年单辆车全生命周期碳排放将降至 20.85 吨二氧化碳当量/辆。

（4）激进情景—雄心路径：全球将大幅增加对清洁能源及减碳新技术的投资力度，吉利采取更多的举措设立更具雄心的目标，通过推动建立供应链可持续发展体系，实现零碳工厂全覆盖及优化产品结构，但在激进行动情景下将出现较大的成本支出规模，2030 年单辆车全生命周期碳排放为 15.93 吨二氧化碳当量/辆。

情景分析的结论：

本集团在制定气候战略时，考虑情景分析的结果以更有效地规划相关的减碳方案。经分析得出，稳健路径路线满足本集团对未来的规划目标，同样符合我们对 SBTi 的承诺并于 2050 年前实现净零目标。但我们仍意识到外部情景变化的不确定性对未来假设路线存在较大的冲击，后续我们将持续完善情景假设条件并使其足以应对多重外部情景的挑战。

▶ 案例点评：

吉利汽车控股有限公司（以下简称吉利汽车）应用定量情景分析的方法，设定可再生能源比例、循环材料比例、碳价格等可合理预期的维度，从棕色情景、绿松色情景、既有情景—稳健路径、激进情景—雄心路径四种情景开展分析，得出既有情景—稳健路径最契合自身的规划目标，并设定碳排放目标，反映其对气候相关风险不确定性具有一定的适应力，以及情景变化的不确定性对未来存在较大的冲击。

▶ 案例来源：

《吉利汽车控股有限公司 2022 环境、社会及管治报告》P20，http：//www.cninfo.com.cn/new/disclosure/detail?plate=hke&orgId=gshk0000175&stockCode=00175&announcementId=1216500594&announcementTime=2023-04-21%2007：35。

5 风险管理

在风险管理方面，可持续相关财务信息披露的目标是使用通用目的财务报告使用者：（a）了解主体识别、评估、优先考虑和监控可持续相关风险和机遇的流程，包括这些流程是否以及如何被整合并影响主体的整体风险管理流程；以及（b）评估主体的整体风险状况及其整体风险管理流程（IFRS S1.43）。具体包括：（1）风险管理流程和相关政策；（2）机遇管理流程；（3）与整体风险管理流程的整合（IFRS S1.44）。

ISSB 准则对风险和机遇管理相关披露提出了更高的要求，要求企业披露识别、评估、优先考虑和监控可持续相关风险和机遇的流程，可持续风险管理是否融入整体风险管理流程，以及如何融入主体的整体风险管理流程并说明其融入程度。目前，我国部分企业已经做到对可持续风险和机遇的识别和定性描述，还需要加强可持续风险和机遇量化能力建设，不断提升可持续风险和机遇管理与企业整体风控体系的融合度。本章内容结构与准则要求对应关系如表 5-1 所示。

表 5-1　本章内容结构与准则要求对应关系

节号	节标题	准则要求	目号	目标题	准则要求
5.1	风险管理流程和相关政策［IFRS S1.44（a）］	主体用于识别、评估、优先考虑和监控可持续相关风险的流程和相关政策［IFRS S1.44（a）］	5.1.1	输入值和参数［IFRS S1.44（a）（i）］	主体使用的输入和参数（例如，数据来源和流程所涵盖的业务范围相关的信息）［IFRS S1.44（a）（i）］
			5.1.2	情景分析及风险识别［IFRS S1.44（a）（ii）］	主体是否以及如何使用情景分析来帮助识别其可持续相关风险［IFRS S1.44（a）（ii）］
			5.1.3	风险评估［IFRS S1.44（a）（iii）］	主体如何评估这些影响的性质、可能性和量级（例如，主体是否考虑定性因素、定量阈值或其他标准）［IFRS S1.44（a）（iii）］
			5.1.4	风险优先级［IFRS S1.44（a）（iv）］	相对于其他类型的风险，主体是否以及如何考虑可持续相关风险的优先级［IFRS S1.44（a）（iv）］
			5.1.5	风险监控［IFRS S1.44（a）（iv）］	主体如何监控可持续相关风险［IFRS S1.44（a）（iv）］
			5.1.6	流程改变说明［IFRS S1.44（a）（iv）］	与上一报告期间相比，主体是否以及如何改变所使用的流程［IFRS S1.44（a）（iv）］
5.2	机遇管理流程［IFRS S1.44（b）］	主体用于识别、评估、优先考虑和监控可持续相关机遇的流程［IFRS S1.44（b）］	/	/	/
5.3	与整体风险管理流程的整合［IFRS S1.44（c）］	主体用于识别、评估、优先考虑和监控可持续相关风险和机遇的流程在多大程度上以及如何被整合至影响主体的整体风险管理流程［IFRS S1.44（c）］	/	/	/

注："可持续相关风险和机遇"简称为"风险和机遇"，简称后术语指代含义不变。

▶ 5.1　风险管理流程和相关政策

可持续相关风险有别于传统风险，涵盖环境、社会和公司治理等多个方面，通常具备持续变动、相互关联、长期或对主体而言较不熟悉等特征，因而更难以预测和评估。因此，主体应建立一套可持续相关风险管理流程，制定一套可持续相关风险管理政策，将可持续相关风险和机遇考量纳入风险管理流程和相关政策制定的过程中。本节将围绕输入值和参数、情景分析及风险识别、风险评估、风险优先级、风险监控、流程改变说明六个方面进行解读。

5.1.1 输入值和参数

主体应披露在识别、评估、优先考虑和监控可持续相关风险过程中，使用的输入值和参数。输入包括经营范围、监管政策、地理位置等，参数包括发生同类或具有参考价值的不确定性事件的可能性、暴露于风险的频繁程度、不确定性事件产生的后果、风险影响程度等。

案例 5-1　编号：IFRS S1.44（a）(i)-001

紫金矿业集团股份有限公司

▶ **案例主题：**

披露基于情景分析开展年度水风险识别和评估使用的输入值和参数

▶ **披露内容：**

报告期内，紫金矿业集团股份有限公司（以下简称紫金矿业）借助世界资源倡议（World Resources Initiative，WRI）开发的工具渡槽水风险地图集（AqueductTM Water Risk Atlas）对45家子公司进行年度水风险分析，涵盖影响水量的物理风险指标（如基线水压力、年际变化、季节变化、干旱风险等）、影响水质的物理风险指标（如未经处理的污水、海岸富营养化趋势）、监管和声誉风险指标（如饮用水问题、卫生问题等），并结合各资产对水压力的暴露风险系数，对评估结果进行适当调整。

结果显示，5家（11%）子公司处于水高风险地区（EH≥4）。我们详细评估了此水风险和水压力的分析结果，这些处于高风险地区的资产实际风险均可控，不会对生产运营造成较大影响。此外，我们还基于气候变化对环境的影响，结合多个时间跨度对我们的水安全风险进行了多情景的评估。

处于水风险偏高地区的取水量

取水量	单位	2022年	2021年	2020年
水风险偏高地区取水量	百万吨	10.06	8.81	6.48
水风险偏高地区取水量占比	%	13.84	14.55	12.77

▶ 案例点评：

紫金矿业在报告中披露了使用情景分析开展年度水压力测试，使用45家子公司地理位置和监管政策作为输入值；使用影响水量和水质的物理风险、监管和声誉风险指标相关数据、各资产对水压力暴露风险系数作为参数；识别和评估了对生产运营可能造成影响的水压力风险。紫金矿业结合气候变化对环境的影响，从多个时间跨度、多情景下识别并评估了水安全风险，符合ISSB准则对于识别、评估、优先考虑和监控可持续相关风险过程中使用的输入值和参数的披露要求。

▶ **案例来源：**

《紫金矿业 2022 环境、社会及管治报告》P38，https://www.zjky.cn/upload/file/2023/07/14/e4c7b4a103d043f18e6bf9a0cdfe24b0.pdf。

5.1.2 情景分析及风险识别

情景分析法最初于 20 世纪 60 年代由荷兰皇家壳牌公司（Royal Dutch Shell）的皮埃尔·沃克（Pierre Wack）为应对石油产业危机而开发。情景分析是在面对不确定条件下，针对一定范围内、未来可能发生的不确定性事件及后果，识别和评估潜在影响的方法。情景分析建立在假设上，并非用于提供精确的结果或预测。情景分析能够根据可持续相关风险相关的特定趋势和状况，衡量主体的未来前景，能够帮助主体了解这些风险将随着时间影响战略及其业务模式和财务业绩。

例如，农业、纺织业、建筑业、冶金业的生产技术已较为成熟，但其活动高度依赖水资源，受气候条件影响，部分地区降水量可能受到影响，气候条件可能导致水资源匮乏风险发生，而水资源循环再利用技术能够减少风险成本，森林能够高效吸收二氧化碳和保持地下水，保护森林对于避免水资源匮乏发挥重要作用，循环利用技术和森林资源可能会减缓水资源缺失问题。

又如，金融机构要加强自然生态系统和经济社会系统的风险因素识别与管理，充分利用有利因素、防范不利因素，以应对不利影响和潜在风险。如现阶段农业和中小微企业这些普惠金融企业的碳排放量分别占全国碳排放量的 30% 和 50%，由于中小微企业市场转型能力与适应性、生产工艺、生产技术革新成本的可负担性、绿色产品销售获益的商业性以及政策支持力度远低于大型企业，对自身绿色转型的有效资金需求明显不足，金融机构通过深化管理体系、机制和流程，创新产品和服务模式，促进绿色与普惠金融融合。

主体应披露是否以及如何对可持续相关风险基于情景分析进行识别，包括以下几点。

（1）主体用于分析的可持续相关情景，以及使用情景的来源，分析是否包括一系列多样的可持续相关情景，为分析使用的可持续相关情景与可持续相关风险的相关性，主体决定选择的可持续相关情景有助于评估其对可持续相关变化、发展或不确定性的韧性的原因，主体在分析中使用的时间范围以及业务范围（例如经营位置和业务单元）等。

（2）在分析中作出的关键假设，包括主体经营所在国家或地区的气候相关政策、宏观经济形势、国家或区域层面的变量（例如当地天气模式、人口统计数据、土地使用、基础设施情况和自然资源的可得性）、能源使用的组合和技术发展等。

（3）进行气候相关情景分析的报告时间。

（4）基于情景分析识别的可持续相关风险情况。

案例 5-2　编号：IFRS S1.44（a）(ii)-001

中国工商银行股份有限公司

▶ **案例主题：**

披露基于情景分析开展可持续相关风险识别

▶ **披露内容：**

报告期内，完成《关于气候风险压力测试情况的报告》。本次压力测试

风险管理 ◂ 5

借鉴联合国环境规划署（UNEP）技术框架，参考央行与监管机构绿色金融网络（NGFS）压力情景，结合国内实际进行本土化调整，建立转型风险、物理风险传导模型，开展压力测试，本行成为国内首家应用国际先进技术完成气候风险压力测试的银行。

气候风险压力测试的技术框架，主要基于NGFS综合评估模型提供的压力测试情景，包括有序转型、无序转型、温室世界三大类情景。选取火电、钢铁、交通运输、煤炭、石油天然气等重点行业，设计专项压力测试方法，刻画行业发展规律，建立气候风险情景到客户经营要素间的传导路径，进而预测客户财务报表，分析其评级变化情况。基于全球变暖情景，选择权威机构预测数据，结合本行在各地区的资产分布和押品分布情况，分析物理风险造成的损失。

按照气候风险压力测试技术框架，建设开发气候风险压力测试系统，支持压力测试情景收集与扩展，实现气候风险压力传导的系统化、流程化管理，为全面提升气候风险管理能力、支持"双碳"目标打下基石。

▶ 案例点评：

中国工商银行股份有限公司（以下简称中国工商银行）在报告中披露了参考央行与监管机构绿色金融网络（NGFS）压力情景，包括有序转型、无序转型、温室世界三大类，结合国内实际进行本土化调整，针对火电、钢铁、交通运输、煤炭、石油天然气等重点行业开展环境与气候风险识别与压力测试，以评估这些重点行业及区域的转型风险和物理风险的影响造成的银行信用风险、市场风险和操作风险。以上符合ISSB准则对于采用情景分析方法进行可持续相关风险识别的披露要求。

▶ 案例来源：

《中国工商银行2022年绿色金融专题（TCFD）报告》P26，https：//www.zjky.cn/upload/file/2023/07/14/e4c7b4a103d043f18e6bf9a0cdfe24b0.pdf。

案例 5-3　编号：IFRS S1.44（a）（ii）-002

德国安联集团

▶ 案例主题：

披露基于风险晴雨表识别可持续相关风险

▶ 披露内容：

据德国安联集团风险晴雨表显示，由于数字化、俄乌冲突、高能源价格和通胀、地缘政治和经济不确定性以及气候变化考验已经使业务模式和供应链紧张，2023年更高程度风险可能将延续下去。

示例：

国家	风险识别
澳大利亚	自然灾害（上升）
	业务中断（下降）
	气候变化（上升）
	自然灾害是新的首要风险，由事件驱动，如洪水，这导致2022年该国家发展遭受有史以来最严重的损失

续表

国家	风险识别
巴西	业务中断（上升）
	网络（上升）
	宏观经济发展（上升）
	各公司都很担心将面临越来越多的破坏性场景
加拿大	网络（上升）
	缺乏熟练的劳动力（上升）
	气候变化（持平）
	网络事故是加拿大公司新关注的首要风险问题
法国	网络（上升）
	业务中断（下降）
	能源危机（上升）
	网络事件新的首要风险，能源危机影响已经首次跻身前十名
德国	业务中断（持平）
	网络（持平）
	能源危机（上升）
	业务中断目前仍是存在最大风险，而公司也很担心能源危机
瑞士	网络（持平）
	能源危机（上升）
	业务中断（下降）
	能源危机的影响是一种新的风险敞口，并且是公司排名第二核心关注点

▶ 案例点评：

德国安联集团是一家保险公司，在报告中披露了如何通过调研分析构建风险晴雨表，系统识别并评估了各国家和地区的可持续相关风险变化趋势和影响程度。风险晴雨表本质上属于情景分析方法的一种，通过分析未来可能发生的各种情景，以及各种情景可能产生的影响来评估风险。德国

安联集团正是使用这种方法,通过分析不同国家和地区的可持续相关风险,评估这些风险对其自身的未来发展前景的影响。以上符合ISSB准则对于采用情景分析方法进行可持续相关风险识别的披露要求。

▶ 案例来源:

《2023安联风险晴雨表》P5, https://www.allianz.com/content/dam/onemarketing/azcom/Allianz_com/economic-research/country-risk/updateq32023/RISK_MAP_Q3_2023_revue.pdf。

 案例 5-4　编号: IFRS S1.44(a)(ii)-003

贵州茅台酒股份有限公司

▶ 案例主题:

披露基于对水资源冲击与依存性关系配置识别可持续相关风险

▶ 披露内容:

保护水资源:

水资源与水生态是贵州茅台酒股份有限公司(以下简称贵州茅台)赖以生存的资源之一。公司运营生产使用的全部水资源均来自地表水,作为

风险管理

赤水河流域良好生态环境的受益者,贵州茅台积极构建"取水、用水、治水"全过程水资源管理体系,通过设备和技术创新提高水资源循环利用率,着力加强水环境治理,呵护赖以生存的水生态环境。

合理利用水资源

科学监测

茅台本部厂区共有取水口1个,公司在取水口周边建设区域生态系统监测站,实时监测水量、水质等指标变化情况,完善水环境预警体系,强化取水区域水资源风险防范。

优化布局

持续推进供水管网排查和改造工程,优化管道布局,强化管道渗漏监管,加快维修响应速度,提升取水和用水效益。

系统升级

上线运行智能化用水计量管理系统,优化冷却水循环系统使用管理,健全浓水回用系统,持续提高水资源循环利用效率和效益,报告期内通过系统升级降低用水量201.57万吨。

工艺改进

鼓励车间优化生产工艺,以浸润封窖泥替代浸泡方式,以尾酒制作窖底替代水制作的方式,进一步减少生产过程用水量。

▶ **案例点评:**

贵州茅台是一家知名企业,充分认识到资源影响和依赖对于业务活动开展至关重要,通过对水资源的冲击与依存性关系进行配置,识别并披露水资源使用相关风险,包括水资源缺失风险、水生态环境污染风险等,一定程度上符合ISSB准则对于可持续相关风险识别的披露要求,但并未使用情景分析的方法进行风险识别。

▶ **案例来源:**

《贵州茅台2022年环境、社会及治理(ESG)报告》P59,https://book.yunzhan365.com/tonhi/megt/mobile/index.html。

案例 5-5 编号：IFRS S1.44（a）(ii)-004

中原证券股份有限公司

▶ **案例主题：**

披露基于内外部利益相关方调研识别可持续相关风险

▶ **披露内容：**

公司根据最新宏观政策解读、监管要求、行业热点、各利益相关方期望及自身发展需求，结合上一报告期的 22 项实质性议题，对 2022 年运营过程中所涉及的重大议题进行识别、评估和筛选，确立对于公司和各利益相关方具有重要性的 21 项实质性议题。公司针对识别出的实质性议题，面向公司内部和外部利益相关方展开调研，通过邀请利益相关方填写调研问卷，了解利益相关方关注重点，并结合现场访谈和专家判断等方式进行评估，构建议题重要性矩阵（请见下图）。对于高实质性议题，在报告中进行重点披露。

- 1 应对气候变化
- 2 绿色金融
- 3 绿色办公
- 4 员工权益与健康保护
- 5 员工培训与发展
- 6 供应商管理
- 7 服务实体经济
- 8 金融科技
- 9 网络信息安全与客户隐私保护
- 10 客户服务与投诉管理
- 11 投资者教育
- 12 乡村振兴
- 13 党建引领
- 14 ESG 治理
- 15 风险管理
- 16 股东权益保护
- 17 信息披露质量
- 18 廉洁从业
- 19 反洗钱
- 20 依法纳税
- 21 知识产权保护

风险管理 ◂ 5

▶ 案例点评：

中原证券股份有限公司（以下简称中原证券）是一家金融机构，从相关方需求和期望出发，在报告中披露了基于内外部利益相关方调研的方法，如何识别、评估和筛选重要性议题，这些议题涵盖可持续相关风险和机遇。中原证券识别了 21 项包含应对气候变化、绿色金融在内的重要性议题，一定程度上符合 ISSB 准则对于可持续相关风险识别的披露要求，但并未使用情景分析的方法进行风险识别。

▶ 案例来源：

《中原证券 2022 年度社会责任报告》P13，https://www.ccnew.com/uedit-or/jsp/upload/file/20230407/1680851542040004295.pdf。

5.1.3 风险评估

主体应披露识别、评估可持续相关风险的流程和相关政策，并通过定量、定性或两者结合的方式，说明可持续相关风险的性质、可能性和量级，并说明评估可持续相关风险的方法，以及是否参考定性因素、定量阈值或其他标准。可持续相关风险识别方法包括大趋势分析、冲击与依存性关系配置、利害关系人议合、可持续重要性评估[1]、风险树分析法、风险清单法、风险晴雨表等。可持续相关风险评估主要针对识别的风险性质、可能性和量级（影响

---

[1] 美国反虚假财务报告委员会下属的发起人委员会（COSO），世界可持续发展工商理事会（WBCSD）.企业风险管理-将环境、社会和治理相关风险纳入企业风险管理［S］.2018.

时间范围、影响物理范围、影响严重性）。风险评估标准包括定性因素和定量阈值等标准。

在使用情景分析进行风险评估的过程中，需要输入数据源（性质、可能性和量级等方面参数）、涵盖的业务范围和假设中使用的详细信息。除了情景分析，风险评估方法还包括风险地图法、尽职调查法等。风险地图法是对风险发生概率和风险发生危害程度进行分析，并在坐标系中绘制出风险对应的位置[①]。尽职调查法是对目标主体的资产和负债情况、经营和财务情况、法律关系以及目标主体所面临的可持续相关风险和机遇进行调查[②]。

案例 5-6　编号：IFRS S1.44（a）（ⅲ）-001

中国银行股份有限公司

▶ 案例主题：

披露基于客户尽职调查法的可持续相关风险性质、可能性和量级评估

▶ 披露内容：

风险评估：

为了切实防范业务产生的 ESG 风险，我们加大了尽职调查和信用审批

---

① 柳永明，李宏. 风险管理 [M]. 上海：上海财经大学出版社，2006.
② Bryan A. Black's Law Dictionary 9th Ed [M]. Oversea Publishing House，1990.

力度，提高 ESG 风险防控能力。

尽职调查（客户关系部门）：（1）从 13 个方面对客户及其项目开展尽职调查：ESG 风险评估及管理体系、劳动和工作条件、污染防治和控制、生物多样性保护和可持续自然资源的管理、碳足迹管理、社区健康和安全、土地征用和非自愿搬迁、尊重土著居民及少数民族文化与习俗、文化遗产保护、爆炸物和化学品管理、供应链 ESG 风险管理、组织架构及运营管理、财务管理和风险管理。（2）对未开展 ESG 风险尽职调查的客户（项目），终止审批流程。（3）开展 ESG 合规风险审查，确保 ESG 相关风险点在客户提供的各类合规审查文件中得到充分体现。

信用审批（业务审批部门）：（1）对高、中风险客户进行重点审查。如有异议，可要求客户关系部门重新评估判断或调整。（2）评估项目 ESG 风险对信用风险的影响，并采取相应的风险缓释措施。（3）对可能在社会稳定、公众利益等方面产生潜在重大影响的客户（项目）的 ESG 风险进行充分评估。如客户在 ESG 方面存在严重违法违规和重大风险，严格限制对其授信或投资。

▶ **案例点评：**

中国银行股份有限公司（以下简称中国银行）在报告中披露了如何从 13 类 ESG 议题入手，通过 ESG 尽职调查评估客户及其项目 ESG 风险性质、可能性和量级，针对存在高风险和中风险的客户及项目进行重点审查；针对 ESG 风险对信用风险的影响进行评估；对社会稳定和公众利益存在潜在重大负面影响的客户 ESG 风险进行充分评估和考量授信或投资决策。以上符合 ISSB 准则对于可持续相关风险评估的披露要求。

▶ **案例来源：**

《中国银行2022年度社会责任报告（环境、社会、治理）》P55，https：//pic.bankofchina.com/bocappd/report/202303/P020230330709760437968.pdf。

案例 5-7　编号：IFRS S1.44（a）(iii)-002

国家电网有限公司

▶ **案例主题：**

披露基于风险地图法的可持续相关
风险性质、可能性和量级评估

▶ **披露内容：**

根据企业对风险等级的评估标准，对风险坐标图中对应不同板块的风险点划分出重大风险、高风险、中风险和低风险四大区域。

国家电网有限公司风险管理委员会对识别出的120个风险点进行进一步的问卷调查和资料分析，对每个风险点在企业可能发生的概率、风险可能带来的危害都进行了系统的梳理、分析和定量化评估，并运用二维矩阵法绘制供电企业社会与环境风险地图，将120个风险点进一步划分为重大风险、高风险、中风险和低风险四个等级。

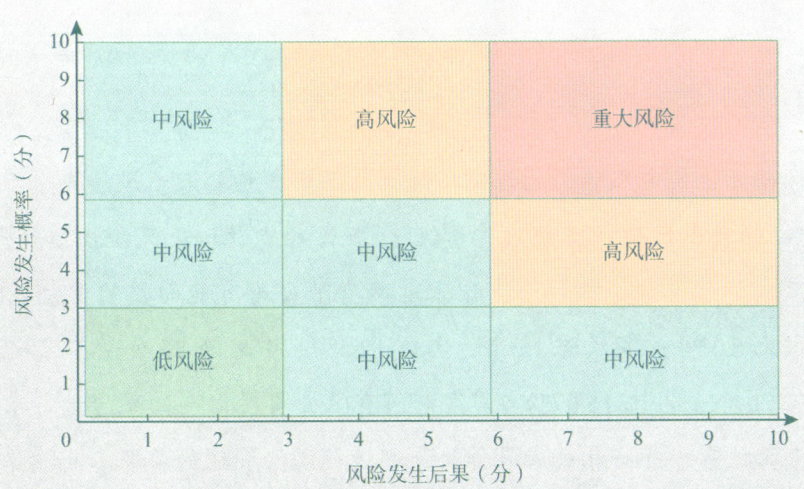

供电企业社会与环境风险地图

> **案例点评：**

国家电网有限公司（以下简称国家电网）风险管理委员会对识别出的120个可持续相关风险点性质、可能性和量级进行定量化评估。风险影响性质划分为重大风险、高风险、中风险和低风险四类，通过风险可能性和程度综合评价确定风险影响性质。风险地图中，横轴表示风险概率（可能性），纵轴表示风险危害程度（量级），距离原点越远，风险性质越严重。依据风险评估标准分析得出，国家电网有限公司可能面临的重大风险10个，占比8.33%；高风险15个，占比12.5%；中风险75个，占比62.5%；低风险20个，占比16.67%。国家电网有限公司对识别的风险进行系统评估和全面披露，并将相关成果作为内部进行风险管理的参照工具。以上符合ISSB准则对于可持续相关风险评估的披露要求。

▶ 案例来源：

《国家电网公司社会与环境风险管理手册》P51-53，P98，http：//www.sx.sgcc.com.cn/docs/202004/158804453076169910.pdf。

5.1.4 风险优先级

由于主体的资源是有限的，为更高效地管理可持续相关风险，主体应决定是否优先考虑某一可持续相关风险，建立可持续相关风险应对的优先级次序。风险优先顺序评估方法包括风险优先系数（RPN）模型、重要性矩阵分析法等。风险优先系数（RPN）模型是通过将风险发生频率、严重程度和检测等级相乘，得出风险的优先顺序。重要性矩阵分析法是通过分析对主体自身和利益相关方的影响程度，得出优先考虑的风险。

主体应披露优先考虑可持续相关风险的流程和相关政策，并说明是否以及如何确定优先考虑的可持续相关风险，包括风险优先顺序评估方法、过程和结果，说明这些可持续相关风险的优先考虑顺序。

案例 5-8　编号：IFRS S1.44（a）(iv)-001

中电控股有限公司

▶ 案例主题：

　　基于风险管理流程披露可持续相关风险的优先级确定

▶ 披露内容：

　　中电控股有限公司风险管理流程涵盖可持续相关风险，流程运行包括以下步骤：确立范围、背景和风险准则—根据相关的、适当的和最新的信息来识别风险—分析风险并详细考虑风险来源、后果、可能性、事件、情景和现有控制及其有效性—根据既定的标准评估风险并进行排序，确定风险管理工作的优先级—制定和实施控制及缓解计划。

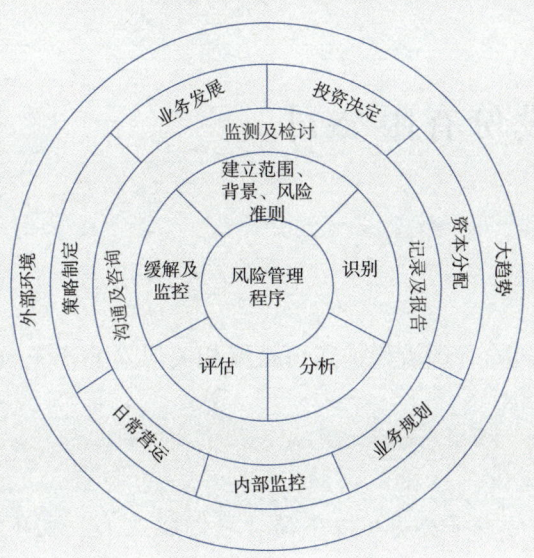

▶ **案例点评：**

中电控股有限公司（以下简称中电控股）在报告中介绍了风险管理流程运行步骤，包括"确立范围、背景和风险准则—识别—分析—评估和确定优先级—缓解及监控"。该风险管理流程中涵盖了可持续相关风险，如气候变化、可再生能源等多个方面，基于风险管理流程披露了如何对可持续相关风险进行排序并确定其优先级，符合ISSB准则对于可持续相关风险优先级确定的披露要求。

▶ **案例来源：**

《中电控股2022年可持续发展报告》P20，https://www.clp.com.cn/wp-content/uploads/2023/03/CLP_Sustainability_Report_2022_tc-1.pdf。

  案例 5-9　编号：IFRS S1.44（a）（iv）-002

中国铝业股份有限公司

▶ **案例主题：**

基于风险管理流程披露可持续相关风险的优先级确定

▶ **披露内容：**

中国铝业股份有限公司（以下简称中国铝业）积极倾听并回应不同利

风险管理

益相关方的期望。我们根据实际业务与运营特点建立了形式多样的沟通和参与机制，充分回应利益相关方的期待和要求，进而协助公司确定可持续发展工作的优先顺序，共同明确未来可持续发展的重点方向。

中国铝业持续提升风险防控水平，加强对包括ESG风险在内的运营风险的管理，不断强化风险评估、落实风险管理措施，强调通过风险管理对经营目标保驾护航。我们持续完善风险评估流程、动态管控流程、风险预警流程，形成了较为完善的风险管理体系。

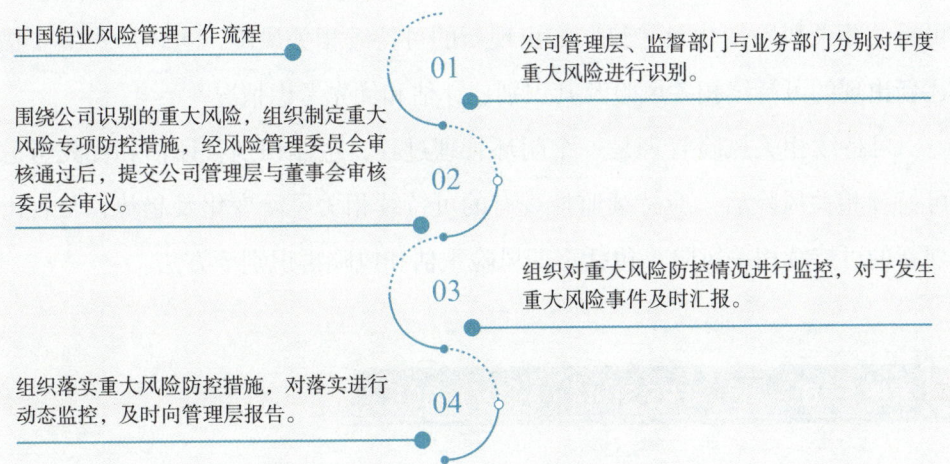

中国铝业风险管理工作流程

01 公司管理层、监督部门与业务部门分别对年度重大风险进行识别。

02 围绕公司识别的重大风险，组织制定重大风险专项防控措施，经风险管理委员会审核通过后，提交公司管理层与董事会审核委员会审议。

03 组织对重大风险防控情况进行监控，对于发生重大风险事件及时汇报。

04 组织落实重大风险防控措施，对落实进行动态监控，及时向管理层报告。

▶ 案例点评：

中国铝业在报告中披露了风险管理工作流程，包括风险识别、评估、应对和监控，实际上，风险应对涵盖确定可持续发展工作的优先顺序并采取针对性举措。这些反映了中国铝业已构建可持续相关风险识别、评估、优先级确定和监控流程，符合ISSB准则对于可持续相关风险优先级确定的披露要求。

▶ 案例来源：

《中国铝业2022社会责任暨环境、社会与管治报告》P18，P29，https://www.chalco.com.cn/whzr/shzr/202305/P020230920523688150790.pdf。

5.1.5 风险监控

主体应披露监控可持续相关风险的流程和相关政策，并说明是否以及如何监控可持续相关风险，包括可持续相关风险监控方法、过程和结果，说明可持续相关风险变化及趋势，如出现新的可持续相关风险，主体应进一步描述新出现的可持续相关风险及其识别、评估和优先考虑情况。

可持续相关风险管理是一个闭环管理过程，主体识别、评估和优先考虑可持续相关风险后，应持续监控现有的可持续相关风险变化及趋势，是否出现新的可持续相关风险，包括定期风险重估和风险再识别等方法。

 案例 5-10　编号：IFRS S1.44（a）（v）-001

中电控股有限公司

▶ 案例主题：

基于风险管理流程来披露可持续相关风险的监控

▶ 披露内容：

中电控股有限公司（以下简称中电控股）通过风险识别、评估和优先级确定，得出集团最高级别的运营风险，包括重大监控安全环境事故、新冠肺炎疫情暴发、网络安全攻击—运营技术系统、网络安全攻击—资讯科技系统、实体安全破坏、重大故障—发电设施、气候变化—实体风险、可再生能源—表现较差、重大项目的延误—成本超支。

以重大监控安全环境事故为例，中电控股确定风险边界并识别出该风险后，结合风险评价标准将其划分为集团最高级别的运营风险，并与"建立一个高效和创新的劳动力队伍"重要性议题进行关联。通过对该项风险影响程度和范围进行评估和监控，得出该项风险水平与上一报告期相比保持不变。结合风险评估结果，制订适宜的应对计划及措施，如在集团层面制订消除严重伤亡风险的举措，包括设计安全管理框架、改进事故调查流程、实施HSE保证计划、将人力和组织绩效与职业健康安全挂钩等。

序号	集团的最高级别风险—营运	2022年变化
1	重大健康安全环境事故	不变
2	新冠肺炎疫情暴发	下降
3	网络安全攻击—运营运技术系统	不变
4	网络安全攻击—资讯科技系统	不变
5	实体安全破坏	不变
6	重大故障—发电设施	上升
7	气候变化—实体风险	不变
8	可再生能源—表现较差	不变
9	重大项目的延误—成本超支	不变

▶ **案例点评：**

中电控股在报告中披露了如何基于风险管理流程对可持相关风险进行监控，即通过对比当前报告期风险水平与上一报告期的变化趋势，得出2022年最高级别风险的监控结果，包括风险水平上升、风险水平下降、风险水平大致保持不变，并根据不同监控结果采取相应的风险应对举措。以上符合ISSB准则对于可持续相关风险监控的披露要求。

▶ **案例来源：**

《中电控股2022年可持续发展报告》P20，https://www.clp.com.cn/wp-content/uploads/2023/03/CLP_Sustainability_Report_2022_tc-1.pdf。

5.1.6 流程改变说明

可持续相关风险识别、评估、优先级确定和监控流程实质上符合闭环管理机制，在策划（plan）方面，包括可持续相关管理流程建立和相关政策制定；在实施（do）方面，包括可持续相关风险识别、评估和优先级确定；在检查（check）方面，包括可持续相关风险监控；在改进（action）方面，包括可持续相关风险管理流程的改变。因此，可持续相关风险管理流程可能会相对于上一报告期发生改变。

主体应披露本报告期与上一报告期相比下，是否以及如何改进可持续相关风险识别、评估、优先考虑和监控的流程及其相关政策，说明其改进后的流程及其相关政策。

案例 5-11　编号：IFRS S1.44（a）(vi)-001

帝斯曼集团

▶ **案例主题：**

披露与上一报告期相比下可持续相关风险管理流程的改变

▶ **披露内容：**

在 2022 年，以下是我们的风险管理框架主要改进：

（1）集团风险管理扩展专业领域至信息安全风险管理和可持续相关风险管理。

（2）公司若干部分要求更新：

总体隐私政策添加到关于隐私和个人数据处理的现有需求中；

新的安全要求中"安全桌面"添加了远程工作，包括在开放办公室工作和在多用户网站工作；

风险管理要求发布加强内部控制框架，在其他考虑中，对贸易控制的法律要求调整了采购要求，以反映 DSM 采购组织；

研究的重新定位，"技术与发展和创新"要求被"科学与创新"要求所取代，以反映企业科学办公室组织的重新定位。

（3）通过新的工具使得职责隔离（SoD）冲突管理的角色、职责和流程得到加强。

（4）提高了内部控制的自动化水平，提高了控制的执行和测试的效率和有效性。

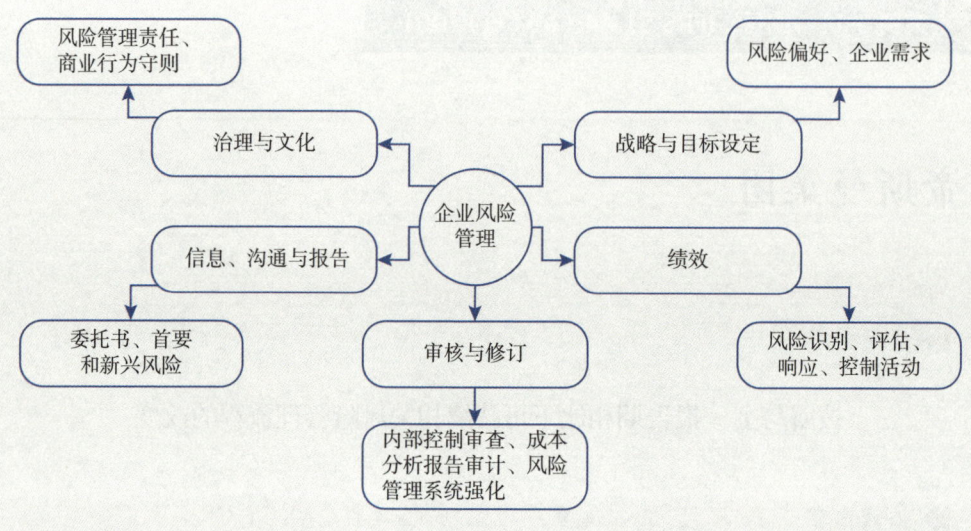

▶ 案例点评：

帝斯曼集团是一家营养保健品、化工原料和医药集团公司，在报告中披露了企业风险管理和内部控制流程，并说明了与上一报告期相比，风险管理流程是否以及发生哪些改变，包括集团风险管理范围拓展、风险管理和内部控制要求更新、职责隔离管理加强、内部控制自动化提升。以上符合 ISSB 准则对于可持续相关风险识别、评估、优先级确定和监控流程改变的披露要求。

▶ 案例来源：

《帝斯曼（DSM）2022 年综合年度报告》P136-143，https：//annualreport.dsm.com/ar2022/。

5.2 机遇管理流程

可持续相关机遇识别方法包括内外部环境分析、利益相关方调研等方式。可持续相关机遇的评估主要针对识别的机遇影响性质和程度（影响时间范围、影响物理范围、影响重要性），评估方法包括构建评估矩阵等。由于主体资源的有限性，可持续相关机遇的应对要考虑优先级次序，主要根据这些机遇的影响重要性以确定优先考虑次序。可持续相关机遇监控主要针对这些机遇的变化及趋势，以及对出现新的机遇及其评估、优先考虑情况进行监控。

主体应披露识别、评估、优先考虑和监控可持续相关机遇的流程，以及通过流程如何对这些机遇进行识别、评估、优先考虑和监控的。

案例 5-12　编号：IFRS S1.44（b）-001

比亚迪股份有限公司

▶ 案例主题：

披露可持续相关机遇的识别、评估和优先级确定和监控

▶ 披露内容：

议题识别、评估与确定：

我们根据公司往年实质性议题，结合公司发展、行业动态、各项标准以及其他利益相关方的关注度，识别出2022年度环境、社会、管治三个维度的实质性议题清单，最终确定28个实质性议题。通过利益相关方调研进行重要性评估调研，结合"对利益相关方的重要性"和"对比亚迪的重要性"两个维度的综合考量，形成实质性议题的重要性矩阵。最终由CSR委员会组成的专家组以及董事会进行综合评估与审核确定。

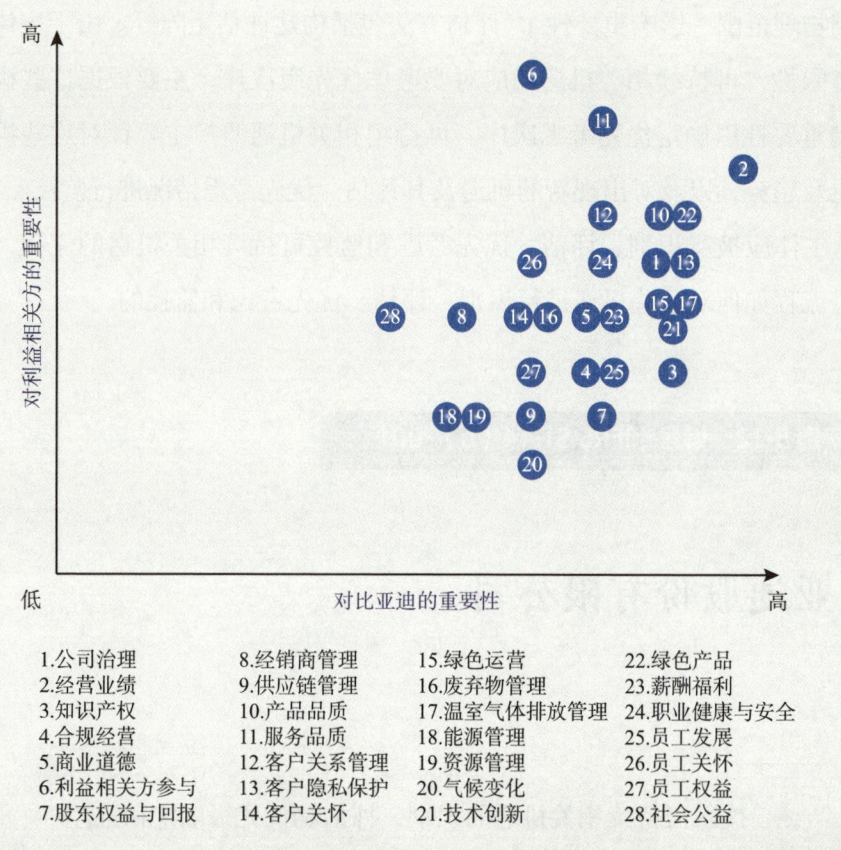

1. 公司治理
2. 经营业绩
3. 知识产权
4. 合规经营
5. 商业道德
6. 利益相关方参与
7. 股东权益与回报
8. 经销商管理
9. 供应链管理
10. 产品品质
11. 服务品质
12. 客户关系管理
13. 客户隐私保护
14. 客户关怀
15. 绿色运营
16. 废弃物管理
17. 温室气体排放管理
18. 能源管理
19. 资源管理
20. 气候变化
21. 技术创新
22. 绿色产品
23. 薪酬福利
24. 职业健康与安全
25. 员工发展
26. 员工关怀
27. 员工权益
28. 社会公益

▶ **案例点评：**

比亚迪股份有限公司（以下简称比亚迪）是一家新能源汽车企业，在报告中披露了通过客户及消费者、员工、股东和投资者、供应商和经销商、政府部门和监管机构、行业及标准协会、社区公众等利益相关方调研，识别出利益相关方最关注的28项实质性议题，涵盖可持续相关风险和机遇,并构建了重要性评估矩阵模型,得出这些风险和机遇的优先级。通过相关管理实践的披露,反映了比亚迪可持续相关风险和机遇管理流程的建立和运行情况,一定程度上符合ISSB准则对于可持续相关机遇识别、评估、优先级确定和监控的披露要求。

▶ **案例来源:**

《2022年比亚迪社会责任报告》P24,https://www.bydglobal.com/sites resources/common/tools/generic/web/viewer.html?file=%2Fsites%2FSatellite%2 FBYD%20PDF%20Viewer%3Fblobcol%3Durldata%26blobheader%3Dapplicat ion%252Fpdf%26blobkey%3Did%26blobtable%3DMungoBlobs%26blobwhere %3D1638928374540%26ssbinary%3Dtrue。

案例5-13 编号:IFRS S1.44(b)-002

特斯拉公司

▶ **案例主题:**

披露能源可持续转型机遇的识别、评估、优先考虑和监控流程

▶ **披露内容:**

虽然我们特别专注于加速世界向可持续能源的转变,但仅凭特斯拉公

司（以下简称特斯拉）一己之力远远无法实现全面转变。我们强调了我们认为最能显著推进向可持续发展转变的五个关键领域。

向完全可持续能源转变的五个方面
包含交通、制热和工业制造

36%	22%	23%	13%	6%
用可再生能源驱动现有电网	转向电动车	使用热泵	高温储能及可持续制氢	在飞机和船舶上应用可持续能源

太阳能和风能装机量（太瓦/年）
3倍增长

车辆、固定和热能电池生产（太瓦时/年）
29倍增长

电动车生产（百万/年）
11倍增长

太阳能和风力发电场
30.4太瓦

车辆电池和固定电池
240太瓦时

制造资本支出
10万亿美元

▶ **案例点评：**

特斯拉主营业务是电动汽车生产制造，通过建立全面的能源可持续模型，对可持续相关机遇进行了识别、评估、优先考虑，得出最能显著推进可持续发展的五项机遇，依次为：用可再生能源驱动现有电网重要性权重为36%，转向电动车重要性权重为22%，使用热泵重要性权重为23%，高温储能及可持续制氢重要性权重为13%，在飞机和船舶上应用可持续能源重要性权重为6%。为了把握可持续相关机遇，特斯拉对每年在全球范围内部署的太阳能和风能系统，以及电池产量的持续增长情况进行监控。这些反映了特斯拉可持续相关机遇识别、评估、优先考虑和监控流程的建立和运行情况，符合ISSB准则对于可持续相关机遇识别、评估、优先级确定和监控的披露要求。

▶ 案例来源：

《2022年特斯拉影响力报告》P13，https：//www.tesla.com/ns_videos/2022-tesla-impact-report.pdf。

案例 5-14　编号：IFRS S1.44（b）-003

友邦保险控股有限公司及其附属公司

▶ 案例主题：

披露识别、评估、优先考虑可持续相关机遇的流程

▶ 披露内容：

随着环境、社会及管治评级的重要性与日俱增，并且能够提供深刻的见解，友邦保险控股有限公司及其附属公司（以下简称友邦保险）自2022年开始应用内部设计的环境、社会及管治评级评分卡，并于2022年第三季，全面应用于我们直接管理的固定收益及股票资产。我们的团队会根据环境、社会及管治评级评分卡，对友邦保险研究分析员直接覆盖的数千间投资组合公司进行评估，并就一般账户投资组合内的每名发行人给予环境、社会及管治评级，有关评级至少每十二个月检讨一次。

友邦保险于2021年制定环境、社会及管治评级评分卡时，已审视由国际顶尖环境、社会及管治评级机构和外部投资管理公司所制定的环境、

社会及管治评估方法。我们的环境、社会及管治评级评分卡亦已获外部验证,以确保评级方法符合需求,并有助于我们实现长期可持续发展目标。

当友邦保险的研究分析员团队就所投资公司及潜在投资进行环境、社会及管治评估时,环境、社会及管治评级评分卡便有助他们可以系统地量化与环境、社会及管治相关的风险与机遇。这种方法基于各项加权因素、重大主题(包括气候转变)、行业特定因素,以及由外部供应商所提供的独立参考资料。

我们其后将环境、社会及管治的整体评估,分为 A 至 E 的五个等级,并以 A 级为最高等级。友邦保险的评级评分卡有助于我们的研究分析员进行基本分析,让他们能更全面地掌握投资机会及现有的一般账户投资组合。我们相信借助评级评分卡及相关方法,不单有助于加强现有的研究流程,亦能提升我们的相关能力,让我们可作出更明智的投资决策。

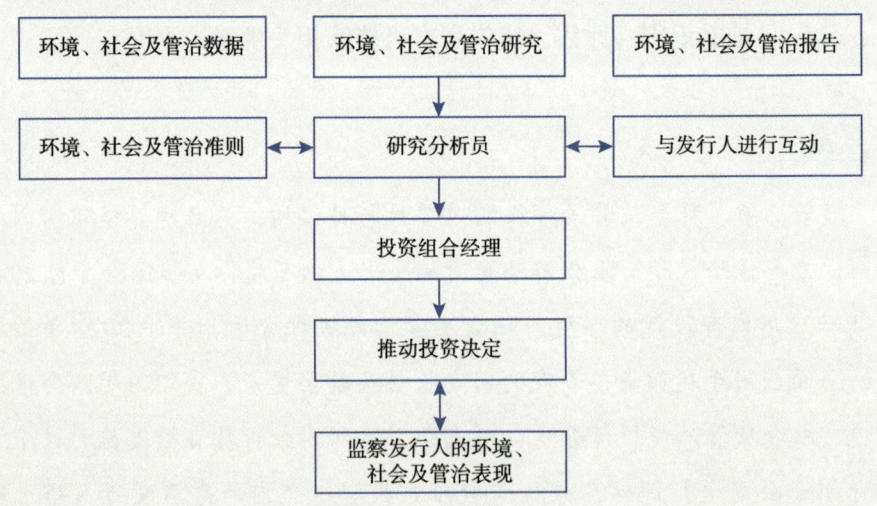

▶ **案例点评:**

友邦保险在报告中披露将 ESG 因素纳入投资流程,将 ESG 风险和机遇划分为 A 至 E 五个等级，并以 A 为最高等级，建立了 ESG 评级评分卡。由研究分析员与投资组合经理协同，至少每年一次，对 ESG 风险和机遇进行识别、量化评估、优先考虑和监控，在业务层面建立了 ESG 风险和机遇管理流程。不仅在前文披露从公司整体层面对 ESG 风险和机遇进行管理，同时细化至业务层面，符合 ISSB 准则对于可持续相关机遇识别、评估、优先级确定和监控的披露要求。

▶ 案例来源：

《友邦保险集团 2022 年环境、社会和公司管治报告》P50，https：//www.aia.com.hk/content/dam/hk-wise/pdf/about-aia/esg/aia-esg-report-tc-2023.pdf。

互太纺织股份有限公司

▶ 案例主题：

披露可持续相关机遇识别、评估、优先级确定和监控的流程

▶ 披露内容：

重要性评估：为更有效管理 ESG 表现及促进 ESG 汇报过程，互太纺

织股份有限公司（以下简称互太纺织）于本年度进行了 ESG 议题重要性评估，过程包括以下三个步骤。

工作	流程
识别议题	经参考气候相关财务信息披露工作组（Task Force on Climate-related Financial Disclosures，TCFD）、全球报告倡议组织（Global Reporting Initiative，GRI）及香港联合交易所有限公司（联交所）的环境、社会及管治报告指引；联合国可持续发展目标（United Nations' Sustainable Development Goals，SDG），同业披露及其他外部持份者的期望等各项 ESG 报告标准，互太纺织整理出与本集团营运相关的 ESG 议题。此外，我们已寻求第三方顾问的意见，以识别对本集团属于重大的 ESG 重要议题
重要性分析	为识别各项 ESG 议题对互太自身及相关持份者的重要性，互太与营运及管理部门分析持份者对本集团的依赖性和影响，并确认我们的主要内部及外部持份者为员工、投资者及股东、客户及消费者、供应商及业务伙伴、政府及监管机构、传媒及公众
确认结果	本集团管理层审视各 ESG 议题的评分，确保其准确性，并确认结果

▶ **案例点评：**

互太纺织是一家纺织业上市企业，充分意识到应对环境风险对于企业长期可持续发展的重要性，建立了"识别议题—重要性分析—确认结果的 ESG 风险和机遇识别、排序、审批"的 ESG 议题管理流程，涵盖 ESG 风险和机遇，虽然在报告中未明确说明如何对 ESG 风险和机遇进行监控，但每个报告期都会通过利益相关方调研管理 ESG 议题。这些反映了互太纺织 ESG 风险和机遇的识别、评估、优先级确定和监控流程的建立和运行情况。符合 ISSB 准则关于可持续相关机遇识别、评估、优先级确定和监控的流程披露要求。

▶ **案例来源：**

《互太纺织控股 2022/2023 环境、社会及管治报告》P24，https://cdn.pthl.hk/Pacific_Textiles_AR2022_ESG-c.pdf。

5.3 与整体风险管理流程的整合

主体将可持续相关风险和机遇识别、评估、优先考虑和监控流程整合到整体风险管理流程中，旨在促进这些流程的融合或一体化。例如，2022年6月中国银行保险监督管理委员会印发的《银行业保险业绿色金融指引》要求银行业和保险业将 ESG 考量纳入授信和投资业务中，以实现 ESG 风险和机遇全流程管理。

主体应披露识别、评估、优先考虑和监控可持续相关风险和机遇的流程如何以及多大程度上整合至整体风险管理流程，并影响其整体风险管理流程。

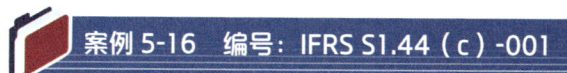

案例5-16　编号：IFRS S1.44（c）-001

无锡药明康德新药开发股份有限公司

▶ 案例主题：

披露将可持续相关风险管理流程整合至整体风险管理流程

▶ 披露内容：

我们充分认识到环境、社会和经济影响对本公司以及利益相关方的重要性，积极识别与本公司有关的重大性议题，并由董事会授权 ESG 委员会对年度审阅结果进行审批。我们根据各议题重要性进行优先级排序，并将其涉及的 ESG 风险管理纳入本公司整体的风险管理程序中。我们不断提高自身管理水平，以确保在各项重大性议题所涉及的领域，降低对利益相关方的负面影响，充分保障其权益。

报告期内，无锡药明康德新药开发股份有限公司（以下简称药明康德）依照香港联交所《环境、社会及管治报告守则》以及全球报告倡议组织《可持续发展报告标准》，遵循双重重要性评估原则，将各项议题的财务重要性与影响重要性纳入考量，识别并总结出 21 项与 ESG 相关的重大性议题。

▶ **案例点评：**

药明康德是一家医药企业，在报告中披露了 ESG 重要性议题的识别、排序、审批、管理的流程，涵盖可持续相关风险和机遇，并明确说明了将这些重要性议题 ESG 风险管理纳入公司整体的风险管理程序中，符合 ISSB 准则关于可持续相关风险管理流程如何以及多大程度上整合至整体风险管理流程，并影响其整体风险管理流程的披露要求。

▶ **案例来源：**

《药明康德 2022 年度环境、社会及公司管治报告》P16，https://esg-cms.wuxiapptec.com//uploads/20231207/ESG_2022_Simplified_Chinese.pdf。

案例 5-17　编号：IFRS S1.44（c）-002

施耐德电气有限公司

▶ **案例主题：**

披露将可持续相关风险管理流程完全整合至整体风险管理流程

▶ **披露内容：**

每年，施耐德电气都会进行风险、机遇和影响评估，考虑可能对公司财务产生直接积极或消极影响的问题，包括短期（3~5年）、中期（5~10年）或长期（10~30年），以及公司在其价值链中直接或间接对人类或地球的影响。

主要内部工具包括：

➤ 在施耐德电气可持续发展影响项目启动前，每3~5年进行一次内部和外部利益相关者咨询（重要性评估），重点分析主要利益相关者的期望。

➤ 由集团风险管理职能部门负责构建的集团风险矩阵每年更新一次，重点是识别集团认为特定于其业务的风险，并识别出可能影响其活动、形象的风险。

➤ 警惕风险矩阵关注潜在的不利因素。本集团可能对人类或地球造成的直接或间接影响，通过其业务关系间接地在其价值链中发挥作用。

➤ 其他特定的风险映射，例如专门用于道德和合规风险（包括反腐败和冲突利益风险），气候、水和生物多样性风险，供应商风险，网络安全风险等都是定期进行识别和更新。

▶ **案例点评：**

施耐德电气有限公司（以下简称施耐德电气）是一家电气企业，在报告中披露了集团风险管理职能部门每年对业务风险、可持续相关风险进行识别、评估和定期更新，涵盖道德和合规风险（包括反腐败和冲突利益风险）、气候、水和生物多样性风险、供应商风险、网络安全风险。这些反映了施耐德电气将可持续相关风险和机遇管理流程完全整合至整体的风险管理流程中，符合ISSB准则关于可持续相关风险管理流程如何以及多大程度上整合至整体风险管理流程，并影响其整体风险管理流程的披露要求。

▶ **案例来源：**

《施耐德2022年可持续发展报告》P13，https://www.se.com/ww/en/assets/564/document/396659/2022-sustainability-report.pdf。

案例5-18　编号：IFRS S1.44（c）-003

雀巢公司

▶ **案例主题：**

披露将可持续相关风险和机遇管理流程完全整合至整体风险管理流程

▶ **披露内容：**

在集团层面，我们的风险处理方法与我们的目标一致，重点关注财务

风险管理 5

和非财务领域的运营、战略、合规和声誉风险,每年在集团层面进行风险评估,ESG主题已纳入我们的企业风险管理(ERM)流程。

这有助于确保将所有可持续性主题纳入风险评估全公司考虑的机会。环境和社会影响有关的供应链风险,包括暴露的人权风险都在集团管理层进行审查。采购职能部门还制定了详细的供应商风险管理程序。如有需要,与我们的风险评估程序有关的案件将上报执行委员会,相关调查结果将反映在业务和战略层面的决策过程中。

▶ 案例点评:

雀巢公司是一家食品制造商,在报告中披露了风险管理流程涵盖财务领域和非财务领域的风险,ESG主题已纳入风险管理(ERM)流程中,反映了ESG风险和机遇管理流程完全整合至整体风险管理流程中。符合ISSB准则关于可持续相关风险管理流程如何以及多大程度上整合至整体风险管理流程,并影响其整体风险管理流程的披露要求。

▶ 案例来源:

《雀巢2022年创造共享价值和可持续发展报告》P7,https://www.nestle.com/sustainability。

案例 5-19　编号：IFRS S1.44（c）-004

兴业银行股份有限公司

▶ **案例主题：**

披露将可持续相关风险和机遇管理流程完全整合至业务风险管理流程

▶ **披露内容：**

本行将 ESG 相关风险评估体系全面运用到企业金融、零售金融、同业金融三大业务条线的授信流程中，根据相关风险评估标准将客户分为 A、B、C、D 四类，采取差别化的管理策略，并融入尽职调查、风险评审、合同签订、融资发放、存续期管理等授信流程各环节。依据《兴业银行关于建立客户 ESG 指标体系的通知》《兴业银行企业金融客户 ESG 内嵌授信流程方案》《兴业银行关于将 ESG 内嵌小微企业授信流程的通知》《兴业银行零售信贷客户 ESG 内嵌授信流程方案》《兴业银行关于印发同业客户 ESG 指标体系的通知》《同业金融客户 ESG 内嵌授信流程方案》等制度，本行在尽职调查环节，根据客户所在行业、区域特点，按照 ESG 相关内容开展针对性的尽职调查，强化对客户 ESG 表现相关的基础信息及数据的收集与验证，覆盖能源消耗、水资源利用、温室气体排放、企业环境信用评价、环保行政处罚、供应商管理、客户投诉、员工社保数据、偿债能力、信息披露、负面新闻等 39 类指标，确保信息的真实、完整及有效性。制定专项风险防控措施和应对预案，包括但不限于：限时整改违法违规事件、签订专项承诺书、调整授信方案、提高资本金比例、增加风险缓释措施、暂

风险管理 5

停新增授信、压缩存量业务等。在授信审查审批环节，实施差别化授信控制。

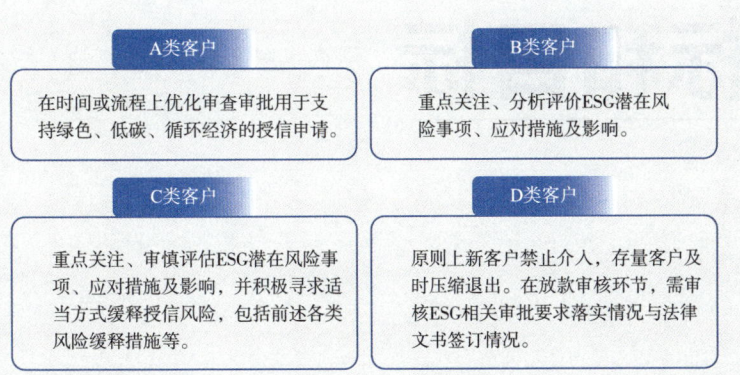

> **案例点评：**

兴业银行股份有限公司（以下简称兴业银行）在报告中披露了如何结合ESG评价对客户进行差异化管理，将ESG风险管理流程全面整合至企业金融、零售金融、同业金融业务管理流程中，通过ESG风险评估将客户分类划分为A、B、C、D四类，既能够在业务中把握ESG机遇，也能够控制ESG风险。兴业银行将风险管理从整体细化至业务层面，将ESG风险和机遇管理流程完全整合至业务风险管理流程中，符合ISSB准则关于可持续相关风险管理流程如何以及多大程度上整合至整体风险管理流程，并影响其整体风险管理流程的披露要求。

> **案例来源：**

《兴业银行2022年度可持续发展报告》P102-103，https：//download.cib.com.cn/netbank/download/cn/Sustainable_Finance/20230713.pdf。

6 指标和目标

指标和目标披露旨在帮助通用目的财务报告使用者了解主体在可持续相关风险和机遇方面的业绩，包括主体实现其目标所取得的进展。目标既包括主体设定的目标，也包括法律法规要求主体实现的目标（IFRS S1.45），具体包括：（1）适用于本准则要求的相关指标；（2）用于计量和监控可持续相关风险和机遇业绩的相关指标（IFRS S1.46）。

ISSB准则要求企业明确披露其用于计量和监控可持续相关风险和机遇的指标、目标及衡量进展的绩效指标，包括说明指标参考指引来源、中期及阶段性目标等。对标ISSB准则要求策略方面的披露要求，主体未来在指标和目标的选择和制定上需要有相关法律依据或规则依据并设立衡量目标进展的时间范围和绩效指标。同时，主体需对其指标和目标的变化趋势进行分析，以评估指标与目标实践措施的有效性，有效配置资源。

本章内容结构与准则要求对应关系如表6-1所示。

表 6-1 本章结构与准则要求对应关系

章节号	章节标题	准则要求	目号	目标题	准则要求
6.1	可持续相关指标（IFRS S1.46-50, 52, 53）	每项可合理预期主体发展前景的可持续相关风险和机遇的指标（IFRS S1.46-50, S1.52, S1.53）	6.1.1	适用《国际财务报告可持续披露准则》要求的指标[IFRS S1.46（a）, 47, 48, 49]	适用的国际财务报告可持续披露准则要求的指标[IFRS S1.46（a）]
			6.1.2	主体披露使用的指标[IFRS S1.46（b）（i）（ii）, 50, 52, 53]	主体使用的用于计量和监控主体的可持续相关风险或机遇的指标[IFRS S1.46（b）（i）]；主体在该可持续相关风险或机遇方面的业绩，包括其设定的任何目标和法律法规要求主体实现的任何目标所取得的进展[IFRS S1.46（b）（ii）]
6.2	可持续相关目标（IFRS S1.46, 51, 53）	主体应披露其为监控实现战略目标进展而设定的目标，以及法律法规要求其实现的目标的信息（IFRS S1.46, 51, 53）	6.2.1	主体设定的目标[IFRS S1.46（b）（ii）, 51, 53]	主体应披露其为监控战略目标实现进展而设定的目标（IFRS S1.51, 53）
			6.2.2	法律法规要求的目标[IFRS S1.46（b）（ii）, 51, 53]	法律法规要求其实现的目标的信息（IFRS S1.51, 53）

注："可持续相关风险和机遇"简称为"风险和机遇"，简称后术语指代含义不变。

▶ 6.1 可持续相关指标

现有和潜在的投资者、贷款人和其他债权人的资源投入决策取决于对回报的预期，如股息、本金和利息支付、市场价格上涨等。上述相关方对回报的预期，越来越显著地受到主体可持续相关风险和机遇的影响。因此，主体应披露能够合理预期会影响其发展前景的每项可持续相关风险和机遇，针对每项可持续相关风险和机遇，制定可衡量的、具备适用性、有明确定义的指标。本节将围绕使用准则要求的指标、主体使用的计量和监控指标两个方面进行解读。

6.1.1 适用《国际财务报告可持续披露准则》要求的指标

主体应按照 ISSB 准则要求选择适用的指标,在准则中没有适用指标时应采取判断方法、参考 SASB 准则,来确定适用指标,并可在满足限定条件的情况下参考其他符合有关披露要求的标准。

主体可参考以下步骤确定需要披露的可持续相关指标:

● ISSB 准则中适用披露要求的指标;

● 若 ISSB 准则中没有适用指标,则应通过以下两个纬度的判断来确定适用指标:一是与通用财务报告使用者的决策相关;二是如实反映与可持续相关的风险或机遇。

在作出判断时应参考 SASB 准则。若 SASB 准则中的某些指标不适用,主体可以在经评估以下标准满足 ISSB 准则披露要求的适用性,且与 ISSB 准则不冲突的情况下,参考以下信息:

● CDSB 框架应用指引;

● 其他准则机构发布的旨在满足通用财务报告使用者信息需求的最新文告,如全球报告倡议组织《可持续发展报告标准》(*GRI Standards*)、《欧洲可持续发展报告标准》(*European Sustainability Reporting Standards*,*ESRSs*)等;

● 相同行业或地理区域经营的主体所披露的信息。

在应用上述标准的时候,主体应确保满足 ISSB 准则要求,明确显示 ISSB 准则所需求的重要信息。

此外,主体披露的可持续相关指标,还应该包含行业相关的特定业务模式、活动,或与所在行业其他共同特征相关的指标。表 6-2 为 SASB 准则中给出的钢铁行业活动指标,即量化主体业务规模的一套指标,旨在与会计指标结合使用,使数据可标准化和更可比,以帮助报告使用者更好地理解和判断可持续发展/ESG 数据的质量,以及衡量主体可持续发展/ESG 绩效与同行对比的情况。

表 6-2　SASB 准则钢铁生产商可持续会计标准中的活动指标

指标名称	指标编号	披露种类	披露单位	指标解读
粗钢生产量、基本氧气炉工艺所占百分比、电弧炉工艺所占百分比	EM-IS-000.A	定量	吨（t）或百分比（%）	无
铁矿石总产量	EM-IS-000.B	定量	吨（t）	生产范围包括内部消耗的铁矿石和可供销售的铁矿石
炼焦煤总产量	EM-IS-000.C	定量	吨（t）	生产范围包括自用焦煤和供销售的焦煤

资料来源：SASB 官网：Download SASB Standards-SASB，http：//sasb.ifrs.org/stamdards/download/?/ang=eh-us。

6.1.2　主体披露使用的指标

主体在确定应披露的可持续相关指标基础上，需要进一步确定能计量和监控可持续相关进展的具体指标。主体应设定有意义、名称与描述清晰和精确的指标，来计量和监控可持续相关风险和机遇，包括可持续相关风险和机遇的变化及趋势。这些指标也可用于可持续相关风险和机遇管理流程中。

主体应披露以下指标信息（IFRS S1.50）：

（1）应披露指标如何定义，包括指标是否根据除 IFRS 可持续披露准则外的其他指引来源修改而来，如是，应明确指标参考指引来源以及主体披露指标与参考指引来源中的指标差异；

（2）应披露指标属于定量指标还是定性指标，定量指标是绝对值还是相对值，定性指标如何度量，如红色、琥珀色、绿色（RAG）状态；

（3）应披露指标是否通过第三方认证，如是需进一步披露认证的机构；

（4）应披露指标计算方法和计算所使用的输入值，包括所使用的方法局限性和所作出的重要假设。

主体应使用有意义、清晰和准确的用语来描述和定义指标，并确保用于设定和监督可持续相关指标的定义和计算方式应随时间推移保持一致。如果重新定义指标或者替换指标，应说明变更的具体情况及其发生原因，包括替换这些指标能够为通用目的财务报告使用者提供更有用信息的原因。当主体重新定义指标或使用替代指标时，在可行的前提下，主体应提供重述的比较数据，即当前报告期提供的数据有别于上一报告期间时，主体应披露上一报告期间的金额与修订后的比较金额之间的差额，以及对金额作出修订的原因。若无法提供重述的可比数据，应对不可行的原因进行解释。如主体在报告期间引入新指标，在可行的前提下，也应披露该指标当前报告期和上一报告期间的可比数值。

案例 6-1　编号：IFRS S1.50（c）-001

中国建筑集团有限公司

▶ 案例主题：

披露可持续发展报告经第三方审验

▶ 披露内容：

可持续发展报告审验声明书

杭州汉德质量认证服务有限公司（以下简称 TUV NORD）受中国建筑股份有限公司（以下简称中国建筑或公司）委托，对《中国建筑2022可持续发展报告》（以下简称报告）进行了独立的第三方审验工作。

中国建筑负责收集、分析、汇总和披露报告中提到的信息。TUV

NORD 在与中国建筑的协议范围中认可的职权范围内实施此项工作（报告审验）。中国建筑是本声明的指定用户。

本声明书基于《中国建筑 2022 可持续发展报告》，中国建筑对报告中信息和数据的完整性和真实性负责。

审验的性质和范围

针对《中国建筑 2022 可持续发展报告》，审验报告基于如下内容：

- 可持续发展报告中披露的从 2022 年 1 月 1 日到 2022 年 12 月 31 日期间涉及的经济、环境和社会方面的指标；
- 涉及公司可持续发展 / 社会责任 / ESG 绩效的数据、案例、管理相关信息；
- 对报告中涉及数据和信息的收集、分析、检查等管理过程进行评价；
- 由于经济数据由第三方进行审计，故本次审验中不做重复审计。

本次审验时间为 2023 年 3 月 23 日至 24 日。

审验方法

审验过程包括如下活动：

- 评审中国建筑提供的文件信息；
- 访谈中国建筑报告信息收集人员；
- 查阅相关网站及媒体公布的公众信息，通过抽样的方法对报告中有关数据和信息进行核实；
- 参考香港联交所《环境、社会及管治指引》对可持续发展报告的要求，对报告进行了评估；
- 依据《可持续发展报告指南》（GRI Standards）对社会责任报告在平

衡性、可比性、准确性、时效性、清晰性、可靠性方面的要求，对报告进行了评估；

- 依据《AA1000 审验标准》(V3)；
- 验证活动是根据 TUV NORD 可持续发展报告验证管理程序进行。

▶ **案例点评：**

中国建筑集团有限公司披露的 2022 年可持续发展报告，由杭州汉德质量认证服务有限公司进行独立的第三方审验工作，验证活动是根据该第三方公司的可持续发展报告验证管理程序进行。根据《金蜜蜂中国企业社会责任报告研究（2022）》，截至 2021 年 10 月末，2300 份中国企业披露的可持续发展报告/社会责任报告/环境、社会及管治报告中，有 154 份经过第三方专业机构审验，占发布报告的比例为 6.7%。到 2022 年 10 月底，金蜜蜂评估的 2400 份可持续发展报告中，经第三方审验的比例上升到 9%。

▶ **案例来源：**

《中国建筑集团有限公司 2022 年可持续发展报告》P118，https://www.cscec.com/2022kcxfzbg/2022kcxfzbg.html。

《金蜜蜂中国企业社会责任报告研究（2022）》P14，https://weidian.com/item.html?itemID=6063291229&spider_token=83b8。

指标和目标 ▶ 6

案例 6-2　编号：IFRS S1.52-001

华润医药集团有限公司

▶ **案例主题**：

披露可持续绩效指标计算变更原因

▶ **披露内容**：

华润医药调整关键绩效指标的数据统计范围后，均以备注形式进行披露和说明。下面是该报告中绿色办公数据范围调整的示例说明。

指标名称	单位	2020 年	2021 年	2022 年
办公生活废水	吨	1203	1200	342220.71
办公用电量	千瓦时	637000	724667	14739987.84
办公用水量	吨	2196	2601	367401.14

注：2020 年、2021 年数据统计口径为华润医药总部；2022 年数据统计口径扩大至各业务单元，故绿色办公数据同比增长较大。

▶ **案例点评**：

根据 ISSB 准则对报告主体的规定，可持续相关财务信息披露应与相关财务报表的报告主体一致，指标的定义和计算应随时间推移保持一致，如果重新定义指标，应解释变化原因。华润医药集团有限公司（以下简称华润医药）2020～2021 年办公生活废水、办公用电量、办公用水量数据统计口径为总部，2022 年数据统计口径扩大至各业务单元，可以看出，2022年办公生活废水相比前一年度增加了 34 万多吨。报告中具体说明范围不一致的指标情况及具体原因，符合 ISSB 准则对可持续绩效指标计算变更原因的披露要求。

▶ **案例来源**：

《华润医药 2022 年可持续发展报告》P61，https：//www.crpharm.com/shzr/shzrbg/202204/P020220428328446552520.pdf。

案例 6-3　编号：IFRS S1.50（C）-002

维斯塔斯风力技术集团

▶ **案例主题**：

披露碳中和目标通过第三方验证

▶ **披露内容**：

维斯塔斯风力技术集团（以下简称维斯塔斯）的中和目标：到 2030 年实现碳中和，无须碳补偿。

指标和目标 6

碳目标	基线	目标	进展
公司运营范围一和范围二碳排放（绝对值）	2019年：114000吨	2030年：0吨	2022年：100000吨
供应链范围三碳排放	2019年：6.82kg/MWh	2030年：3.75kg/MWh	2022年：6.46kg/WMh

2020年8月，由碳项目、联合国全球契约、世界资源研究所和世界自然基金会领导的"科学碳目标倡议"（SBTi）验证了我们自身运营的碳中和目标。SBTi确认，我们的碳中和目标符合将全球变暖控制在比工业化前温度水平高1.5℃的要求。

▶ **案例点评：**

维斯塔斯披露了设定的四个关键可持续发展目标，每个目标均通过可量化衡量的指标进行具体阐述，即2030年实现无须碳补偿的碳中和，其中公司在范围一和范围二碳排放量绝对值以2019年为基期，到2030年要降为零排放；供应链上的范围三碳排放要从2019年的6.28kg/MWh下降到2030年的3.75kg/MWh。维斯塔斯设定的碳目标在2020年8月通过了科学碳目标倡议（SBTi）验证。以上符合ISSB准则对可持续相关目标通过第三方审验的披露要求。

▶ **案例来源：**

《维塔斯塔可持续发展报告2022》P8，P28，vestas.com/content/dam/vestas-com/global/en/sustainability/reports-and-ratings/sustainability-reports/Sustainability Report 2022.pdf.coredownload.inline.pdf。

案例6-4 编号：IFRS S1.46/50/51-001

雀巢集团

▶ **案例主题：**

披露设定的可持续发展指标

▶ **披露内容：**

（1）可持续相关绩效指标设定。

雀巢集团参考自愿报告框架和相关标准，包括全球报告倡议（Global Reporting Initiative，GRI）、可持续会计准则（Sustainability Accounting Standard）和利益相关者资本主义指标（Stakeholder Capitalism Metrics，SCM）等，选定9个ESG绩效指标，并通过单独的文件公开披露了每个指标的含义、范围与衡量标准。

选定的ESG KPI如下：

①环境绩效指标：

➢ 温室气体（GHG）减排量；

➢ 减少工厂用水量；

➢ 以可持续方式生产的主要原料的百分比；

➢ 主要供应链中零毁林的百分比；

➢ 可回收利用的塑料包装百分比；

➢ 减少原生塑料的百分比。

②社会绩效指标：

➤ 提供负担得起的微量营养素强化剂（MNF）的数量；

➤ 帮助全球年轻人获得经济机会的人数；

➤ 前200多名高管职位中的女性高管。

文件对每个指标的定义和测算方法进行了详细说明，具体介绍了每个绩效指标的计算方法、定义、范围、数据准备及假设条件。以下是其中一个指标的衡量标准的详细说明。

①"前200多名高管职位中的女性高管"指标。

➤ 计算方法：该指标是指截至报告日（如2021年报告截止日是2021年12月31日）在公司担任高管职位的女性占担任高管职位的员工总数的比例。

➤ 定义：雀巢在"性别平衡加速计划"中提到，到2022年，要将集团200多名高级管理人员中的女性比例从20%左右提高到30%。

➤ 范围：指标统计范围包括所有与雀巢当年财务报告一致的实体，以及雀巢与通用磨坊公司的合资企业CPW。在这个范围内的公司占雀巢公司销售额的99%。

➤ 数据准备：计算依据是雀巢全球标准人力资源信息系统2021年12月31日的报告。

②担任高级管理职位的女性比例计算方法是现任女性高管人数与现任高管总人数之比。

➤ 高级管理人员的定义如下：

- 所有市场的主管职位；

——负责集团内最大组织的业务职位；

——负责集团范围内战略职能和/或举措的职位；

——为董事会执行局成员或主要市场提供职能领导的职位。

➢ 假设条件：员工的性别由员工自己告知，并记录在雀巢全球标准人力资源信息系统中。前200多名高级管理职位的任何增加/排除，均由集团人力资源主管与执行董事会其他成员协调/批准。

（2）可持续关键绩效数据第三方鉴证。

雀巢聘请必维国际检验集团（Bureau Veritas）对《雀巢2021年创造共享价值和可持续发展报告》中包含信息的准确性、可靠性和客观性提供独立保证，根据AA1000保证标准（AA1000AS v3）类型2要求，处于中等保证水平。

聘请安永为《雀巢2021年创造共享价值和可持续发展报告》绩效摘要中包含的具有高度战略重要性的选定关键绩效指标提供独立保证，根据鉴证业务国际标准（ISAE）3000执行，以提供有限鉴证（即选定信息是否已在所有重要方面按照适用标准编制）。

▶ 案例点评：

雀巢集团在报告披露了9个关键ESG绩效指标，说明了指标的参考指引来源为全球报告倡议（Global Reporting Initiative, GRI）、可持续会计准则（Sustainability Accounting Standard）和利益相关者资本主义（Stakeholder Capitalism Metrics, SCM）等。

9个关键ESG绩效指标均为定量指标，其中以可持续方式生产的主要原料的百分比、主要供应链中零毁林的百分比、可回收利用的塑料包装百分比等指标为绝对值指标，温室气体减排量等指标为相对值。除此，报告中还披露了指标计算方法和计算所使用的输入值，包括所使用的方法局限性和所作出的重要假设；以及这些指标的第三方审验情况，即雀巢集团聘请第三方独立鉴证机构进行了独立保证。以上符合ISSB准则对于可持续相关指标的披露要求。

▶ 案例来源：

《雀巢ESG关键绩效指标的报告范围和方法》，https://www.nestle.com/sites/default/files/2022-03/reporting-scope-methodology-esg-kpis-2021-en.pdf。

《雀巢2021年创造共享价值和可持续发展报告》，https://www.nestle.com/sites/default/files/2022-03/creating-shared-value-sustainability-report-2021-en.pdf。

《安永独立鉴证报告》，https://www.nestle.com/sites/default/files/2023-03/ey-assurance-statement-2022.pdf。

▶6.2 可持续相关目标

主体在测量和监测可持续相关风险和机遇的基础上，进一步设定了用于计量监督和管理可持续相关风险和机遇的业绩的指标，这些业绩指标能够用于设定目标、监控目标实施进展。主体应披露为监控实现其整体战略目标实现情况而设定的可持续相关目标，以及法律法规要求主体达到的任何可持续相关目标。本节将围绕主体设定的目标、法律法规要求的目标两个方面进行解读。

6.2.1 主体设定的目标

主体应披露为监测实现其整体战略目标实现情况而设定的可持续相关目标。对于每个目标，应披露以下信息（IFRS S1.51）：

（1）用于设定目标和监控目标实现进展的指标；

（2）主体设定的或者被要求实现的具体定量或定性目标；

（3）目标的适用期间；

（4）计量进展的基准期间；

（5）阶段性目标和中期目标；

（6）每个目标实现情况的业绩，以及对主体业绩的趋势或变化的分析；

（7）对目标的修订及对修订的解释。

主体应使用有意义、清晰和精确的名称与描述来定义目标。在分析目标实现进展时，应将基期的业绩水平作为基准业绩，分析目标进展与预期相比是否发生重要变化。在描述目标绩效趋势或重要变化时，应确保所用指标绩效披露在目标适用期间范围内，并符合衡量进展的基准期间，如主体在 2020 年设定了 2025 年中期目标及 2030 年碳中和目标，在分析目标业绩趋势或重要变化时，应与上述设定的适用期间和计量进展的基准期间相符。

主体应使用有意义、清晰和准确的用语来描述目标，并确保用于设定和监控可持续相关目标的定义和计算方式应随时间推移保持一致。如果重新定义目标以及调整计算方式，应说明变更的具体情况及其发生原因。当目标定义和计算发生变更，在可行的前提下，主体应提供重述的比较数据，即当前报告期提供的数据有别于上一报告期间时，主体应披露上一报告期间的金额与修订后的比较金额之间的差额，以及对金额作出修订的原因。若无法提供重述的可比数据，应对不可行的原因进行解释。

主体应披露用于设定目标和监控目标实现进展的绩效指标，这些目标包括定量和定性目标，说明这些目标的适用期间、衡量目标进展的基准期、任何阶段性目标和中期目标。主体应描述这些目标的进展，以及可持续相关风险和机遇监控和管理的业绩发展趋势或变化，如对目标进行任何修订，都应对这些修订进行解释。

案例 6-5　编号：IFRS S1.51-001

深圳市腾讯计算机系统有限公司

▶ 案例主题：

披露乡村振兴相关举措的绩效指标和目标阶段性进展

▶ 披露内容：

在实施"耕耘者振兴计划"的过程中，腾讯用擅长的数字化技术形成了一套服务于政府、基层乡村人才、广大村民的创新培训体系，并通过提供数字化工具来助力治理方式的标准化、流程化、数字化、规模化。其中，村级事务管理平台是对乡村治理积分制实施三年来的进一步创新。腾讯在浙江省宁波市象山县"村民说事"治理模式、湖南省娄底市新化县油溪桥村"村级事务积分制管理"模式的基础上，联袂推出了"村级事务管理平台"，致力打造云端上的党群服务中心，解决乡村治理痛点，提升治理效率。

截至2023年6月30日，村级事务管理平台

入驻村庄 **35051** 个　　　　　涵盖全国 **31** 个省份

服务村民 **4653458** 人　　　　启用"积分制"工具的村庄累计 **3411** 个

启用"村民说事"工具的村庄累计 **5424** 个　　月度使用人数近 **301.29** 万人

▶ 案例点评：

腾讯披露了通过搭建乡村事务管理数字化平台助力乡村振兴的举措与定量绩效指标，及截至2023年6月底的目标实现情况绩效数据。对标ISSB准则要求，符合IFRS S1.51对于"用于设定目标和监控目标实现进展的指标""主体设定的或者被要求实现的具体定量或定性目标""每个目标实现情况的业绩"等披露要求。未来可进一步披露为实现可持续社会价值创造战略举措所设定的具体定量或定性目标和计量进展的基准期间，以及就相关举措的落实情况对腾讯业绩产生的影响的趋势或变化进行更多的前瞻性分析与披露。

▶ 案例来源：

《腾讯可持续社会价值报告2022》P81，https：//static.www.tencent.com/attachments/ssv/2022/Tencent-SSV-Report-2022.pdf。

指标和目标 ◀ 6

案例 6-6　编号：IFRS S1.51-002

浙江吉利控股集团有限公司

▶ **案例主题：**

　　设定集团全链路碳中和的总体目标及各品牌子目标

▶ **披露内容：**

　　浙江吉利控股集团有限公司（以下简称吉利控股集团）在报告中详细披露了集团旗下各品牌的碳减排目标，内容如下。

▶ **案例点评：**

　　吉利控股集团详细披露了集团层面及旗下 6 个品牌的碳减排目标，包括集团层面 2045 年实现全链路碳中和的总目标，以及两个阶段性目标，分别为 2030 年集团运营层面碳中和，2040 年自身运营层面的零碳就绪。其 6 个下属品牌各自的碳中和目标，以及相应的阶段性目标，以用于具体监控集团整体碳目标的实施进展。包括吉利汽车将实现 2025 年单车全生命周期碳排放减少 25% 以上（以 2020 年为基准年），2045 年实现碳中和；路特斯科技、远程新能源商用车、沃尔沃汽车、极星、曹操出行也设定了各自的碳目标，以及目标的适用期间、期间目标和相关进展指标。以上符合 ISSB 准则对于可持续相关目标的披露要求。

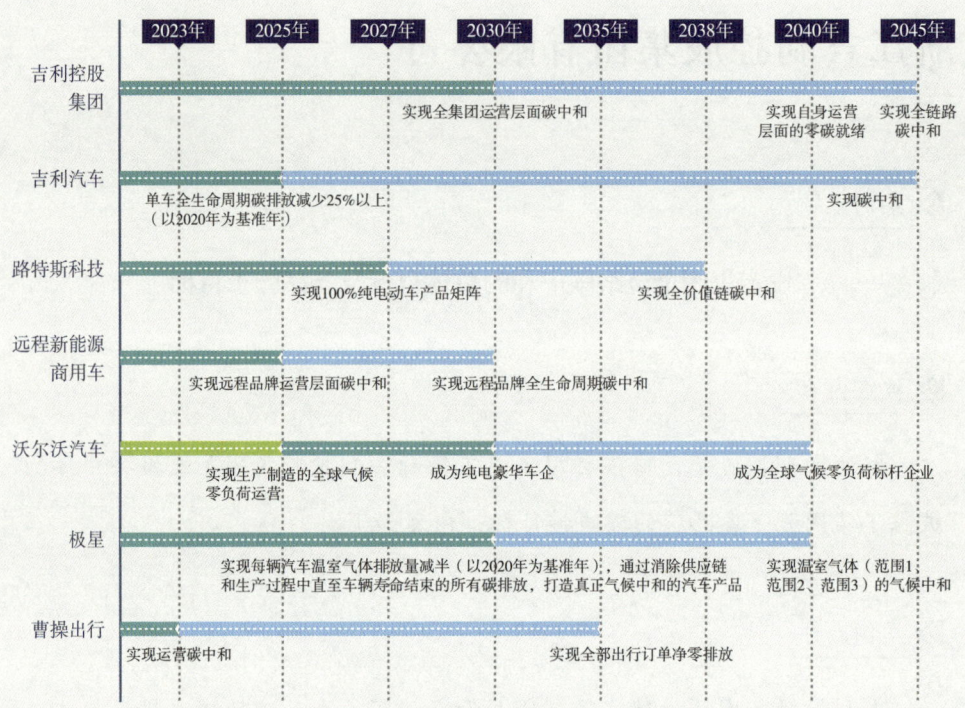

吉利控股集团旗下各品牌碳减排目标

▶ **案例来源：**

《吉利控股集团2022年可持续发展报告》P33，https：//zgh.com/wp-content/uploads/Geely-Holding-Group-Sustainability-Report-2022-ZH.pdf。

指标和目标 6

案例 6-7　编号：IFRS S1.51-003

通威股份有限公司

▶ 案例主题：

披露了设立的环境、社会、治理目标

▶ 披露内容：

通威股份在报告中从员工、产品、供应链、商业道德4个方面详细披露了可持续目标，内容如下：

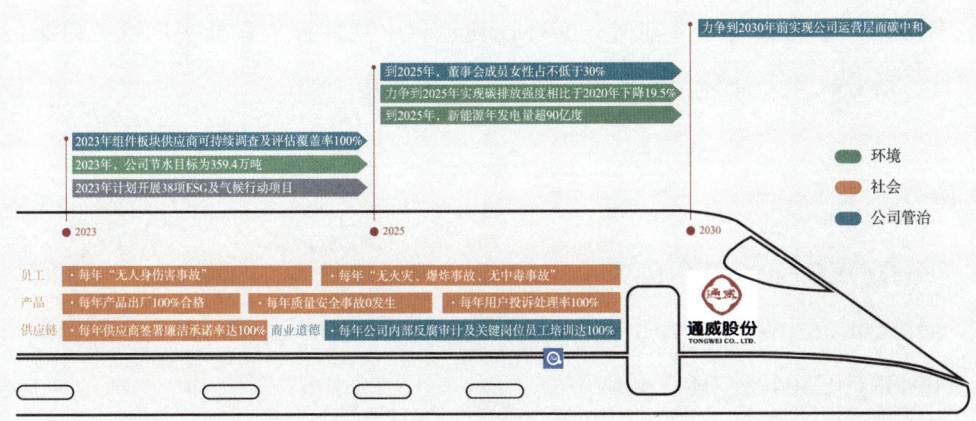

可持续目标

▶ 案例点评：

通威股份有限公司（以下简称通威股份）综合披露了其环境、社会与公司治理方面设定的14项定量目标。其中，碳排放目标时间阶段为2020~2030年，以2020年为基准年，阶段性目标为到2025年碳排放强度相比2020年下降19.5%，中期目标为2030年实现公司运营层面碳中和。社会、治理方面的大多数目标为企业设定的当年实现类型的符合性指标，包括安全生产目标为每年"无人身伤害事故"，产品质量目标为每年产品出厂100%合格，每年质量安全事故0发生，每年用户投诉处理率100%，每年供应链签署廉洁承诺率100%等。董事会女性成员占比目标为2025年不低于30%。对标ISSB准则要求，还需要进一步披露各项目标的适用期间、计量进展的基准期间、阶段性目标和中期目标、目标实现情况的业绩、趋势或变化分析、对目标的修订解释等信息。

▶ 案例来源：

《通威股份2022年度环境、社会、公司治理报告》P22，http://static.sse.com.cn/disclosure/listedinfo/announcement/c/new/2023-04-25/600438_20230425_ZH43.pdf。

6 指标和目标

案例 6-8　编号：IFRS S1.51-004

索尼集团公司

▶ **案例主题：**

披露碳排放目标修订情况及对修订的解释

▶ **披露内容：**

索尼集团公司（以下简称索尼）于 2010 年宣布的"走向零负荷"（road to zero）长期全球环境计划是索尼对全球环境的责任。

原本计划是在 2050 年前实现产品和业务活动整个生命周期的环境零负荷，但随着气候变化风险在全球范围内变得越发明显和严峻，索尼决定在气候变化领域加快减少对环境影响，将该领域实现环境零负荷目标的时间提前 10 年至 2040 年（包括范围 1 到范围 3），并将达成自身运营 100% 使用可再生能源用电目标的时间也从 2040 年提早 10 年至 2030 年（范围 1 和范围 2），坚持为保护生态环境提供鼎力支持。

此"净零排放目标"是 SBTi 在全球范围内首次批准"耐用消费品、家用和个人护理产品"领域大型公司的净零排放目标，与中国全力推进的碳达峰碳中和目标高度契合。

▶ **案例点评：**

索尼根据气候变化风险的严峻程度，将设定的净零排放最终目标从

2050年提前到2040年，提前10年；将中期目标"实现自身运营100%使用可再生能源用电"的时间从2040年提前到2030年。修订的原因主要是由于公司判断气候变化风险在全球范围内变得越发明显和严峻。以上符合ISSB准则对目标的任何修订及对修订的解释说明的披露要求。

▶ 案例来源：

《索尼可持续发展报告2023》P23，https: //www.sony.com.cn/content/dam/csr/images/report/CSR_Report2023_Final.pdf。

案例6-9 编号：IFRS S1.51-005

中国铝业股份有限公司

▶ 案例主题：

披露能源与温室气体排放绩效目标及进展

▶ 披露内容：

中国铝业股份有限公司（以下简称中国铝业）积极推进"双碳"战略实施，结合自身运营情况，对温室气体排放与能源消耗方面的目标完成情况进行检讨，并制定了新目标。

指标和目标 6

能源与温室气体排放绩效目标。2022年度，公司结合自身运营状况，对温室气体排放与能源消耗方面的目标完成情况进行了检讨，并制定了新目标，详情如下：

指标	指标说明	基准年	2022年目标描述（与2021年同口径）	2022年目标完成情况（与2021年同口径）	2023年目标描述（新口径）
温室气体	氧化铝板块——单位产品（吨氧化铝）二氧化碳当量排放强度	2021	下降1.28%	已达成目标，较2021年下降约4.90%	较2022年下降2%
	电解铝板块——单位产品（吨电解铝）二氧化碳当量排放强度	2021	下降0.10%	已达成目标，较2021年下降约5.98%	以综合交流电耗计，排放强度在8吨以下
	温室气体排放总量	2021	同等产量下，降低70万吨二氧化碳当量排放	已达成目标，以公司主要产品单位碳排放强度计，全年降碳量达160万吨以上	力争2025年实现碳达峰、2035年降碳40%
能源	总用煤量	2021	下降2.80%	由于2022年主要产品产量较2021年涨幅较大，故用煤量有所上升	—
	万元产值（2020年价）综合能耗（吨标准煤/万元产值）	—	不高于1.878%	1.862%	低于1.870%
	平均吨铝液综合交流电耗（不含脱硫电耗）	2021	2022年不超过13650千瓦时；2023年不超过13450千瓦时；2025年不超过13300千瓦时	已达成2022年目标	保持原定目标

▶ 案例点评：

中国铝业披露了在能源与温室气体领域，用于衡量和监测可持续相关进展的定量指标以及统计口径说明。以2021为基准年，披露了设定的

2022年年度目标及当年目标完成情况，并披露了 2023 年的年度目标，符合 ISSB 准则关于"披露每个目标实现情况的业绩"的要求，未来可进一步就能源与温室气体排放方面的趋势与变化情况进行更多前瞻性分析与披露。

▶ 案例来源：

《中国铝业 2022 年度社会责任暨环境、社会与管治报告》P42，https：//www.chalco.com.cn/whzr/shzr/202305/P020230920523688150790.pdf。

6.2.2 法律法规要求的目标

主体应披露法律法规要求主体达到的任何可持续相关目标。对于每个目标，应披露以下信息：

（1）用于设定目标和监控目标实现进展的指标；

（2）主体设定的或者被要求实现的具体定量或定性目标；

（3）目标的适用期间；

（4）计量进展的基准期间；

（5）阶段性目标和中期目标；

（6）每个目标实现情况的业绩，以及对主体业绩的趋势或变化的分析；

（7）对目标的修订及对修订的解释。

对于满足法律法规要求主体达到的任何可持续相关目标的披露要求，应与 6.2.1 中的要求保持一致。

6 指标和目标

案例 6-10　编号：IFRS S1.51-006

百胜中国控股有限公司

▶ 案例主题：

披露法律法规要求实现的可持续发展目标

▶ 披露内容：

百胜中国控股有限公司（以下简称百胜中国）设定并详细列出了在 4 个可持续发展重点领域的 21 项定量目标，以及在当年的实施进展情况，原文如下。

▶ 案例点评：

百胜中国在其可持续发展报告中披露了设定的 21 项可持续发展目标，每项目标均披露了设定的或者按照法律法规要求需要实现的具体定量或定性目标。

环境目标多为企业自主设定的定量目标。以碳排放目标为例，公司设定 2050 年实现价值链净零排放，目标适用时间阶段为 2020～2050 年，以 2020 年为基期，并设立了 2035 年实现范围一、范围二、范围三碳排放减少的中期目标。

社会目标中按照法律要求设定的目标为"残疾人士安置比例保持全职员工人数的 1.5% 以上"。该目标源于 2015 年财政部、国家税务总局、中国残疾人联合会关于印发《残疾人就业保障金征收使用管理办法》的通知第六条规定:"用人单位安排残疾人就业的比例不得低于本单位在职职工总数的1.5%。具体比例由各省、自治区、直辖市人民政府根据本地区的实际情况规定。用人单位安排残疾人就业达不到规定标准的,则应当缴纳保障金。"以上符合ISSB准则对法律法规要求的目标披露要求。

可持续发展承诺与进展

重点	目标与承诺	进展
以食为天	餐厅与物流中心的食品安全和质量审核覆盖率达100%	✓
	办公室、餐厅和物流中心员工的食品安全和质量培训覆盖率达100%	✓
	食品和食品接触包装材料供应商的食品安全风险评估覆盖率达100%	✓
	百胜中国营养健康承诺 ·肯德基、必胜客和塔可钟的儿童餐100%符合中国营养学会发布的《餐饮业提供学龄儿童正餐营养指导原则》 ·肯德基、必胜客和塔可钟的轻食餐100%符合中国烹饪协会发布的《轻食营养配餐设计指南》 ·肯德基、必胜客和塔可钟的产品100%不含源自氢化和部分氢化植物油的反式脂肪 ·以2020年为基准年,于2030年将薯条、番茄酱、冷冻芝士减盐700+吨 ·以2020年为基准年,于2030年减糖4500+吨	开展中
以绿为源	力争实现2050年价值链净零排放 科学碳目标中期减排目标 ·以2020年为基准年,于2035年前将范围一及范围二的绝对温室气体排放量减少63% ·以2020年为基准年,于2035年前将范围三中每吨外购商品的温室气体排放量减少66.3%	开展中
	所有新建餐厅均按照百胜中国绿色建筑标准设计建造	✓
	到2025年,餐厅的单店平均用水量与2017年基线相比降低10%	✓
	到2030年,餐厅的单店平均食物损耗与2020年基线相比降低10%	开展中
	到2025年,不可降解塑料包装重量与2019年基线相比降低30%	开展中
	所有面向顾客的塑料包装可回收利用	✓
	到2025年,100%纸包装获得森林管理委员会(FSC)认证	开展中
	仅采购具有可持续棕榈油圆桌会议组织(RSPO)可持续认证的棕榈油	✓
以人为本	女性员工比例不低于50%	✓
	女性聘用、培养、晋升、保留比例不低于50%	✓
	残障人士安置比例保持全职员工人数的1.5%以上	✓
	关键供应商的企业社会责任(CSR)审核覆盖率达100%	✓
以爱为先	员工志愿者服务时间不低于150万小时	✓

▶ 案例来源：

《百胜中国 2022 年可持续发展报告》P6，https：//www.yumchina.com/sustainability/zwbg/2022.pdf。

案例 6-11　编号：IFRS S1.46/50/51-002

雀巢集团

▶ 案例主题：

披露设定的可持续发展目标及目标实施进展绩效

▶ 披露内容①：

（1）可持续相关目标设定。

雀巢围绕 17 项联合国可持续发展目标，制定了与自身业务相关的可持续目标与承诺。具体包括 4 个领域及 9 个具体目标，9 个目标与上文中的 9 个 ESG KPI 指标相对应。

领域一：促进营养和可持续饮食。

---

① 原文为英文，编制组在尽量保障原文语义的情况下进行了翻译，更为严谨的表达还请参考英文原文。同时，因篇幅限制，编制组对原文内容进行精简，节选重点内容作为案例展示。

通过提供方便、营养和可持续的选择,提高人们、家庭和宠物的生活质量。

➢ 目标1:营养

生产安全、美味和可持续的食品,使每个个体都能获取丰富营养,同时购买方便并负担得起。

雀巢要提供准确的产品相关信息,负责任地推销产品,并通过教育、营养科学和其他措施促进健康饮食。

领域二:帮助保护、更新和恢复自然资源。

雀巢最大限度地减少对世界资源的影响,为子孙后代共享资源的未来作出贡献。

➢ 目标2:气候

我们的目标是不迟于2050年实现温室气体净零排放:

- 到2025年,温室气体排放量在2018年的基础上减少20%;

- 到2030年,温室气体排放量比2018年减少50%;

- 到2050年,实现净零排放。

➢ 目标3:自然与生物多样性

履行雀巢的气候承诺可为自然和生物多样性带来内在的共同利益。

通过以下活动:

- 到2022年底,肉类、棕榈油、纸张和纸浆、大豆和糖的初级供应链100%不砍伐森林;到2025年底,咖啡和可可的初级供应链100%不砍伐森林。

- 到2030年植树2亿棵。

- 转向森林积极战略。

- 帮助保护和恢复森林及生态系统。

➢ 目标4:水

到 2025 年，雀巢将利用其专业知识，通过在 48 个生产基地实施 100 个项目，努力实现当地水循环的再生。

雀巢将继续努力在整个运营和农业供应链中实现良好的水资源管理。

➢ 目标 5：包装与循环

到 2025 年，雀巢将实现 100% 的包装可回收或可重复使用，并且把原生塑料的使用量减少 1/3。

领域三：加强社区建设。

促进社区福祉，实现向再生做法的公正过渡。

➢ 目标 6：可持续生产

雀巢的目标是，到 2030 年，100% 的主要原材料实现可持续生产。雀巢的目标是实现可持续、有弹性的食品供应链，保护种植者和环境。

➢ 目标 7：人权

到 2022 年底，雀巢将针对 10 个突出问题中的每一个问题公开发布行动计划，并在 2025 年之前报告雀巢的进展情况。

➢ 目标 8：青年机遇

到 2030 年，雀巢的目标是帮助全世界 1000 万年轻人获得经济机会。

领域四：负责任经营。

创造积极商业环境，让员工作出可持续的商业决策。

➢ 目标 9：员工

雀巢尊重并鼓励员工；珍视他们的潜力，无论其种族、性别、血统、宗教信仰、性取向、年龄和不同能力。

雀巢的目标是到 2022 年，将 200 多名高层管理人员中的女性比例提高到 30%。

（2）可持续相关目标实施进展。

2021 年，雀巢在 9 项 ESG 绩效指标的表现如下，并由安永对这些数据的质量进行了单独的独立保证,并出具了独立鉴证报告。

环境绩效指标:

> 温室气体(GHG)减排量:相比2018年减少400万吨;
> 减少工厂用水量:230万立方米;
> 以可持续方式生产的主要原料的百分比:16.3%;
> 主要供应链中零毁林的百分比:97.2%,包括主要肉类、棕榈油、纸浆和纸张、大豆和蔗糖供应链;
> 可回收利用的塑料包装百分比:74.9%;
> 减少原生塑料的百分比:相比2018年减少8.1%。

社会绩效指标:

> 提供负担得起的微量营养素强化剂(MNF)的数量:1246亿剂;
> 帮助全球年轻人获得经济机会的人数:144万人;
> 前200多名高管职位中的女性高管:27.2%。

▶ **案例点评:**

雀巢集团在其可持续发展报告中明确披露了其设立的可持续发展目标。在报告中通过专门的页面展示了其制定的可持续发展定性或定量目标内容,及基准年、里程碑、当年进展情况等信息。

在目标设定方面,该公司设定了其可持续发展的4个领域,及9个可量化的具体可持续目标。对气候、自然、包装减量、员工等方面的目标,雀巢集团公布了设定的中长期目标数字,并给出了相应的阶段性目标。以气候为例,其设定的目标是不迟于2050年实现温室气体净零排放:到2025年,温室气体排放量在2018年的基础上减少20%;到2030年,温室气体排放量比2018年减少50%;到2050年,实现净零排放。对无法量化的目标进行定性阐述，例如其营养目标为：雀巢要提供准确的产品相关信息，负责任地推销产品，并通过教育、营养科学和其他措施促进健康饮食。

在目标实现情况方面，该公司披露了每个目标实现情况的业绩，这些业绩均以定量数据的形式展现，并经过了独立第三方鉴证。这些绩效包括：温室气体（GHG）减排量：相比2018年减少400万吨；减少工厂用水量：230万立方米；以可持续方式生产的主要原料的百分比：16.3%；主要供应链中零毁林的百分比：97.2%，包括主要肉类、棕榈油、纸浆和纸张、大豆和蔗糖供应链；可回收利用的塑料包装百分比：74.9%；减少原生塑料的百分比：相比2018年减少8.1%。提供负担得起的微量营养素强化剂（MNF）的数量：1246亿剂；帮助全球年轻人获得经济机会的人数：144万人；前200多名高管职位中的女性高管：27.2%。以上雀巢公司根据17项联合国2030可持续发展目标，结合自身业务情况制定了四个领域9个方面ESG KPI，并披露了目标的实现和进展情况。这些符合ISSB对主体设定的目标和法律法规要求主体实现的任何目标所取得的进展的披露要求。

▶ **案例来源：**

《雀巢2021年创造共享价值和可持续发展报告》P4, https://www.nestle.com/sites/default/files/2022-03/creating-shared-value-sustainability-report-2021-en.pdf。

《安永独立鉴证报告》, https://www.nestle.com/sites/default/files/2023-03/ey-assurance-statement-2022.pdf。

7 中国企业如何应对

ISSB 准则已经颁布并付诸实践，其实施得到了联合国可持续证券交易所倡议（UNSSE）、世界银行、国际货币基金组织（IMF）等其他主流国际组织的支持；美国、英国、日本、韩国、新加坡、新西兰、澳大利亚和中国香港等国家或地区大多表态支持采用 ISSB 准则或基于 ISSB 准则制定本国或地区可持续披露准则。此外，香港联交所发布的《优化环境、社会及管治框架下的气候相关信息披露咨询文件》也已于 2024 年 1 月 1 日生效。面对如此形势，企业有必要了解其时间表与披露要求，尽早开始考虑在披露实践中采用该准则，并着手准备。

本章将详细介绍 ISSB 准则生效期、过渡与豁免披露条件，并针对如何善用标准做好披露与加强可持续管理的应对策略对企业提出建议，以帮助中国企业更好地应对 ISSB 准则的颁布与后续的细分领域披露标准。

7.1 ISSB 准则生效期、过渡与豁免披露条件

ISSB 于 2023 年 6 月 26 日正式发布 ISSB 准则，以建立可持续披露标准"全球基线"为宗旨，给全球企业信息披露带来新的挑战。2024 年 5 月 27 日，中华人民共和国财政部发布了《企业可持续披露准则—基本准则（征求意见稿）》。该文件参考了 ISSB 颁布的两个准则的有益经验。一些具有前瞻性的企业开始考虑在披露实践中采用该准则，已做好迎势而上、角逐而出的准备。工欲善其事，必先利其器。企业首次应用 ISSB 准则时，首先应该了解准则生效期和豁免条件方面的相关规定，以循序渐进地开展可持续相关信息披露与有关实践。

7.1.1 ISSB 准则生效期

IFRS S1 在附录中提出，任何报告主体在 2024 年 1 月 1 日或以后的年度报告期适用本准则。允许报告主体提前应用，如果一个报告主体较早应用 ISSB 准则，应该披露该事实情况，并使用 IFRS S2 与气候相关信息披露要求（IFRS S1.E1，IFRS S2.C1）。

7.1.2 ISSB 准则过渡条件

对于豁免条件适用，IFRS S1 指出，首次应用 ISSB 准则即符合豁免条件。豁免条件主要包括以下方面（IFRS S1.E2，IFRS S2.C2）。

（1）首次应用 ISSB 准则不需要披露可比信息。

IFRS S1 规定，企业不需要在首次应用之前的任何期间提供 ISSB 准则中规定披露的信息，因此，在应用 ISSB 准则第一个年度报告期内不需要披露可比信息（IFRS S1.E3）。实际上，ISSB 准则规定，一旦企业首次应用 ISSB 准则，从第一个报告期开始往后，每个报告期都需要按照 ISSB 准则要求去

披露，否则不符合 ISSB 准则规定。

（2）为向企业提供过渡期，首次应用情况下，可持续相关财务信息可不与年报同时发布。

企业应用 ISSB 准则第一个报告期间，可持续相关财务信息披露可在财务报表报告公布后发布。另外，ISSB 准则要求可持续相关财务信息中期报告发布考虑以下三种情形：

①如果主体被要求提供次年第二季度或半年度中期通用目的财务报告，则可持续相关财务信息披露可与此类中期报告同时发布；

②如果主体自愿提供次年第二季度或半年度中期通用目的财务报告，则可持续相关财务信息披露可与此类中期报告同时发布，但不应迟于主体首次应用本准则的年度报告期间结束后 9 个月。

③如果主体未被要求提供且主体未自愿提供中期通用目的财务报告，则可持续相关财务信息披露应在其首次应用本准则的年度报告期间结束后 9 个月内发布。

（3）首次应用 ISSB 准则情况下，允许仅披露气候相关信息（IFRS S1.E5）。

IFRS S1 规定，在企业应用 ISSB 准则第一个年度报告期内，允许仅披露气候相关信息（根据 IFRS S2 要求），使用该过渡措施的，应披露该事实情况。另外，在首次应用 ISSB 准则的报告期，不需要披露气候相关风险和机遇的比较信息。如果企业使用 IFRS S1.E5 过渡措施，在首个报告期仅披露了气候相关信息，那么其他可持续相关财务信息应在下一报告期披露，这部分信息首次按照 ISSB 准则披露，也不需要提供比较信息。

该豁免条件考虑了全球企业对于气候相关信息披露具有一定的认识或实践经验，为主体披露更广范围议题的可持续相关财务信息提供了过渡期。

7.1.3 ISSB 准则豁免披露条件

（1）企业在合理情况下，不披露商业敏感信息（IFRS S1.B34，IFRS S1.

B36，IFRS S1.B37）。

如果企业的某些可持续相关机遇的信息具有商业敏感性，则允许企业在披露中省略这些信息。即使有些条款要求主体披露，并且这些信息是重要的，ISSB 准则允许不披露这些信息。但这种情况下具有商业敏感性的可持续相关机遇信息仅在满足以下条件才允许不披露：

①信息尚未公开。也就是说，即便这些信息具有商业敏感性，但已经被公开，ISSB 准则就要求披露。

②可以合理预期披露这些信息会严重损害企业在寻求相关机会时实现的经济利益。换而言之，企业如果披露这些商业机密，会影响其抓住机会获得经济利益。

③企业已确定不可能通过某种方式，做到既满足披露要求，而且不会严重损害企业追求机会时实现的经济利益。也就是说，没有任何一种方式能够使得商业利益与满足披露要求同时兼得。

企业如果使用了以上豁免权，应对该事实情况进行披露，并在每个报告期重新评估这些信息是否还符合豁免条件。禁止任何企业使用 IFRS S1.B34 中规定的豁免权不披露可持续相关风险的信息，或者作为广泛不披露可持续相关风险的信息的不正当理由。实际上，这两条要求旨在规避企业假借利用豁免权，在信息披露时"避重就轻、论好不论坏"的情况发生。

（2）企业信息披露应遵守当地法律法规要求（IFRS S1.B31-IFRS S1.33）。

IFRS S1 规定，如果当地法律法规要求企业在通用目的财务报告中披露可持续相关财务信息，即便这些信息是不重要的，企业可以披露以满足法律法规要求，但是披露这些信息不能将重要的信息掩盖。换而言之，为了满足合规要求，企业可以披露 ISSB 准则不要求披露的信息，但是披露这些信息不能影响重要信息的公允列报，且必须符合 ISSB 准则相关要求。另外，即便当地法律法规没有要求主体披露某些重要的可持续相关财务信息，企业仍应按照 ISSB 准则要求披露。也就是说，如果当地法律法规对某些信息披露没有要求，也不限制，企业就应该遵循ISSB准则要求。

值得注意的是，如果当地法律法规禁止主体披露ISSB准则要求的信息，企业不需要进行披露。但因为该原因导致报告遗漏重要信息的，应明确未披露的信息类型，并解释限制的来源。比如，当某一项信息很重要，ISSB准则要求披露，但当地法律法规不允许，那就需要企业解释这项信息的类型，以及参考的法律法规要求来源。

（3）ISSB准则允许按照当地监管或标准要求计量温室气体排放［IFRS S2.29（a）（ii），C4（a）；IFRS S2.C5］。

IFRS S2规定，在温室气体核算方面，如果企业所在监管辖区或交易所要求使用不同的方法计量温室气体排放，则豁免企业按照准则要求使用的《温室气体核算体系：企业核算与报告标准（2004）》计量温室气体排放。ISSB准则指出，允许企业继续使用该豁免条款，以便在后续报告期间将温室气体排放作为比较信息提供。也就是说，中国企业可以在报告中持续采取国家标准核算，以确保温室气体排放的信息可比性（如表7-1所示）。

表7-1 中国温室气体核算与报告的部分国家标准

国家标准编号	国家标准名称
GB/T 32150-2015	《中华人民共和国国家标准 工业企业温室气体排放核算和报告通则》
GB/T 32151.1-2015	《中华人民共和国国家标准 温室气体排放核算与报告要求 第1部分：发电企业》
GB/T 32151.2-2015	《中华人民共和国国家标准 温室气体排放核算与报告要求 第2部分：电网企业》
GB/T 32151.3-2015	《中华人民共和国国家标准 温室气体排放核算与报告要求 第3部分：镁冶炼企业》
GB/T 32151.4-2015	《中华人民共和国国家标准 温室气体排放核算与报告要求 第4部分：铝冶炼企业》
GB/T 32151.5-2015	《中华人民共和国国家标准 温室气体排放核算与报告要求 第5部分：钢铁生产企业》
GB/T 32151.6-2015	《中华人民共和国国家标准 温室气体排放核算与报告要求 第6部分：民用航空企业》
GB/T 32151.7-2015	《中华人民共和国国家标准 温室气体排放核算与报告要求 第7部分：平板玻璃生产企业》

续表

国家标准编号	国家标准名称
GB/T 32151.8-2015	《中华人民共和国国家标准 温室气体排放核算与报告要求 第8部分：水泥生产企业》
GB/T 32151.9-2015	《中华人民共和国国家标准 温室气体排放核算与报告要求 第9部分：陶瓷生产企业》
GB/T 32151.10-2015	《中华人民共和国国家标准 温室气体排放核算与报告要求 第10部分：化工生产企业》

资料来源：由笔者整理。

（4）允许首次应用ISSB准则情况下豁免披露范围3温室气体排放[IFRS S2.C4（b），IFRS S2.B58-IFRS S2.B63]。

ISSB考虑范围3温室气体排放的计量难度较大，多数企业短期难以满足该披露要求，经过数月讨论，考虑范围3温室气体排放披露的重要性，决定必须要求企业对其进行披露，但增加了豁免期。

IFRS S2规定，企业首次应用ISSB准则的情况下，可以不披露范围3温室气体排放，具体范围参考《温室气体核算体系：企业价值链（范围3）核算与报告标准（2011）》。如果企业参与资产管理、商业银行或保险活动，首次应用ISSB准则可以不披露融资排放信息，但在后续报告期应披露融资排放信息，也就是贷款和投资等活动产生的间接排放。

▶7.2 中国企业如何正确认知ISSB准则

7.2.1 ESG实践先进者参照ISSB准则将获得市场竞争先机

ISSB准则建立了全球统一的可持续信息披露的基准，这一基准的出台为市场评估企业ESG实践水平的判断依据提供了统一、可比的信息基础规则。企业参照统一的ISSB准则披露要求进行披露，使得可持续信息更容易被识别且更具有可比性,为资本市场和利益相关方制定企业 ESG 实践水平判断依据奠定信息基础。在这一基础之上,资本市场和利益相关方能够更加有效地评估、识别在 ESG 实践方面表现优异的先进企业,推动资本和资源流向这些企业,使这些企业能获得市场竞争"先发优势"。意识到这一点的一些先锋企业已经率先成为 ISSB 可持续披露准则"先学伙伴",这些"先学伙伴"赢得了市场的喝彩,先发优势已初露端倪。

7.2.2　ISSB 准则将在 ESG 报告编制发挥"事半功倍"效应

目前,ISSB 已经出台了《国际财务报告准则 S1 号——可持续相关财务信息披露一般要求》《国际财务报告准则 S2 号——气候相关披露》两项可持续披露准则,后续还将陆续出台有关生物多样性、人力资本、社会资本等议题的专项披露准则。在一般披露要求和专项披露要求的基准之上,SASB 准则纳入 ISSB 准则的一部分,考虑不同司法管辖区域的监管要求,调整为具备适用性的 68 个行业,并为报告主体提供行业指标披露参考要求。一般披露要求、专项议题披露要求以及行业指标披露参考要求共同构成了全球可持续信息披露的统一基线。

不仅如此,为了支持世界各地不同监管要求的报告主体能够及时、一致地应用 ISSB 准则,ISSB 充分考虑了辖区监管要求的差异,并允许在现有准则的基础上加上本土化的相关要求,这样就构成了完整的、既保证全球可比又能满足本土化需求、服务更广泛利益相关方的信息披露标准机制。ISSB 准则对可持续披露标准进行了整合并精简披露要求,使得企业能够实现在使用 ISSB 准则这一全球基准的同时加上运营所在辖区的本土相关信息披露要求即可编制高质量的 ESG 报告,有效提升了企业 ESG 报告编制效率和质量。

7.2.3　ISSB 准则对 ESG 的"信息留痕"提供清晰指导

当前,企业在进行 ESG 信息披露时缺乏信息留痕,导致 ESG 数据收集面临挑战。ISSB 准则在四大核心内容中对企业需要披露的信息进行了细化要求，为企业了解和形成系统的指标体系提供了指导。在形成指标体系的基础之上，企业可以进一步建立将指标体系进行系统性嵌入的信息系统，促使可持续信息的信息留痕。

同时，ISSB 准则将财务信息披露的成功经验引入到可持续信息披露中来，在强调财务相关性的同时，着重指出了企业提供的信息需具备相关性、重要性、可比性、可验证性、及时性和可理解性，要同财务报告一样实现如实、公允的反映，这对 ESG 信息的收集、归纳、整理提供了清晰的指导。ISSB 准则强调的信息一致性、可比性、可验证性以及定量数据（如温室气体排放量等）的第三方验证要求，推动可持续信息披露的留痕。

例如，ISSB 准则要求企业详细披露其衡量风险或计算定量可持续指标所采用的输入、假设和方法，能够实现可持续信息留痕，进而实现通过重新计算等方式验证可持续相关信息的真实性、准确性。

7.2.4　ISSB 准则对 ESG 管理具有"按图索骥"功效

ISSB 准则对 ESG 管理有"按图索骥"的功效，企业可以将准则中的四个核心内容的披露要求作为线索，按照线索找到"好马"，也就是在满足披露要求的同时，按照披露要求背后的逻辑提升自身的 ESG 管理水平。

治理：在治理方面，ISSB 准则明确规定了披露内容，包括谁来负责和如何负责可持续风险与机遇的监督管理、治理层是否具备相应的履职能力、是否存在激励机制用以保障战略目标的实现等。这些披露要求实际上为企业优化自身 ESG 治理提供了明确的指导。

战略：在战略方面，ISSB 准则明确要求企业披露可合理预期会影响主体发展前景的可持续相关风险和机遇以及这些风险和机遇对企业业务模式和价值链、战略决策、财务状况、财务业绩和现金流的影响。对标 ISSB 准则要求的策略方面披露要求，我国企业能够实现对自身风险与机遇及相应应对措施的定性描述，但仍需按照准则要求，进一步从财务角度出发评估可持续风险与机遇对其业务模式、价值链造成的影响，聚焦与财务挂钩的定量指标，并将其纳入企业整体战略规划。

风险管理：在风险管理方面，ISSB 准则提出了更高的要求，要求企业披露识别、评估、优先考虑和监控可持续相关风险和机遇的流程以及可持续风险管理是否及如何融入主体的整体风险管理流程并说明其融入程度。对标 ISSB 准则要求策略方面披露要求，目前我国部分企业已经做到对可持续风险和机遇的识别和定性描述，但还需要加强可持续风险和机遇量化能力建设，并应不断提升可持续风险和机遇管理与企业整体风控体系的融合度。

指标和目标：在指标和目标方面，ISSB 准则要求企业明确披露监测和衡量可持续相关风险和机遇的指标、目标及衡量进展的绩效指标，包括说明指标参考指引来源、中期及阶段性目标等。

7.2.5　财务相关性原则为企业财务管理提供"ESG 视角"

ISSB 准则强调财务关联性，即企业可持续相关财务信息与其通用目的财务报表中信息之间存在的关联，要求企业将可持续风险和机遇对业务模式和价值链、战略和决策以及可持续韧性的影响反映到对企业财务状况、财务业绩及现金流的当期和预期影响，以向投资人、贷款人和其他债权人提供更清晰的企业前景判断。可持续风险与机遇对业务模式和价值链、战略和决策以及可持续韧性的影响，都会进而影响企业的财务方面，可持续风险与机遇应当作为财务管理的重要考量因素。

ISSB 准则为企业提供了一个非传统的将 ESG 因素纳入财务管理的新视角，使用 ISSB 准则，有助于企业了解和评估自身可持续财务管理水平，将 ESG 因素纳入财务管理考量，建立以可持续风险和机遇为导向的可持续财务管理体系。

7.2.6 ISSB准则普遍采用将促进ESG竞争力的主流化

一是ISSB准则的普遍采用推动ESG报表的生成和应用。正如在中国上市公司协会发布、"责扬天下"提供技术支持的《中国上市公司ESG价值核算报告（2023）》中所述，企业可以通过ESG价值核算呈现其外化价值，并且可以生成同财务报告相似的ESG报表作为企业ESG报告的组成部分。ISSB准则的普遍采用将为ESG报表的普遍应用提供更好的数据基础，采取ESG报表体现ESG的外化价值也是ESG主流化的一种体现。

与当前企业普遍采用的ESG绩效表相比，ESG报表能够量化提供各项议题和整体ESG外部化净值，向利益相关方提供更加清晰、详细的数据及对比信息，推动企业通过ESG价值量化体现自身ESG竞争力。

二是ISSB准则的普遍采用将推动ESG竞争力的可视化。ISSB准则要求企业披露可持续风险与机遇对企业财务方面的影响，这一财务信息披露被企业广泛采纳之后，将推动ESG货币化核算的发展。企业可以通过ESG核算量化自身的ESG竞争力。例如，企业的ESG净值越来越高，其ESG竞争力越高。企业ESG机遇显现值越高，企业越具备ESG竞争力。

三是ISSB准则的普遍采用将推动ESG投资的主流化。ISSB准则设立的初衷是为了服务于投资人、贷款人和其他债权人，让其可以通过可持续财务信息更好地评估企业前景，判断是否进行投融资等决策。ISSB准则的普遍采用同样可以推动ESG投资的主流化，因为可获取的财务信息将更加丰富，企业ESG价值核算将获得可靠的数据支撑。例如，以沪深300主指数为基准指数，基于ESG价值核算数据，即使用每股ESG净值及每股ESG风险机遇价值权重代替市值权重，形成沪深300ESG净价值增强指数及沪深300ESG风险机遇价值增强指数，根据"中国上市公司协会"发布的《中国上市公司ESG价值核算报告（2023年）》回测发现：沪深300ESG净价值增强指数及沪深300ESG风险机遇价值增强指数相比沪深300指数的样本期内累计超额收益率明显，最大分别为122.65%和67.29%。

7.3 中国企业如何切实推进可持续管理和信息披露

7.3.1 加强管理层对 ISSB 准则的学习理解

为使企业能够更好地按照 ISSB 准则进行披露，首先，应加强企业管理层对 ISSB 准则的学习和理解。公司董事会、管理层和参与报告的工作人员应了解公司面临的可持续发展相关风险和机遇，并确保公司应对这些风险的策略在整个组织内清晰且易于理解。其次，需要提升对董事会战略的透明度，包括如何处理与可持续发展相关的最重要事项，因此需确保董事会得到内部部门之间有效的跨职能协作的支持。同时，了解公司的价值链，并确定价值链中与可持续发展相关的风险和机遇出现的环节，以了解数据可从何处获取。与当前流程负责人接洽，了解信息是如何定义、收集和报告的，以及哪里存在控制漏洞。最后，探索公司的选择，以提高效率，并将数据收集和计算过程的某些步骤转移到已经与财务或可持续发展报告相关的系统、流程和控制中。

7.3.2 针对指标和目标的可持续管理策略

我国企业在可持续信息的披露过程中可能存在的挑战主要集中在"将可持续相关绩效指标纳入高管薪酬政策""机构或个人监督可持续相关风险和机遇管理的责任""可持续相关风险和机遇对企业财务状况、财务绩效和现金流量的当前影响和在短期、中期、长期的预期影响""企业用于识别、评估、优先考虑和监测可持续相关风险的流程和相关政策"四个方面。

（1）针对"将可持续相关绩效指标纳入高管薪酬政策"。

ESG 因素难以量化会导致集团在进行重大交易决策、风险管理时，较难实现 ESG 因素到决策和程序的有效传导，难以识别以及量化气候相关因素财务影响，导致无法量化相关绩效薪酬指标，针对将可持续相关绩效指标纳入高管薪酬政策存在困难的情况，企业可以采取加强培养专业人才、完善绩效考核制度的方案。

第一，培养专业人才。企业可以通过培训和招聘来建立专业的数据收集和分析团队。这些专业人才因为具备数据分析、财务报告和披露要求等方面的专业知识，能够确保薪酬和绩效指标的准确性和及时性。他们还可以帮助企业理解和遵守相关的披露标准和法规，从而提高信息披露的质量和透明度。例如，启动人才战略规划项目，制订并执行相关考核计划；搭建对应的管理人才培训体系，由有相关专业背景或工作经历的人员担任专门委员会委员，公司管理层、董事会专门委员会定期审查公司可持续发展策略、目标和措施，评估其适当性和有效性，将监督职责对应的相关工作指标纳入相关董事或高管薪酬考核中。

第二，完善绩效考核制度。企业可以通过完善绩效考核制度来明确员工的工作目标和绩效评估标准。这包括建立清晰的绩效指标体系，确保绩效考核的客观性和公正性。通过建立有效的绩效考核制度，企业能够更好地挂钩薪酬和关键绩效指标的披露，同时激励员工提升工作表现。例如，在目标监督过程中，可以制定目标监督流程，进行下一步的规划，逐渐将ESG因素纳入薪酬政策，使薪酬与目标实现与否相挂钩；完善绩效考核体系，将ESG中可持续发展相关的指标纳入绩效考核管理，细化治理机制披露内容，逐步推动可持续发展目标与绩效考核挂钩。

（2）针对"机构或个人监督可持续相关风险和机遇管理的责任"。

目前企业内部负责监管可持续风险与机遇的职能部门可能存在治理机构设置不健全、职责分工不清晰、缺乏有效的沟通和协调等问题，企业内部负责监督可持续相关风险和机遇的治理机构，特别是气候风险相关监管机构职责尚不明确。针对这种情况，企业可以采取建立风险监管机构、明确风险监管制度、细化机构监管流程、加强专项人才储备的方案。

第一,建立风险监管机构。设立专门的可持续风险管理部门或委员会,负责监管和管理与可持续发展相关的风险和机遇。这个机构专门负责包括气候风险在内的监管和管理,确保企业对相关风险有专门的监管机构。例如,将董事会战略发展委员会升级为战略发展与ESG委员会;将"监督可持续相关风险和机遇"的相关职责纳入审计与风控委员会中;成立ESG专业委员会或ESG领导小组,并设立专门的ESG岗位。

第二,明确风险监管制度。企业需要建立明确的风险监管制度,包括风险识别、评估、监控和应对的流程和制度。这有助于确保对可持续风险的全面监管和管理,包括对气候风险的监管。例如,制定并实施《董事会战略发展与ESG委员会议事规则》,主要职责包括但不限于识别公司可持续发展相关风险和机遇,对公司ESG等相关事项开展研究、分析和评估,提出符合公司实际情况的ESG制度、工作机制、战略与目标等;公司董事会和审计委员会在其职责中明确包括对气候相关风险和机遇的负有监督和管理责任;制定或完善公司内部制度,明确可持续发展治理架构各层级的职能;明确机构和个人职责权限,负责监督和管理重大可持续相关风险和机遇的治理流程、控制措施和程序。

第三,细化机构监管流程。建立详细的监管流程和工作细则,包括监管机构的职责范围、工作流程、信息披露要求等方面的细化规定。这有助于确保监管工作的有序进行,避免职责分工不清晰和沟通不畅的问题。例如,在风险管理方面,建立识别、评估和管理可持续相关风险的流程,评估公司整体风险状况和风险管理流程;在指标和目标方面,根据部门职能职责分别建立计量、监督和管理可持续相关重大风险和机遇的指标和目标;从内部治理层面,进一步完善目标设定流程、目标监测、检讨、修订机制,明确监测实现目标进展情况的衡量标准。

第四,加强专项人才储备。企业可以加强对可持续风险管理领域的专业人才储备,包括气候风险管理专家、可持续发展顾问等人才。这样可以确保企业在面对复杂的气候风险和可持续发展挑战时有专业的人才支持。例如，在上市公司配备专职岗位统筹推动 ESG 工作的规划、统筹和专业研究，实现内部能力和外部机构的高效配合；对责任机构或个人，在监督应对相关风险和机遇战略方面，应当披露需要具备的技能和胜任能力的说明。

（3）针对"可持续相关风险和机遇对企业财务状况、财务绩效和现金流量的当前影响和在短期、中期、长期的预期影响"。

目前企业可持续相关风险和机遇对财务状况、财务业绩、现金流量等财务影响的披露缺乏具体业务的量化计算方法，由于量化分析的标准性、规范性、周期性不强，因此难以建立起风险与财务影响间的有力联系。针对可持续相关风险和机遇对企业财务状况、财务绩效和现金流量的当前影响和在短期、中期、长期的预期影响披露存在困难的情况，企业可以采取拓展信息获取、增强联合协作的方案。

第一，拓展信息获取。加强对可持续相关风险和机遇的信息获取，包括气候相关风险和机遇的数据收集、监测和分析。这可以通过建立专门的数据采集系统、加强与相关行业组织、研究机构的合作等方式来实现，以获取更为全面和准确的数据作为量化分析的基础。例如，把握国际可持续准则体系建立和推广的窗口期，在系统、流程、内控、管治、能力建设等重要环节，逐步加强自身能力建设，以拓展信息获取方式；逐步完善企业内部机制、能力，以应对相关分析模型、方法学及数据基础的缺失；补充选聘相关领域的专家协助，借助第三方专业机构的专业能力，或对现有人员进行培训。

第二，增强联合协作。企业可以加强内部不同部门之间以及外部合作伙伴之间的协作，共同开展风险与财务影响的量化分析工作。这包括财务部门、风险管理部门、可持续发展部门等内部部门的协作，以及与专业咨询公司、会计师事务所等外部合作伙伴的协作。例如，增强业务前端与财务的联合协作，进一步将可持续影响转化为财务影响；在企业集团层面分析、评估和披露风险和机遇的短期、中期或长期的现金流量，融资渠道及资本成本产生影响，建立联合协作的工作机制，确保业务和财务的深度融合，实现全面的信息共享。

（4）针对"企业用于识别、评估、优先考虑和监测可持续相关风险的流程和相关政策"。

目前企业中长期的风险识别机制尚不完善，且缺乏气候情景分析的经验。针对企业难以识别、评估、优先考虑和监测可持续相关风险的情况，企业可以采取完善风险管理体系，纳入企业战略决策的方案。

第一，完善风险管理体系。建立完善的风险管理体系，包括明确的风险管理政策、流程和方法。这可以包括建立风险管理委员会或专门的风险管理部门，负责监督和协调企业风险管理工作。同时，建立风险识别、评估、监控和应对的标准化流程，确保风险管理工作的系统性和连续性。例如，在深入认识理解可持续相关风险的基础上，综合考量可持续风险和传统风险，将可持续风险纳入管理流程，形成完善的风险管理体系；对可持续及气候相关管理体系进行逐步完善，进一步健全ESG管理体系，细化相关风险及机遇评估管理指标，实现对已识别的相关因素及应对措施跟踪落地，进一步嵌入战略管理中，逐步明确绿色发展战略实施计划；在全面梳理可持续风险和机遇的基础上，制定相应的管理机制和业务流程，确定监控指标和目标，建立数据收集模式，汇总整理分析后进行披露；实施可持续风险的识别和评估方案、风险管理流程和方案以及可持续风险管理体系建设中的各项支持体系建设。

第二，纳入企业战略决策。企业应将风险管理纳入企业战略决策的全过程，确保风险识别和管理与企业战略目标的一致性。这意味着在制订战略计划、投资决策、业务拓展等关键决策中，要充分考虑可持续风险和机遇对企业的影响，从而更好地保护企业价值和利益。例如，制定可持续发展战略，将气候风险纳入公司战略与决策，如新风电场/光伏场的选址等；分析相关风险和机遇对公司现在及未来业务模式、社会经济效益的影响，评估风险机遇对公司财务状况的影响；进一步完善治理，定义短中长期的气候相关风险和机遇时，将其与公司战略决策规划的时间周期进行关联；除明确时间上的定义外，说明具体与公司的战略决策有着什么样的关联；将气候风险和机遇识别、影响与低碳转型实施路径有效衔接起来，将气候风险与机遇的识别与应对流程融入现有战略以及未来的战略调整和制定过程中，持续优化气候风险缓解和适应措施，制定相应的管理的目标和指标，以及达成这些目标和指标的资源配置计划。

7.3.3 结合实际需求善用披露标准的策略

随着中国企业受到 ISSB 准则在全球范围内日益增加的影响，对于在海外资本市场上市的企业，规模领先、追求 ESG 评级的标杆型企业，以及受到更高标准环境信息披露要求的金融机构应当先采取披露行动，以提前应对未来强制性要求生效带来的技术不足、数据缺失、组织内缺乏共识等风险。

对于 ESG 评级较高的企业（要求较高的标杆企业），ESG 管理基础较好的企业（整体规划、内部数据和量化目标清晰），以及在 TCFD 框架（ISSB 准则全面采纳的框架）应用方面有成熟经验的企业，披露要点包括：

（1）在拟定报告框架过程中，参考 ISSB 准则框架，建议将"ESG 治理与管理""ESG 战略与风险管理"通过单独章节列示，突出展示企业对可持续相关风险和机遇的整体管理思路。在具体议题披露章节，可进一步补充战略、风险管理、指标与目标层面的具体细节。

（2）在重要性议题分析环节，参考 ISSB 准则建议，根据企业所处行业，将 SASB 准则中的行业议题纳入重要性议题分析流程；在信息采集过程中，除气候议题外，对于企业识别出的其他重要性议题，由于 ISSB 尚未发布具体披露要求，可参考 IFRS S1 框架、结合可持续会计准则委员会（SASB）、《欧洲可持续发展报告准则》（ESRS）披露要求，确定具体披露指标。

（3）在报告末尾增加 IFRS S1、IFRS S2 索引表，对标范围包括 IFRS S1 "概念基础""一般要求""核心内容"（除气候外的其他议题），IFRS S2 "核心内容""行业披露指引"[①]。

对于面临披露要求的重点企业，如海外上市企业、大型企业和金融机构，建议优先采用"基础方案"，即在报告编制过程中，需要将 IFRS S1 作为整体报告参考原则，IFRS S2 作为气候议题的披露要求，要点包括：

（1）新增 IFRS S2 指标内容，即从"治理、战略、风险管理、指标和目标"四大板块全面细化气候议题的披露内容。相关指标要求可同时兼容港交所气候信息披露新规。由于港交所信息披露新规针对各指标均提供了较为详细的"过渡方案"，在港上市公司若判断回应 IFRS S2 指标难度较大，则可以将港交所 4 月份征求意见稿要求作为对标基础。

（2）在报告末尾增加 IFRS S1、IFRS S2 索引表，对标范围包括 IFRS S1 "概念基础""一般要求"，IFRS S2 "核心内容""行业披露指引"。其中 IFRS S2 行业披露指引是企业可参考的披露建议，不属于 ISSB 准则强制披露范畴，企业可根据自身实际情况判断是否进行对标。

7.3.4　持续关注后续细分领域的披露标准

IFRS S1 与 IFRS S2 两份准则定位存在一定差异，IFRS S1 可以理解为"屋顶"，可以看作一份"总准则"，决定着可持续相关财务信息披露的根本方向；而 IFRS S2 如同"屋顶"下的"支柱"，目前仅有 IFRS S2 正式发布，随着未来的持续研究，ISSB 将发布更多细分领域的披露标准。下一步，ISSB 将围绕其他重点主题展开研究，包括生物多样性、人力资本、社会资本等[②]。

---

① 马源.2023 年度 ESG 报告启动在即，是否应用 ISSB 准则？[EB/OL].2023.https：//mp.weixin.qq.com/s/P62oAGTGjeaiknMwXH46rw.

② 张政伟.ISSB 准则对企业 ESG 信息披露的影响及应对[EB/OL].2023.https：//mp.weixin.qq.com/s/0aUSL9NK28a4pt31r01V-A.

企业应提高对可持续性管理的重视程度，投入合理、充分的资源来建立评估收集、汇总、验证企业及其价值链的可持续相关信息管理系统和流程，掌握并理解 ISSB 准则及其参考的相关标准要求，例如 SASB 标准、CDSB 框架等①。

---

① 冷冰 .ISSB 全职理事冷冰：ISSB 最新准则来了，中国企业如何应对？[EB/OL].2023. https：//mp.weixin.qq.com/s/_d6mkYX0PftEG5mNshGb8Q.

附　　录

附录一　案例索引

节/目号	案例主题	企业名称	页码
3.1.1	披露董事会是可持续相关事项的监督治理机构	华润三九医药股份有限公司	P52-53
3.1.1	披露董事会两个下属委员会是监督可持续发展相关事项的治理机构	中电控股有限公司	P54-56
3.1.1	披露监督可持续相关事项的治理机构和关键成员	梅赛德斯－奔驰集团股份公司	P56-58
3.1.1	披露在《可持续发展委员会职权范围》中明确监督治理机构的可持续相关事项的责任	吉利汽车控股有限公司	P59-61
3.1.1	披露在《可持续发展委员会职权范围》中明确监督治理机构的可持续相关事项的责任	华润万象生活有限公司	P61-63
3.1.1	通过董事局声明披露董事局和环境、社会及管治委员会可持续相关事项监督责任	朗诗绿色管理有限公司	P63-65
3.1.1	在董事会声明中披露董事会下设ESG委员会可持续相关事项监督责任	交通银行股份有限公司	P66-68
3.1.1	在董事会声明中明确董事会可持续相关事项监督责任	北京三快在线科技有限公司	P68-70
3.1.1	在《议事规则》中明确ESG委员会可持续相关事项监督责任	无锡药明康德新药开发股份有限公司	P70-71

附　录

续表

节/目号	案例主题	企业名称	页码
3.1.1	在《ESG 监督政策》中明确 ESG 委员会可持续相关事项监督职责	荷兰国际集团	P71-72
3.1.1	在《公司管治指引》中明确董事会可持续相关事项监督责任	特斯拉公司	P73-74
3.1.2	披露通过对董事会定期开展 ESG 培训以培养技能和提升胜任能力	中国铝业集团有限公司	P75-76
3.1.2	披露通过开展"ESG 集团宣导周"以培养技能和提升胜任能力	中国平安保险(集团)股份有限公司	P76-77
3.1.2	通过《董事提名政策》的要求确保治理层的技能和胜任能力	星巴克公司	P77-78
3.1.2	披露通过聘请外部专家提供专业支持以确保监督治理机构的技能和胜任能力	中电控股有限公司	P79-80
3.1.3	通过披露向董事会成员定期汇报说明监督治理机构获悉可持续相关事项的方式和频率	通威股份有限公司	P81-82
3.1.3	通过披露定期召开 ESG 委员会会议说明监督治理机构获悉可持续相关事项的方式和频率	无锡药明康德新药开发股份有限公司	P83-84
3.1.4	披露通过敏感性分析在监督养老金相关政策时考虑可持续相关风险和机遇	豪赫蒂夫公司	P85-87
3.1.5	披露通过将 ESG 目标设定和实现与奖金挂钩以监控 ESG 目标制定和进展	荷兰皇家壳牌集团	P88-89
3.1.5	披露通过非财务绩效目标与高管薪酬挂钩以监控可持续相关目标的实现	荷兰国际集团	P90-92
3.1.5	披露通过将 ESG 业绩考核与管理层薪酬挂钩以监控可持续相关目标制定和进展	中国石油天然气集团有限公司	P92-94
3.2.1	披露授权 ESG 联合工作组承担可持续相关事宜管理层角色	浙江吉利控股集团有限公司	P95-96
3.2.1	披露授权 ESG 执行监督委员会承担可持续相关事宜管理层角色	联想集团股份有限公司	P97-98

续表

节/目号	案例主题	企业名称	页码
3.2.1	披露授权 ESG 执行监督委员会承担可持续相关事宜管理层角色	中原证券股份有限公司	P99-100
3.2.1	披露授权核心管理层担任可持续相关事项管理层角色	朗诗绿色管理有限公司	P101-102
3.2.2	披露构建"向善"企业文化的激励措施和程序以管理可持续相关风险和机遇	深圳市腾讯计算机系统有限公司	P103-104
3.2.2	披露社会责任风险和机遇管理的控制程序和措施及其与其他职能部门的整合情况	国家电网有限公司	P105-107
4.1.1	披露影响核心业务发展前景的环境、健康与安全相关风险和机遇	巴斯夫公司	P112-114
4.1.2	披露气候变化相关风险和机遇可产生影响的短期、中期和长期时间范围	招商银行股份有限公司	P115-117
4.1.3	披露通过与绿色金融战略关联性来体现与其"双碳"目标决策计划时间范围相关联	招商银行股份有限公司	P118-119
4.2.1	披露可持续相关风险和机遇对业务模式和价值链的当前和预期影响	淡水河谷公司	P121-124
4.2.1	披露 ESG 风险可能影响业务模式可持续性的预期影响	安盛集团	P124-125
4.2.1	披露可持续相关风险和机遇对价值链的当前和预期影响	五矿资源有限公司	P125-126
4.2.2	披露荒漠化区域是"光伏治沙""光伏治荒"可持续发展机遇集中的地理区域	隆基绿能科技股份有限公司	P127-128
4.2.2	披露"渔光一体"业务模式中可持续风险和机遇集中的地理区域、设施和资产类型	通威股份有限公司	P129-131
4.3.1	披露通过将"推动可持续社会价值创新（SSV）"作为核心战略来应对可持续相关风险和机遇	深圳市腾讯计算机系统有限公司	P133-134
4.3.1	通过在战略中纳入生物多样性风险考量来披露在战略中如何应对可持续相关风险和机遇	安盛集团	P135-136
4.3.1	通过将 SDG 风险机遇纳入投资战略来披露在战略上如何应对可持续相关风险和机遇	思爱普公司	P136-137

续表

节/目号	案例主题	企业名称	页码
4.3.1	通过在战略中纳入长期价值创造来披露在战略中如何应对可持续相关风险和机遇	荷兰国际集团	P138-139
4.3.1	通过设定六大ESG战略领域来披露在战略中如何应对可持续相关风险和机遇	浙江吉利控股集团有限公司	P139-141
4.3.2	披露2020~2022年间有关董事局多元化计划的进展情况	太古地产	P142-143
4.3.3	披露基于风险偏好评估在决策中权衡风险和机遇之间的关系	帝斯曼集团	P144-145
4.3.3	披露在战略和决策中权衡传统的钢铁生产方式产生的气候风险和零碳炼钢的绿色机遇	安赛乐米塔尔集团	P146-147
4.3.3	披露在决策中权衡种养结合的牧草种植模式的风险和机遇	内蒙古伊利实业集团股份有限公司	P148-149
4.4.1	披露可持续相关风险和机遇对报告期间的财务状况、财务业绩和现金流量的影响	安赛乐米塔尔集团	P152-153
4.4.1	通过披露可持续相关风险和机遇对损益表的影响来披露对报告期间财务业绩的影响	马衡达科技公司	P154-155
4.4.2	披露绿色发展机遇对短期、中期和长期的财务状况、财务业绩和现金流量的预期影响	河钢股份有限公司	P156-157
4.4.2	披露将可持续相关风险和机遇对财务预期影响纳入财务规划	中电控股有限公司	P158-159
4.5.1	披露基于压力测试、交叉测试等工具分析风险适应性以保障对不确定性作出调整的能力	无锡药明康德新药开发股份有限公司	P161
4.5.1	披露通过评估业务模式对运营地区水资源压力风险的适应性以保障对不确定性作出调整的能力	淡水河谷公司	P162-163
4.5.2	披露基于情景分析制定气候战略以保障对不确定性作出调整的能力	吉利汽车控股有限公司	P164-166
5.1.1	披露基于情景分析开展年度水风险识别和评估使用的输入值和参数	紫金矿业集团股份有限公司	P169-171

续表

节/目号	案例主题	企业名称	页码
5.1.2	披露基于情景分析开展可持续相关风险识别	中国工商银行股份有限公司	P172-174
5.1.2	披露基于风险晴雨表识别可持续相关风险	德国安联集团	P174-176
5.1.2	披露基于对水资源冲击与依存性关系配置识别可持续相关风险	贵州茅台酒股份有限公司	P176-177
5.1.2	披露基于内外部利益相关方调研识别可持续相关风险	中原证券股份有限公司	P178-179
5.1.3	披露基于客户尽职调查法的可持续相关风险性质、可能性和量级评估	中国银行股份有限公司	P180-182
5.1.3	披露基于风险地图法的可持续相关风险性质、可能性和量级评估	国家电网有限公司	P182-184
5.1.4	基于风险管理流程披露可持续相关风险的优先级确定	中电控股有限公司	P185-186
5.1.4	基于风险管理流程披露可持续相关风险的优先级确定	中国铝业股份有限公司	P186-188
5.1.4	基于风险管理流程来披露可持续相关风险的监控	中电控股有限公司	P188-190
5.1.6	披露与上一报告期相比下可持续相关风险管理流程的改变	帝斯曼集团	P191-192
5.2	披露可持续相关机遇的识别、评估和优先级确定和监控	比亚迪股份有限公司	P193-195
5.2	披露能源可持续转型机遇的识别、评估、优先考虑和监控流程	特斯拉公司	P195-197
5.2	披露识别、评估、优先考虑可持续相关机遇的流程	友邦保险控股有限公司及其附属公司	P197-199
5.2	披露可持续相关机遇识别、评估、优先级确定和监控的流程	互太纺织股份有限公司	P199-200

续表

节/目号	案例主题	企业名称	页码
5.3	披露将可持续相关风险管理流程完全整合至整体风险管理流程	无锡药明康德新药开发股份有限公司	P201-202
5.3	披露将可持续相关风险管理流程完全整合至整体风险管理流程	施耐德电气有限公司	P203-204
5.3	披露将可持续相关风险和机遇管理流程完全整合至整体风险管理流程	雀巢集团	P204-205
5.3	披露将可持续相关风险和机遇管理流程完全整合至业务风险管理流程	兴业银行股份有限公司	P206-207
6.1	披露可持续发展报告经第三方审验	中国建筑集团有限公司	P212-214
6.1	披露可持续绩效指标计算变更原因	华润医药集团有限公司	P215-216
6.2	披露碳中和目标通过第三方验证	维斯塔斯风力技术集团	P216-217
6.2	披露设定的可持续发展指标	雀巢集团	P218-221
6.2.1	披露乡村振兴相关举措的绩效指标和目标阶段性进展	深圳市腾讯计算机系统有限公司	P223-224
6.2.1	设定集团全链路碳中和的总体目标及各品牌子目标	浙江吉利控股集团有限公司	P225-226
6.2.1	披露了设立的环境、社会、治理目标	通威股份有限公司	P227-228
6.2.1	披露碳排放目标修订情况及对修订的解释	索尼集团公司	P229-230
6.2.1	披露能源与温室气体排放绩效目标及进展	中国铝业股份有限公司	P230-232
6.2.2	披露法律法规要求实现的可持续发展目标	百胜中国控股有限公司	P233-235
6.2.2	披露设定的可持续发展目标及目标实施进展绩效	雀巢集团	P235-239

附录二 术语表

简称	全称/定义
CDP	碳披露项目 (Carbon Disclosure Project)
CDSB	气候披露准则理事会 (Climate Disclosure Standards Board)
EFRAG	欧洲财务报告咨询小组 (European Financial Reporting Advisory Group)
ESRS	欧洲可持续报告准则 (*European Sustainability Reporting Standard*)
GHG Protocol	《温室气体核算体系：企业核算与报告标准》 (*The Greenhouse Gas Protocol Corporate Accounting and Reporting Standard*)
GRI	全球报告倡议组织 (Global Reporting Initiative)
IFRS	国际财务报告准则基金会 (International Financial Reporting Standards Foundation)
ISSB	国际可持续准则理事会 (International Sustainability Standards Board)
IOSCO	国际证监会组织 (International Organization of Securities Commissions)
IASB	国际会计准则理事会 (International Accounting Standards Board)
IIRC	国际综合报告委员会 (International Integrated Reporting Council)
SASB	可持续会计准则理事会 (Sustainability Accounting Standards Board)
SICS	可持续行业分类体系 (Sustainable Industry Classification System)

续表

简称	全称/定义
TCFD	气候相关财务信息披露工作组 (Task Force on Climate-Related Financial Disclosures)
TNFD	自然相关财务信息披露工作组 (Task Force on Nature-Related Financial Disclosures)
TRWG	技术准备工作小组 (Technical Readiness Working Group)
VRF	价值报告基金会 (Value Reporting Foundation)
WEF	世界经济论坛 (World Economic Forum)
业务模式	主体通过其活动将投入转化为产出和结果的体系，旨在实现主体的战略目标并为主体创造价值，从而在"短期""中期"和"长期"产生现金流量
披露主题	处于国际财务报告可持续披露准则或 SASB 标准列出的特定行业中的主体，基于其开展的业务活动而产生的特定可持续相关风险或机遇
通用目的财务报告	提供有关报告主体财务信息的报告，有助于主要使用者作出与向主体提供资源相关的决策。 这些决策包括： （a）买入、卖出或持有权益和债务工具； （b）提供或出售贷款及其他形式的借贷； （c）对影响主体经济资源使用的管理层行动行使表决权或以其他形式施加影响。 通用目的财务报告包括但不限于主体的通用目的财务报表和可持续相关财务信息披露
国际财务报告可持续披露准则	由国际可持续准则理事会发布的准则
不切实可行	如果主体在尽所有合理努力后仍然无法采用某项要求，则主体采用该项要求是不切实可行的
重要信息	对于可持续相关财务信息披露，如果省略、错报或掩盖信息，可合理预期会影响通用目的财务报告主要使用者基于这些报告（包括财务报表和可持续相关财务信息披露，并提供特定报告主体的信息）作出的决策，该信息就是重要的
通用目的财务报告主要使用者（主要使用者）	现有和潜在投资者、贷款人和其他债权人
报告主体	被要求或主动选择编制通用目的财务报表的主体

续表

简称	全称／定义
情景分析	在不确定情况下，识别和评估未来事件可能结果范围的过程
可持续相关财务信息披露	通用目的财务报告的特定形式，能够提供关于可合理预期会在短期、中期或长期影响报告主体的现金流量、融资渠道或资本成本的可持续相关风险和机遇的信息，包括主体与这些风险和机遇相关的治理、战略和风险管理的信息，以及相关指标和目标的信息
通用目的财务报告使用者（使用者）	见通用目的财务报告主要使用者（主要使用者）。这些术语定义了相同的群体
价值链	与报告主体的业务模式和主体所处的外部环境相关的所有互动、资源和关系。价值链包括主体将创建的产品或服务从概念到交付、消费和生命周期结束所使用和依赖的互动、资源和关系。相关互动、资源和关系包括主体经营中的互动、资源和关系，例如人力资源；主体供应、营销和分销渠道中的互动、资源和关系，例如材料和服务采购以及产品和服务的销售和交付；以及主体运营所处的融资、地理、地缘政治和监管环境

后　记

2023年6月26日，国际可持续准则理事会（以下简称ISSB）正式发布《国际财务报告可持续披露准则第1号——可持续相关财务信息披露一般要求》（以下简称IFRS S1）和《国际财务报告可持续披露准则第2号——气候相关披露》（以下简称IFRS S2）两项准则，意味着全球可持续信息披露正在向更高的一致性、可比性和可理解性迈进，是全球可持续信息披露的重要里程碑。

2023年1月，责扬天下（北京）管理顾问有限公司成立了专门的研究团队，对IFRS S1和IFRS S2及其征求意见稿进行了系统持续地研究，形成了ISSB准则的两部初步的书稿。在孙东升老师的支持下，责扬天下和中央财经大学可持续准则研究中心就《可持续信息披露丛书》的研究和出版达成长期战略合作。首册推出的《ISSB准则中国应用指南——IFRS S1解读》旨在帮助中国企业发挥先发优势，更好地适应可持续信息披露的国际趋势，打造可持续竞争力，助力全球可持续发展事业。本书是编委会集体智慧的结晶，撰写过程中得到了有关领导、专家和业界同仁的指导与支持。全书由殷格非和刘轶芳统筹规划，贾丽、刘倩、左玉晨共同参与拟定提纲和各章节核心问题，经与全体作者集体研讨后撰写。各章作者如下：

第1章ISSB准则概览：刘轶芳、左玉晨、李霞、盖泽坤；

第2章ISSB准则基本要求：殷格非、左玉晨；

第3章治理：左玉晨、王家蒙；

第4章战略：陆心嫒、左玉晨；

第5章风险管理：左玉晨、朱丽娜；

第6章指标和目标：贾丽、左玉晨；

第7章中国企业如何应对：刘倩、殷格非、许寅硕。

本书得以出版，笔者在此对各位领导、专家和业界同仁的指导与支持表示特别致谢。十分感谢宋志平会长、张为国教授、肖黎明副总裁为本书作序。

在此，要特别感谢中国上市公司协会，协会党委书记、执行副会长柳磊自始至终对本书的出版给予了高度关心和指导。他通读了全书，对全书的编辑等方面给予了许多宝贵建议，特别是对于案例结构和评价提出了具体和细致的建议。协会的刘彦沣总监和吴璇老师，通读了本书的第一稿和第二稿，也给出了许多宝贵的修改意见。同时，还要特别感谢国际可持续准则理事会（ISSB）主席特别顾问兼北京办公室张政伟主任，他通读了本书，并且提供了许多具体的指导和支持，特别是对本书的书名给出了非常有价值的指导意见，使得最终本书得以定名。

另外，还要感谢经济科学出版社。他们在审稿过程中提供了很多宝贵意见，并付出了大量辛勤的工作。再次向为本书出版付出辛勤劳动与智慧的全体同仁致以诚挚的谢意。

殷格非

2024年5月22日